中國學術思想

研究輯刊

十一 編

林慶彰 主編

第 12 冊

先秦儒家名實思想之研究（下）

林翠芬 著

花木蘭文化出版社

國家圖書館出版品預行編目資料

先秦儒家名實思想之研究（下）／林翠芬 著 — 初版 — 新北市：
花木蘭文化出版社，2011〔民100〕
目 8+234 面；19×26 公分
（中國學術思想研究輯刊 十一編：第 12 冊）
ISBN：978-986-254-459-4（精裝）
1.儒家　2.儒學　3.先秦哲學
030.8　　　　　　　　　　　　　　　　　100000694

ISBN-978-986-254-459-4

9 789862 544594

中國學術思想研究輯刊
十一編　第十二冊　　　　　　ISBN：978-986-254-459-4

先秦儒家名實思想之研究（下）

作　　者　林翠芬
主　　編　林慶彰
總 編 輯　杜潔祥
出　　版　花木蘭文化出版社
發 行 所　花木蘭文化出版社
發 行 人　高小娟
聯絡地址　新北市永和區中正路五九五號七樓之三
　　　　　電話：02-2923-1455／傳真：02-2923-1452
網　　址　http://www.huamulan.tw 信箱 sut81518@ms59.hinet.net
印　　刷　普羅文化出版廣告事業
封面設計　劉開工作室
初　　版　2011 年 3 月
定　　價　十一編 40 冊（精裝）新台幣 62,000 元

先秦儒家名實思想之研究（下）

林翠芬　著

目 次

第七章　荀子名實思想析論

第一節　時代風尙與個人特質

一、依託於邏輯之辯的時代風尙

1、思想家對歷史發展脈絡的關注

　　任何時代，總有許多現象與特徵，而其形成絕非一朝一夕之事。時代是歷史長流中的進程，它承接過去的波流，推動未來的流勢，住承上啓下的當時，又展現出姿采獨特的波瀾，當代人們或多或少被它吸引而表以驚詫或有所留意，獨特的心靈則不止驚詫留意而已，更爲它凝神靜思，凝思其所以形成與未來走勢，哲人便是具獨特心靈者之一。回顧長達五百餘年春秋戰國時期，在歷史長流中呈現出波瀾迭宕的現象，包括的層面很廣，本文第二章已分別由政治、經濟、社會、學術等層面加以剖析，透過分析資料，可知整個時代背景的變動性與複雜性，對哲人的心靈形成了極度的挑戰，這種挑戰的戰線延伸得既長且久，而思想家們則分別雄踞在漫長年代各個狂瀾過處，苦思因勢利導的對策。

　　一個思想家處世之際，最常用也自認最管用的利器，不外乎其理念與言論，尤其在面對傳統思想已失去威嚴的時代，層出不窮上演的事件，提供思想家最直接的觸媒，以此觸媒爲起點，他對現實進行觀察，他亦考慮過去，過去是一個由已被認知的事物所構成的系統，亦即所謂的「知識系統」。〔註1〕同時，不可避免地構思未來歷史的可能，對整個歷史發展脈絡的關注，使思

〔註1〕　柯林烏（R.G. Collingwood）著，陳明福譯，《歷史的理念》（The Idea of History）
　　　　（台北：桂冠圖書股份有限公司，1984），第一章，頁4。

想家以全力進行各個向度的思考，爲期尋覓個人理念得以執行的著力處，或爲自己的思想理論進行辯護以爭取更多的信徒，宣揚其學說，〔註2〕著書立說成爲積極探行的途徑。

在運用語言、文字發揮理念的當下，思想家的心智活動絕非孤立的，任何一位企圖運用雙手推動世界的思想家，他不能不對當代世局加以審慎的照察，將自己置身在歷史脈絡中，又不得不鎖定對手進行知己知彼的思維理念攻防戰。因此，就個別主張而言，思想家的立場是獨立的，但競爭的現實性，則促成了彼此間的緊張關係，在先秦時期，諸子輩出，百家爭鳴的狀況，便印證學術思想界這種既獨立又互動的辯證關係。

2、以邏輯之辯相互批判

先秦學術界互動的緊張關係，出現了莊子所謂：「天下之人，各爲其所欲爲以自爲方」（〈天下篇〉）的現象，紛歧的言論，說明了個別獨特的立場，也透露出相互批評的訊息。正如英國哲學教授兼歷史家柯林烏（R.G. Collingwood）所宣稱：「哲學是反省的」，探討事件客體以及對事件所持思想存在著的交互關係，正是哲學家尤需注意的，〔註3〕在探討客體與思想的時刻，哲學家的心智活動，必然切入「如何認知？如何理解？」的問題，巨大動盪變革的年代，使思想家的理性釋放出非比尋常的能量，依據「自我認知是自我批判的可能基礎」之道理，〔註4〕在認知對手的基礎下，勢必延伸出批判對手的身段，理性能量造就了百家爭鳴、彼此攻訐的緊繃熱鬧場景。由自家的主張出發，思想家不見得對自我進行批判，卻張力十足地將立場敵對的學派狠狠地加以攻擊駁斥，有些時候，同門之內也隱隱地燃起煙硝味來，這正是後人所見識到的先秦學術界大抵的生態。

在表達自我主張，並批判不同學派的時刻，思想家因著互動的攻防關係，必須就面對的問題與論述方式進行思考，來自對手的挑戰加上自身所作的回應，在往來之間，將使思想家自身的理性，在某種程度上，不約而同地步上相同的軌跡，依循類似的思辨手法進行彼此的論辯，從而形成特有的時代風

〔註2〕 郭志坤，《荀學論稿》（上海：三聯書店上海分店出版，1991），頁16～17。韓愈〈進學解〉即云：「孟軻好辯，孔道以明轍環天下，卒老於行。荀卿守正，大論是弘。」

〔註3〕 同註1，頁2～3。

〔註4〕 同註1，編者序，頁17。

尚。從春秋遞變至戰國時代，即出現這種歷史性轉折發展的軌跡，其時之風尚則是，思想家紛紛以依託於邏輯之「辯」的方式，作爲宣揚個人或各自學派理念的基本手段，〔註5〕依託於邏輯之辯的時代思潮，以戰國中期以後爲鼎盛。若尋繹其歷史軌跡，就儒家而言，孔子的「正名章」（〈子路 3〉）主張，曾展現出難得一見環環相扣的邏輯概念，但基本上，卻主張「君子欲訥於言而敏於行」（〈里仁 24〉）、「古者言之不出，恥躬之不逮也。」（〈里仁 22〉）顯見孔子對言說，抱持著相當審慎的態度，不逞口舌之能，而以中規中矩之言論示教於眾人，其實並不妨礙孔子對事理的邏輯思考。孟子對論辯的態度卻是「予豈好辯哉？予不得已也。」（〈滕文公下 9〉），孟子並不排斥犀利的言語，在必要的時刻，言語是破解敵手思想城堡，必不可缺的利器。因而，孟子經常雄辯濤濤地宣揚自己理念，駁斥敵對陣營（如告子）或異端邪說（如楊墨）的觀點，他以豐於大體的雄壯聲音，揭示其在名理思想上的見解，究其辯說實況，氣勢誠屬壯闊，而於是非問題之判斷，有周到深邃處，也有不精當處，〔註6〕但其言論所透顯的理智思維作用，則爲戰國中期邏輯之辯的時代風尚，增添了不少迷人的風采。

當邏輯之辯進入越來越鼎盛的時期，荀子對此時代風尚體察既深，又由於堅信「人之所以爲人者，……以其有辨也。」（〈非相篇〉）有辨是人的特色之一，又是人的心理現象，依據此心理現象發爲言論的辯說，荀子相當的重視，〔註7〕因而對辯說曾提出不少精到的見解。荀子主張「君子必辯，凡人莫不好言其所善，而君了爲甚焉。」（〈非相篇〉），「辯」指講得很有條理的談說，世人之言談難免夾雜是非，是非不僅須作判斷，又須加以導正，但欲期泯除不當之言論，非經「說、辯」（〈正名篇〉）則不可，「說辯」或「辯說」相當於現代形式邏輯學中的推理，〔註8〕對推理的熱衷，荀子甚且凌駕於孟子之上，觀其所言：「故君子之於言也，志好之，行安之，樂言之。故君子必辯……，故君子之於言無厭。」（〈非相篇〉），「故君子必辯。小辯不如見端，見端不如本分。小辯而察，見端而明，本分而理。聖人、士君子之分具矣。」（〈非相

〔註5〕 趙士林，《荀子》（台北：東大圖書股份有限公司，1999），頁 153。
〔註6〕 陳大齊，《孟子待解錄》（台北：臺灣商務印書館，1991），頁 252。並參陳大齊，《孟子的名理思想及其辯說實況》（台北：臺灣商務印書館，1983），自序，頁 2。
〔註7〕 陳大齊，《荀子學說》（台北：中國文化大學出版部，1989），頁 97。
〔註8〕 北京大學哲學系注釋，《荀子新注》（台北：里仁書局，1983），頁 451。

篇〉）推理須經反覆論證的過程，是理性思維徹底的展現，理性思維由「心」來擔綱，是心的主要功能，故荀子云：「辯說也者，心之象道也，……心合於道，說合於心。」（〈正名篇〉）諸多言論顯示，荀子對思維理路相當的留意。傾注於思維的條理性，一方面肇因於依託於邏輯之辯的時代風尚，迫使他必須迎面招架各派學門不同的主張，進而批判其思想（如〈非十二子篇〉），另一方面歸因於理性態度的個人特質，促使他自覺地進行理性的思考。因而，在著名的〈正名篇〉裡，荀子圍繞著「名實」問題，展露出在邏輯概念分類、判斷、推理等各方面的知識，實不容否認有勝出於孔孟甚遠的表現。

　　就荀子對辯說的主張來看，足見他相當的重視，不過，荀子終究以紹述孔子「正名」思想爲職志，亦本著政治倫理優先於一切的立場，爲倫理的志業展露其辯說的才能，但辯說終究不宜叨叨嚷嚷個沒完，荀子又提出「應辯應默」的權宜主張，所謂「言而當，知也，默而當，亦知也，故知默猶知言也。」（〈非十二子篇〉）即說明他重視辯，又重視默。沈默並非是理據上的失守，而是一種選擇，選擇沈默不言必須明辨適當時機，是以「君子疑則不言」（〈大略篇〉）、「無用之辯，不急之察，棄而不治」（〈天論篇〉）、「凡知說，有益於理者爲之，無益於理者舍之，夫是之謂中說。」（〈儒效篇〉）、「若夫非分是非，非治曲直，非辯治亂，非治人道，雖能之無益於人，不能無損於人；案直將治怪說，玩奇辭，以相撓滑也；案彊鉗而利口，厚顏而忍詬，無正而恣睢，妄辯而幾利，不好辭讓，不敬禮節，而好相推擠，此亂世姦人之說也。」（〈解蔽篇〉），由於以「禮義之統」作爲衡斷的標準，凡一切不合實用、不切需要的辯說，亦即對國家平治毫無裨益的思想學說，荀子主張加以捨棄，這也是荀子痛斥名家辯術爲「姦言」的根本原因。身爲儒學的接棒者，荀子雖提出過修正的看法，卻在一定程度上信守著儒家的主張，繼續扮演著捍衛儒學傳統以對抗不同的學派，在他改造儒學傳統，立足於獨立的主張之際，他把論戰的戰線投向頗爲長遠的時空，如〈非十二子篇〉中，受其抨擊的對象便兼括了前代或同時代的學者，同屬儒門的思孟學派也不免受到嚴厲的批評，這般爭論的局面，充分顯示荀子有著堅持獨立的主張，其評論與主張客觀公正與否，〔註9〕當另行文探討，值得注意一提的是，在緊張互動的

〔註9〕　如韋政通先生即指出，荀子對十二子的批評，表現的是「執一」的事實。執一的後果是使自己對各家的思想不能予以客觀而同情的理解，掘發各家本質上的意義，及其所代表的價值。參韋政通，《荀子與古代哲學》（台北：臺灣

關係網中，荀子終究依著時尚發揮了邏輯之辯的長才，爲先秦留下了豐碩的文化遺產。

　　在邏輯之辯的歷史軌跡中，參與這場盛會的，又包括墨家、名家等。以墨家而言，《墨子・非命上》有這樣一段話：「何謂三表？子墨子言曰：有本之者，有原之者，有用之者。於何本之？上本之於古者聖王之事。於何原之？下原察百姓耳目之實。於何用之？發以爲刑政，觀其中國家百姓人民之利。此所謂言有三表也。」這是墨翟所提出的「三表法」，包括「本」、「原」、「用」三者。墨子以其作爲判斷認識正確與否的三條標準，實際上是分別訴諸於古代的權威（事）、五官的經驗（實）以及實際的功效（用）作爲準繩，〔註10〕「三表說」所反映的認識論的客觀基礎和是非標準，〔註11〕主要目的在針對如何有效統治國家、推動社會進步而立論，這樣的思考，實際上已涉及到眞理的標準問題，對眞理問題進行理論的反思，既是理性思維的活動，因而可以看待成是墨子在邏輯之辯上的表現。墨子在運用「三表說」進行立論時，有合理之處，如後兩表著眼於實踐驗證，避免空談，務求實際的思想，具有相當可貴的價值；但亦存在著待商權之處，如運用第一表「上本於古聖王之事」，作爲自己「天志」和「有鬼」論說的根據，便流於唯心主義的立場，這是暸解墨子邏輯之辯的思想時，不能不加注意的。

　　至於後期墨家，在辯護或闡發墨子思想外，由於主要面對的論敵是名家的辯者，因此，墨家的後學努力研究辯論的技巧，以及邏輯的問題，涉及的邏輯思維又因自然科學成分的介入，而展現出論辯的成果。如《墨經・經上》第三條：「知：材也。」、第四條「慮：求也。」、第五條「知：接也。」、第六條「智：明也。」即指出以能知的主觀能力（材）、主觀的自覺活動（求）、通過接觸外界的客觀事物（接），始能達到眞正的理性認識（智）；其所揭示主觀反映客觀，由感性上升到理性的認識過程，顯示感性認識是理性認識論基礎，〔註12〕而思維形式，尤其不可或缺，因而《墨經・經上》又說：「智：智也者，以其知論物，而其知之也者，若明。」只有運用人的理性思維，對事物的考察，始能達到更爲深切明確的地步。思維固然能夠對耳聞進行考察，思維也能對言論進行分辨，《墨經・經上》

　　　　商務印書館，1992），頁 282。
〔註10〕鐘友聯，《墨家的哲學方法》（台北：東大圖書股份有限公司，1986），頁 33
　　　　～35。
〔註11〕周云之，《名辯學論》（遼寧：遼寧教育出版社，1996），頁 279～285。
〔註12〕同註 11，頁 285～286。

云：「循所聞而得其意，心之察也。」又云：「執所言而意得見，心之辯也。」思維能力可貴，後期墨家尤其注重思維的察辯作用，所謂察辯，主要是從思維形式方面（邏輯方面）來考察，〔註13〕這些說辭見證此一學派對邏輯之辯價值的認知。此外，如在《墨經・小取》篇中，又觸及了甚多論辯學的觀念，包括論辯的目的在「明是非」、「別同異」、「察名實」，以達到「審治亂」、「處利害」、「決嫌疑」之作用；提出論辯有「或、假、效、辟、侔、援、推」等七種具體論式，列出關於辯的幾個重要邏輯規則「是而然」、「是而不然」、「不是而然」、「一周而一不周」、「一是而一非」等，從而形成一論辯學理論體系。〔註14〕凡此，都足以說明，在此時代風尚中，墨家學者在理性思維方面綻放出的銳勢與張力，是相當可觀的。

關於名家方面，戰國中期的惠施，莊子稱其：「散於萬物而不厭，卒以善辯為名。」（〈天下〉）惠施的著作《惠子》現已佚失，但在《莊子》、《荀子》書中，還保存著惠施及其學派的若干論題，惠施的主要思想，體現在《莊子・天下》篇所記載的「歷物十事」，即十個命題中。惠施以「合同異」為基本思想，認為一切事物的差別皆非絕對，而是相對的，舉例而言，如「天與地卑，山與澤平」的命題，對事物高低區別加以辯證的理解，企圖證明空間差別的相對性，「日方中方睨，物方生方死」的命題，對事物前後區別加以辯證的理解，闡述了時間差別的相對性；這是企圖從相對性泯除事物彼此的差異，達到強調事物同一的目的。「合同異」也包括對矛盾及其轉化的認識，如「至大無外，謂之大一；至小無內，謂之小一」的命題，此處的「大一」與「小一」，明顯的是指一對矛盾相對的概念，也隱含了無限（「無外」、「無內」）與有限（「至大」、「至小」），這樣一對矛盾的不自覺的認識，而無論「大一」或「小一」亦都是脫離現實世界的抽象概念。而「日方中方睨，物方生方死」的命題，揭示了概念之間的區別、聯系和轉化的相對性。〔註15〕類似的論題，企圖把對立的概念混淆起來，抹煞其間的界限，誇大事物的同一性，否定事物間的差別性，被視為是相對主義的詭辯。然而，論題卻不容否認存在著豐富的邏輯思維，如對矛盾轉化現象（「中、睨」，「生、死」）的認知，即是惠施力圖越過膚淺現象去把握深刻的本質，破除簡單性思維，〔註16〕藉由進行抽象思維加以推理或判斷，呈現出的是合於邏輯

〔註13〕周云之、劉培育，《先秦邏輯史》（北京：中國社會科學出版社，1984），頁110。

〔註14〕同註11，頁79～90。

〔註15〕同註13，頁55～56。

〔註16〕侯外廬主篇《中國思想史綱》（台北：五南圖書出版公司印行，1993），頁71。

所述而非感官層次經驗的辯說。惠施之辯，又與其對科學知識的理解有關，如「無厚，不可積也，其大千里」的論題，「無厚」指兩維空間的面，由於沒有厚度，因而也就「不可積」，即沒有體積，但作爲面積，其大可至千里。這是惠施在幾何學上所展現出的理性思維，就其所論，實無可置疑。

另外，一位較晚出的名家公孫龍，是以「離堅白」著稱的，「離」歷來被看作公孫龍思想的主要標誌，公孫龍的「離堅白」，則是站在與惠施「合同異」的對立面出現的。〔註 17〕在他的五篇著作中，如〈白馬論〉的「白馬非馬」之論題，有的評論家將其含義定位爲「異白馬於所謂馬」，認爲公孫龍不但看到了白馬與馬的同一，而且看到了白馬與馬的差異，語譯爲：「白馬不等於馬」，揭示了「白馬」和「馬」兩個概念在內涵和外延上的區別，這是先秦邏輯史上一個極爲重要的思想。不過，也有學者認爲，公孫龍〈堅白論〉：「離也者，天下故獨而正」，強調以「離」的方法，把世界上有機聯繫的統一物（物質、屬性、形式、條件、感覺等）割離成一個個獨立存在的概念，而且，公孫龍〈通變論〉中「二無一」，是無類思想的呈現，認爲任何類的可能性都不存在，亦即根本否認類。〔註 18〕因而，在「馬者所以命形也，白者所以命色也，命色者非命形也，故曰白馬非馬」的論證中，「命色者非命形也」的「非」，在說明兩個全異的類，「白馬非馬」的「非」，其含義亦一致，〈通變論〉有「馬者，無馬也」的說辭，顯見〈白馬論〉試圖證明的，其真正含義是個別在客觀上不存在著一般。一般既不存在，「類」就不可能存在，故〈白馬論〉只可視爲是基於詭辯和邏輯來論證的形而上學，只是邏輯運用，不等於邏輯思想。〔註 19〕這和前面一派評論家從邏輯角度來解讀的立場，是相異的。

至於〈名實論〉中，對名實相當之名正，主張必須「唯乎其彼此」，即遵照專門使用「以此名稱此實，以彼名稱彼實」的原則，〈名實論〉所提出獨特的正名理論──「唯謂論」，許多學者認爲，這是公孫龍對邏輯科學所提出的基本看法，是「真正從邏輯理論的高度明確提出，並系統地討論了正名問題的論著」。〔註 20〕牟宗三先生即稱「名家辯名實，定彼此，獨能開闢『純名理域』，……公孫龍尤其著者也。」因爲名理是形式地談，純理地談，故名理之

〔註 17〕陳孟麟，《先秦名家與先秦名學》（台北：水牛圖書出版事業有限公司，1998），頁 44。
〔註 18〕同註 17，頁 36～43。
〔註 19〕同註 17，頁 45～47。
〔註 20〕同註 11，頁 57。

辨是智者之初步開擴。〔註21〕從思維形式，或從思想所當遵循的理則，〔註22〕來檢驗公孫龍〈名實論〉的名理思想，雖稱其為辯，亦可從寬地看待成是依託於邏輯手法之辯。不過，也有學者持有修正意見，認為〈名實論〉「唯乎其彼此」的原則，是公孫龍強調「離」的方法在名實觀上的說明，「離」具有絕對的排他性，正如「唯謂原則」的確定性原則，主張「彼」和「此」是不能互相逾越的，也就是說，彼和此之間並不存在著共相的客觀實在性，確定性雖是邏輯學同一律和形而上學共同表現的特徵，但兩者都卻有不同，形而上學的「確定性」具有絕對的排他性，〈名實論〉是公孫龍名實觀點的抽象論證，〈白馬論〉則是這種觀點的舉例說明。正如前述所徵引的見解「白馬論試圖證明的，其真正含義是個別在客觀上不存在一般」，可見，〈白馬論〉真正論證的是一個哲學問題，而不是在講邏輯。〔註23〕從〈名實論〉的絕對排他性而言，只可說〈名實論〉是公孫龍的哲學思想（名實觀的形而上學），而不是邏輯思想。

二、個人理性與務實精神的表現

理性可以說是人「生而具有」的一種能力，一種發現什麼是真理的能力。〔註24〕真理的認定，可能因人而異，卻不容否認應該依據客觀普遍的標準。大抵而言，人類經歷的年代愈長，接受文明的洗禮愈久，腦力的開發便愈加可觀，運用智慧思索的事物也愈加的繁複，對自然事物或現實事物進行思索，都是人類必須面臨的挑戰。然而，真正願意接受挑戰的人，或能夠接受挑戰的人，雖然不是普遍的，卻在人類文明史上，留下了令人誌念之名。理性生命是最高層次的生命，又是人類所獨有，亞里斯多德認為人類理性能力的直接根源是靈魂，理性能力則包括「理智」與「意志」，此兩者所產生的皆為精神行動，理性生命是亞里斯多德心理學最後研究的對象，同時也是研究的最後目標。〔註25〕理性生命備受注目，除了它是人類所獨有的原因之外，另外更重要的原因當是，理性生命是人類進步最大的憑藉。

〔註21〕牟宗三，《名家與荀子》（台北：臺灣學生書局，1994），頁 13 及頁 91。
〔註22〕陳大齊，《孟子的名理思想及其辯說實況》（台北：臺灣商務印書館，1983），自序，頁 1。
〔註23〕同註 17，頁 47。
〔註24〕林毓生，《思想與人物》（台北：聯經出版事業公司，1990），頁 63。
〔註25〕曾仰如，《亞里斯多德》（台北：東大圖書公司，1989），頁 227、229～230。

　　眾所周知，哲學以理性為根，而自思想出發。〔註 26〕若細究哲學家理性生命的核心思想，其中，又當以人類進步為其宗旨者居多。儒家的思想體系不乏標榜力求進步的構思，進步的構思，伴隨著批判態度而生，不過，所謂進步與否，卻又因不同時代的認知而出現殊別的評斷，儘管如此，在歷史的演變中，它代表了一定程度的意義。儒家思想，從孔子、孟子以迄荀子，出現了更顯著批判、評論的品格，就荀子的整體思想而言，其理性生命具有相當的獨特性，而其個人的理性，又與其務實的精神密切的關聯著。底下即試從兩個層面來加以探討。

1、對政治領域矛盾重心轉移的體察

　　審視荀子所處的時代，已由戰國中期進入末期之階段，除了延續已久的戰事，有關整個時代在政治、經濟、社會、學術各方面的異動變遷，本文第二章已做過詳細的探討，此處則針對政治領域矛盾重心轉移情形再作分析，以見荀子通過理性與務實精神，展現其對時代敏銳的觀察。生物體是許多交換過程發生的所在，〔註 27〕作為高度演化的人類，在生物體中，除了理性之特質，又有何種顯著的特徵？著名的法國國家科學研究中心主任，雨貝‧席夫（Hubert Reeves）博士曾說：「我們當然可以夢想：在另一個世界上，每一種像地衣一樣，光靠岩石和雨水就能生存；那個世界應該會很祥和。但是我們必須面對現實，因為高度演化的生物體，絕不可能像地衣那樣消心寡慾。」〔註 28〕這真是一語道破了人類顯著的特徵，高度演化的人類，不可能清心寡慾，這個特徵和人類的理性相依相存，聯手締造了地球的生機與危機。無庸置疑的，荀子對人性的觀察既務實又切中要害，他深知人性潛藏著深壑般的欲望，欲望是爭執的根源之一，春秋戰國時期掀起漫天的戰亂，和人類的欲望絕對脫離不了干系，而在社會組織、政治體制已經成型的時代，來自組織或體制的欲望，尤其是權力的欲望，往往是導致衝突矛盾的起因，衝突不可能任其發展，而必須採取壓制手段，壓制可能引發更大的衝突，或使衝突暫時平息，然在進一步的衝突之後，又勢將牽動原有的社會政治結構。

　　正如前文所述，春秋戰國時代，國與國之間的侵犯與兼併如火如荼的進行

〔註 26〕　謝幼偉，《哲學講話》（台北：中國文化大學出版部，1988），頁 9。
〔註 27〕　席夫（Hubert Reeves）著，葉李華譯，《喜悅時光——從宇宙演化看人性真諦》，（台北：天下遠見出版股份有限公司，1998），頁 229。
〔註 28〕　同註 27，頁 235。

著，戰爭既是政治生活中最主要的內容，因而也成為當時政治領域中矛盾的重心。不論是實力懸殊的大國、小國、強國、弱國，或實力相當的國家，對資源、土地、人民的各種欲望，集結成大宗的權力欲望，彼此互不相讓的對陣著，從春秋時代戰期大都不超過一天的小型戰爭，到戰國時期戰期數十日的大型戰爭，〔註29〕各種尖銳對立的矛盾現象，層出不窮的上演著，它以政治為軸心，輻射式的牽連引伸出諸多層面的問題，不僅異國之間，一國之內，如君臣之間、貴族之間、剝削者與被剝削者之間，在在浮現出矛盾的問題。〔註30〕

為了瞭解春秋戰國戰亂的整體脈絡，此處將溯源自春秋時期的戰事談起，如孔子感嘆道：「天下無道，則禮樂征伐自諸侯出。」（〈季氏2〉）反對「季氏將伐顓臾」（〈季氏1〉）之行動；顯示以周王室為共主的時代，已逐漸傾頹，共主之名難以發揮威力，原因之一是王室的衰弱，漸至無法維持君臣的名分，乃使現實情勢大為改觀，強大的諸侯國，逐漸有了取代周王室執行維持諸侯國秩序責任的趨勢，〔註31〕此一趨勢又激起了強國諸侯競逐霸主的行動。為爭霸主，侵略兼併是不可避免的，春秋五霸的相繼崛起，即在這種客觀形勢下產生，角逐的動作也意味著對立矛盾的情勢持續的出現。

戰國時代的情況更為慘烈，歷經春秋時期二百餘年的兼併，小國被消滅殆盡後，戰國初期僅剩約二十個左右的國家，到戰國中期以後，開始形成七國爭雄的現象。歷計戰國各國刀劍相向的情形，如齊威王與魏惠王的爭衡（西元前354、341、334年），齊宣王進軍伐燕，殺害燕王噲（西元前314年），齊湣王轉而侵楚和三晉（趙、魏、韓），燕國樂毅聯秦、趙、韓、魏之師伐齊，攻陷齊都臨淄（西元前284年）；而茁壯於西方的秦國，在嚴刑峻法的政策下，舉國都服膺於以對外戰爭為主要出路，秦孝公時，公孫鞅攻破魏舊都安邑（西元前352年），秦惠王時，相國張儀（魏人）力主秦國向東挺進，進而滅蜀併其地（西元前316年），秦國東進的勢力，顯得銳不可擋。採行軍國主義的楚國，在滅越以後（西元前334年），不斷擴張其領土，卻又因張儀之計（西元前313年）與齊絕交，引發秦楚之戰，勢力因而大挫，張儀的「連橫」之議，又使秦建立了不可動搖的實力。正當齊秦東西稱帝不可一世之際，提倡尚武精神的趙武靈王，又北攻中山國（西元前307～306年），繼而北略胡地數千

〔註29〕 傅樂成著，夏德儀校訂，《中國通史》（台北：大中國圖書公司，1972），頁48。
〔註30〕 方爾加，《荀子新論》（北京：中國和平出版社，1993），頁19。
〔註31〕 同註29，頁49。

里，勇武善戰的趙武靈王，便在齊秦的夾縫中崛起。〔註32〕

　　戰爭掀起漫天烽火，動盪混亂的情形，孟子是憂心忡忡，因而他對齊宣王伐燕之舉，便語重心長的規勸道：「若殺其父兄，係累其子弟，毀其宗廟，遷其重器，如之何其可也？天下固畏齊之彊也，今又倍地而不行仁政，是動天下之兵也。」（〈梁惠王下11〉）又批評道：「不仁哉，梁惠王也！……梁惠王以土地之故，靡爛其民而戰之，大敗；將復之，恐不能勝，故驅其所愛子弟以殉之，是之謂以其所不愛，及其所愛也。」（〈盡心下1〉）孟子具有強烈的反戰思想，其所云：「爭地以戰，殺人盈野，爭城以戰，殺人盈城，此所謂率土地而食人肉，罪不容於死。」（〈離婁上 14〉）即出以嚴厲的譴責，蓋在上層階級權力欲的推動下，不僅各國存在對峙性的矛盾，矛盾立場必向下延伸，因而孟子曾就史事加以評論：「孔子曰：『道仁，仁與不仁而已矣。』暴其民甚，則身弒國亡；不甚，則身危國削，名之曰：『幽』、『厲』，雖孝子慈孫，百世不能改也。」（〈離婁上2〉）上述言論揭露出，侵略兼併、凌厲奪權的戰事，所掀起的是外部與內部糾葛複雜的矛盾關係，內部衝突則包括了君臣、剝削與被剝削階級。

　　從春秋到戰國，烽火延燒的景況，不僅此起彼落，又越演而越烈，《左傳》、《國語》及《戰國策》，便記載了甚多諸侯相侵相併的內容，戰況到戰國後期更如火如荼，焦點則聚集在七雄身上，經歷多次交鋒，七國版圖因戰勝或落敗重新歸併。但在兼併戰爭中，戰勝國的國君，亦未必就是戰勝者，戰勝的果實，往往為臣下所獨享。如韓非〈定法篇〉即指出，秦孝公用商鞅之法，國富兵強，但是因為「無術以知姦」，國家富強的成果卻被大臣利用為擴充其私門勢力的資本。秦昭王時，穰侯魏冉攻齊勝利，就取得陶邑（山東定陶縣）作為私封，應侯范雎攻韓勝利，就取得汝南（河南汝南縣）作為私封，「自是以來，諸用秦者，皆應穰之類也。」因而秦強盛數十年，而「不至於帝王」。

　　戰勝的果實，往往為臣下所獨享，除了大臣私心，其實也牽涉到秦國領地與攻城掠地所得，存在著地理上的阻隔，秦君既鞭長莫及，因而即令有所不滿，亦無可如何。對於這種存在於統治者內部的憂患，尤其是君與臣之間的矛盾，身為統治者的國君，雖覺困擾，但基於化除對外矛盾的優先性，亦即必須上下一致對付外敵，君王對營私利的大臣暫時不能採取過激的手段。

〔註32〕同註29，頁64～69。

〔註33〕然非關戰爭的矛盾現象，也時有所見，茲加以引述：〔註34〕同樣在秦國國境，西元年前 307 年，秦武王因舉鼎折斷脛骨（小腿骨）而死，由於沒有子嗣，諸弟爭奪君位，直至秦昭王繼位（西元前 306 年），內亂仍然持續了三年之久。又如齊國相國田嬰，採用欺騙手段，把終歲之計的大權奪到自己手裡營私舞弊，「亂乃始生」（韓非子·儲說右下），田嬰「私家富累萬金」，還「殘賊其百姓，傷害其群臣」，迫使國人要「背叛逐之」（《新序雜事》）田嬰的兒子田文（即孟嘗君）任相國後專權，造成「聞齊之有田文，不聞有其王。」（《史記·範雎列傳》），西元前 294 年，在田文指使下，發生了貴族田甲用暴力「劫王」的事件，即所謂「田甲劫王」（《史記·六國年表》），荀子即稱田文為「篡臣」（《荀子·臣道》），「篡」字表明了荀子對內部矛盾的認知，與踰越上下分際的抨擊。其他如趙國諸公子為爭奪權力，互相殘殺，將趙武靈王活活地餓死；西元前 299 年，楚懷王稚子子蘭與上官大夫靳尚，聯手唆使楚懷王赴秦，致客死於秦，即令是對局勢的誤判，又焉知不含藏著謀權的用心？上述種種跡象背後，無不肇因於權力欲望的鼓勵，權力欲在政治圈子激起沸沸揚揚的風波，凸顯出各國外患與內憂並存的困境。

另外，與政治場域並行存在的社會問題，則是諸侯國內剝削者與被剝削者之間的矛盾。從人類最基本的依存對象是土地的角色來看，以小農經濟為主的傳統時代，農民的角色是值得關切的，從文獻上看，戰國是私有土地出現的時代，〔註35〕對私有地進行交易，造就了新地主，也出現了僱農，韓非〈外儲說左上〉分析地主與僱工關係時提到：「夫買庸而播耕者，主人費家而美食，調錢布而求易者……如是耕者且深，耨者熟耘也。」這雖然是論述傭主之間之互相利用，〔註36〕也反映出當時僱農的數量不多，雇主不容易從僱農的競爭中得利，農民只要多出力，仍可生存。這顯示農民階級與地主階級的矛盾尚未全面激化，故大規模的衝突尚未發生。〔註37〕階級矛盾沒有大規模衝突的主要原因，在於戰爭正在頻繁進行，產生了辯證的情形；一方面，許多農民可以通過軍功使生活水平迅速上升，另一方面，當國家的矛頭必須一致對外時，農民對統治者施

〔註33〕同註 30，頁 19～20。
〔註34〕同註 30，頁 20。
〔註35〕戴晉新，〈有土斯有財——土地分配與經營〉，收錄於《民生的開拓——中國文化新論（經濟篇）》（台北：聯經出版事業公司，1989），頁 148。
〔註36〕謝雲飛，《韓非子析論》（台北：東大圖書公司，1989），頁 127。
〔註37〕同註 30，頁 21～22。

加的負擔承受力相對增大一些。〔註38〕如秦國連年用兵，國家供養常備軍上百萬，長平之戰（西元前 260 年），秦徵調河內地區所有十五歲以上男丁，秦民誓死咬牙捍衛國家，一致同心對外戰爭，既大敗趙國，坑殺趙降卒四十萬人，這一戰且成為東方六國滅亡命運的關鍵。〔註39〕就常理來看，秦外戰連連，秦民當苦不堪言，但一遇外戰，仍能一致對外，其他諸侯國的農民亦都如此。不過，就戰爭的本質而言，農民依然是最大的犧牲者，然而，景況也不全然是如此，如鄒與魯鬨，鄒穆公提問：「吾有司死者三十三人，而民莫之死也，誅之，則不可勝誅；不誅，則疾視其長上之死而不救，如之何則可也？」（〈梁惠王下 12〉）鄒國所出現上下矛盾的國情，孟子毫不留情的批評：「凶年饑歲，君之民，老弱轉乎溝壑，壯者散而之四方者，幾千人矣；而君之倉廩實，府庫充，有司莫以告。是上慢而殘下也。曾子曰：『戒之戒之！出乎爾者，反乎爾者也。』夫民今而後得反之也。」（〈梁惠王下 12〉）顯見剝削者加諸被剝削者的虐行，一旦時機到來，被剝削者終將選擇抗爭的反制行為。

在私有土地制持續進行，慢慢出現土地兼併現象時，廣大農民受到的剝削，就顯得嚴重而複雜，在地主（〈大土地所有者〉）、自耕農（小土地所有者）與佃農、雇農、奴隸（沒有土地者）二者之間，〔註40〕以及政府與農民之間，自耕農和佃農等所受的盤削則較為深重。以自耕農為例，戰國時代的李悝和西漢初年的鼂錯都認為百畝之田，不足以贍養五口之家，以致農民「不勸耕」，甚至「賣田宅、鬻子孫」（《漢書‧食貨志》），百畝之田已接近當時五口之家耕作面積的極限，竟猶不能維持一家的溫飽，主要的原因是租稅和徭役的過重。〔註41〕這種來自政府的剝削，情勢隨時代顯得愈發沉痾，荀子即言之鑿鑿曰：「成侯、嗣公聚斂計數之君也，未及取民也；……聚斂者亡，……亡國富筐篋、實府庫。筐篋已富，府庫已實，而百姓貧，夫是之謂上溢而下漏；入不可以守，出不可以戰，則傾覆滅亡可立而待也。故我聚之以亡，敵得之以彊。聚斂者，召寇、肥敵、亡國、危身之道也，故明君不蹈也。」（〈王制篇〉）又曰：「今之世而不然，厚刀布之斂以奪之財，重田野之稅以奪之食，苛關市之征以難其事，不然而已矣，有（又）掎挈伺詐，權謀傾覆，以相顛

〔註38〕同註 30，頁 22。
〔註39〕同註 29，頁 71。
〔註40〕同註 34，頁 170。
〔註41〕同註 34，頁 172。

－289－

倒，以靡敝之，百姓曉然皆知其汙慢暴亂而將大危亡也；是以臣或弒其君，下或殺其上，粥其城，倍其節，而不死其事者，人主自取之也。」（〈富國篇〉）對政治昏暗的諸侯國加以指控，不留餘地的批評，正是針對君民之間矛盾現象而發。荀子指出百姓被剝削的層面（農、工、商）與方式（農業稅、工商稅）則是多樣的，這樣激化尖銳的場面，勢將帶來堪慮的危機，必須構思解決之道。因而，荀子主張應當減少徵收各種稅額，如「田野什一，關市幾而不徵，山林澤梁，以時禁發而不稅。」（〈王制篇〉）「關市幾而不徵，質律禁止而不偏，……縣鄙將輕田野之稅，省刀布之斂，罕舉力役，無奪農時，如是，則農夫莫不樸力而寡能矣。」（〈王霸篇〉）「輕田野之稅，平關市之征，省商賈之數，罕興力役，無奪農時，如是則國富矣。夫是之謂以政裕民。」（〈富國篇〉）上述引文，〈王制篇〉、〈王霸篇〉爲西元前 279 年以後至西元前 255 年以前荀子在稷下的作品；而〈富國篇〉的寫作年代約爲初任蘭陵縣令時（西元前 255 年），此篇所反映的是西元前 255 年以前之事。〔註42〕以上是根據不同時期的稅制，荀子逐一提出的免稅、省稅方案。

　　按荀子初任蘭陵縣令，那已接近東周王朝瀕臨滅亡，〔註43〕秦王政行將併吞六國的時期，荀子對時代的體察相當敏銳，隨著七雄爭衡漸趨明朗的情勢，外部矛盾風波勢將有底定之日，或許他已約略聞到天下行將統一的氣息，但存在內部矛盾的現象，不論是君臣、貴族或剝削者與被剝削者之間，懸宕已久的權力之爭，橫徵暴斂的不合理稅制，其他漸漸浮出檯面的問題，或人類終古的慾望，顯然需要一套有效的協調機制，始能將矛盾問題克服。在荀子名實思想中，涉及倫理政治的正名思想，即以極大又甚多的篇幅，大量闡述各種身分應當扮演的角色，系統地構思如何貫徹「外王」之政治客觀事功，這樣的構思，絕對與荀子冷靜理性地，對時代脈動變遷進行深入的體察息息相關。

2、調整思想，奠定儒家復興的潛流

　　在先秦諸子百家之學中，儒學究竟居於什麼樣的地位，是值得關切的。大抵而言，以孔、孟、荀合稱爲原始儒學的流派，它其實必須與其他學派作

〔註42〕廖名春，《荀子新探》（台北：文津出版社，1994），對荀子三十二篇各篇的寫作年代，在第二章第三節（頁 76～87）以專節詳加考證，此處所舉各篇的著作年代，係參考其說法，頁 76～79、86～87。

〔註43〕按西周王朝末年，周王室早已衰微不堪，但王畿之內猶有兩個政權存在，號「西周」與「東周」，然先後爲秦所併（西元前 255 年併西周，西元前 249 年併東周）。參同註29，頁 71～72。

公平的競爭。〔註 44〕作爲公平競爭的學派之一，面臨著社會歷史的變化與發展，它必然要思量自家學派存續的關鍵問題，又不可捨棄繼續觀察對手的發展，學術文化的生命，基本上要通過自覺的反省，始能繼承與發揚，〔註 45〕準此而言，儒學自孔子起就展現了所謂自覺的反省精神。孔子以祖述文武周公之言，紹承西周文化傳統爲基礎，而提出經濟、政治方案，雖被評爲是不合時宜的保守主張，〔註 46〕但提揭「仁」的概念，以建立主體的自覺及道德意識的覺醒爲核心的思想體系，卻具有創新的成分。孟子在孔子思想基礎上，發展其仁政的學說，且以性善論作爲總體思想的理論根源，更是自覺的反省精神的體現，性善和仁學有著相互輝映的哲學價值。儒學思想的主要體系，由孔、孟接續完成，儘管其哲學思想有獨到之處，存在積極的因素，但在春秋戰國時期，並未獲得充分重視，亦未能成爲用世的哲學，當然有其複雜的因由。到荀子時，理性特質使荀子選擇了不同於孔、孟的視野，吹奏出變調的樂音，如同將古典樂曲改造成不同的曲風，冷靜地觀照人類源於生物層次的特質，對社會發生與維繫，以及政治事功方面，在某種程度上作了修正，朝順世情的方向作自我的調整。

　　對儒家思想作出調整，一方面是荀子個人特質使然，另方面是時局變遷的推波助瀾。試想，儒學在孔、孟兩代大師的倡導，並攜其弟子行腳天下的情況下，雖然點綴著短暫偶有的青睞，但面臨的困蹇，來自諸侯國君、卿大夫、時人及隱者，由上及下發難質疑者蓋多矣。孔子之厄於陳蔡，孟子之去齊，來自現實的困頓，隱隱揭露出無情的現實，那就是孔、孟致力於修持道德的「內聖」志業所獲致的響亮名氣，終究還須面對行仁義於天下的「外王」志業的悵然落空。孔、孟的道德令人推崇，世人的道德待檢驗，然歸結起來，政治保守、不通世情、事功不濟，〔註 47〕則是儒學在前期最大的頓挫。在九流競相獻策的大時代之中，即使理論皆足以互別瞄頭，若論用世，兵家、法家、縱橫家，對爭逐權力的列國諸君與權臣，發揮當下的影響力，都比儒家

〔註44〕　韓非〈顯學篇〉云：「世之顯學，儒、墨也。」參王先愼撰，《韓非子集解》（台北：藝文印書館，1983），頁 707。筆者按：客觀而言，儒學在現實環境中，必然要面對其他學派的競爭壓力。

〔註45〕　杜維明，《儒學第三期發展的前景問題》（台北：聯經出版事業公司，1989），頁 198。

〔註46〕　李澤厚，《中國古代思想史論》（台北：漢京文化事業有限公司，1987），頁 33。

〔註47〕　同註 30，頁 42。

顯得更佔上風。蓋兵家總結了豐富的戰爭經驗，熟諳克敵制勝的各種戰略戰術和戰爭規律；法家主張因順人的私欲，以激發參戰人士積極爭取軍功；縱橫家分析客觀局勢，因勢利導的主張；雖不免投合政治上層階級所好而為之，在政治主導一切的情勢下，卻分別受到了企圖兼併天下諸侯國君的重視。儒家的理想性格，不僅面對兵、法、縱橫家的挑戰，也遇上了極端個人主義或具宗教情懷的學派，孟子所謂：「天下之言，不歸揚，則歸墨。」（〈滕文公下3〉）又欲闢揚墨，「欲正人心，息邪說，距詖行，放淫辭，以承三聖者」（〈滕文公下 3〉），便意味著儒者在學術論壇辛苦的戰鬥狀況。

　　情勢未必有利，理想掛空的際遇，必然使荀子更能冷靜理性的進行思索儒學的出路，前文所謂思想家對歷史脈絡的關注，在這緊繃的關鍵時刻，必須登場，也終於登場了。以荀子的遊歷經驗來看，二十歲就在燕國從事政治活動，〔註 48〕四十歲以前用力治學，五十歲前後遊齊、返趙、赴秦，六十歲以後至楚為蘭陵令。〔註 49〕遊走列國之際，見識到百家爭鳴，尚法無儒的文化生態，論述用兵之道，參與政治的體驗，集結而得的生活與仕宦經歷，對他的思想必然有所啓發。冀望儒學能脫穎而出成為用世哲學，與儒學在官場挫敗的經驗，交織而成的理想與現實對照表，使他對孔、孟思想作出了調整，調整過後的儒學，在當時世代雖然尚未獲得重用，卻在天下統一繼秦王漢立之後，得著發展的機會，從而一躍為中國主流之文化，儒學日後成為文化主流，卻不能不歸因於荀子改造儒學，奠定了儒家復興的潛流。

　　所謂調整雖是局部的，卻因透視生命的原先本質，也抓準了社會心理的共時特徵，是以顯得攸關重要，荀子對儒家思想所作的調整，首先談人性的觀念。孔子對人性的看法傾向於善，孟子明確主張性善說，荀子雖提出性惡論，對此主張，荀子毫不諱言人性的本質有各種欲望且又好利嫉惡，這對始終小心翼翼，務期提煉人類生命精華的孔孟思想，不啻是一種裸露的告白，他切入人的生理層面，並深入心理層面，由人的生物層次來立論，展現了荀子同情地理解的包容心，人的生物層次實無可如何，卻須真實地去面對，蓋生命的存活，絕不可能捨欲望、棄本能而不談，因而荀子大膽強調「足欲」

〔註48〕同註 42，頁 23。根據《韓非子・難三》記載：「燕王噲賢子之而非孫卿，故身死為僇」，可知荀子因反對燕王噲禪讓其相子之，導致燕王冷遇他。韓非係荀子弟子，所記有關其師的事迹，可信度當很高。

〔註49〕韋政通《先秦七大哲學家》（台北：水牛圖書出版事業有限公司，1987），頁148。

之重要。至於好利之說，對「罕言利」（〈子罕 1〉）的孔子，或強調「義利之辨」（〈梁惠王上 1〉）的孟子，都是另類的聲音，人性是否並存著求義利之心與人性求義求利應當嚴加區別，其實是要分開來看待。

好義或好利，當是人類千古不變的秉性，荀子除了強調人「有義辨，能群」，又打開天窗，直指人心好利。〈大略篇〉即云：「義與利者，人之所兩有也。」從社會發展過程來看，天下人好義好利消長的情形，即足以一目了然，如在周天子統攝天下諸侯，處於強幹弱枝的時代，諸侯以「效忠天子，遵守禮儀」，達成滿足私欲的目的，此時求義的心理或者更為突出。〔註50〕然而，進入春秋戰國之後，掌管禮儀秩的周天子開始催折，局勢翻轉為弱幹強枝，私欲就像野兔，人人競相攫取捕捉，滅國兼併，劫殺攻掠之舉，無一不宣告著求利心理的突出，而這絕對與客觀情勢攸關，一般生存的競爭，舊秩序瓦解時無政府的狀態，或特別設置軍功的獎勵辦法等，都可能使逐利的心理強化。客觀而言，荀子是從現實面，理性且務實地細數生命起落的潛在因素，其所云：「故有社稷而不能愛民，不能利民，而求民之親愛己，不可得也。」（〈君道篇〉）愛民不必捨利民之作為，正視現實以解決人性問題，是荀子立足現實世界的主要訴求。

其次，對儒學的調整部分，是荀子以禮義為一切規範的主張。重視禮，本是儒家的特徵和傳統，孔子注重禮，又盛稱周禮「郁郁乎文哉，吾從周」（〈八佾 14〉），大有誓言恢復周禮的強烈期望，曾對制禮的周公，夢寐地想望，甚且因而感嘆：「甚矣吾衰也！久矣，吾不復夢見周公！」（〈述而 5〉）主張周禮中的君臣、父子、上下的等級名分，必須維護，周禮所注重的階級之分，和傳統文化中宗法社會的等級制度的精神則是一貫的，孔子提揭的「仁」把禮的層次提高了。孟子則把外在形式的禮納入人的心性之中，有名的「仁、義、禮、智」四端之心，即稱「辭讓之心，禮之端也。」（〈公孫丑上 6〉）、「恭敬之心禮也。」（〈告子上 6〉），四端之心又源自天道，天道是超時空的形上本體，又是內在於人的真實，因此，禮成了貫通天人二界的至高之存在。〔註51〕孟子曾云：「夫義，路也。禮，門也。唯君子能由是路出入是門也。」（〈萬章下 7〉）又道：「無禮義，則上下亂」（〈盡心下 12〉），孟子當然也重禮，不過，禮終須回歸到人心善性的核心來認知。

〔註50〕同註 30，頁 15。

〔註51〕黃俊傑，《孟子》（台北：東大圖書公司，1993），頁 171、173。

　　至於荀子，則特別注重禮義教化的問題，他以禮義做爲對治人性之惡的標準，極力主張禮義爲「聖人積思慮，習僞故」（〈性惡篇〉）所生，且主張「禮有三本：天地者，生之本也。先祖者，類之本也；君師者，治之本也。……故禮上事天，下事地，尊先祖而隆君師，是禮之三本也。」（〈禮論篇〉）雖是從人情上提出「報本返始」的立論，〔註 52〕本應與聖人創制禮義分開處理，卻難免產生禮與天相關聯，禮是依天的原則來制定的連鎖性效應，延伸出與孟子「禮源於天」隱約相似的觀念，甚或因其所云：「凡禮，……天地以合，日月以明，四時以序，星辰以行，萬物以昌。」（〈禮論篇〉）而衍生萬物的一切現象，是依賴禮的法則而產生的不同理解；〔註 53〕這使禮與天，何者爲原則的問題，出現了雙向往復的思維進路。然而，荀子將禮義的用途，界定爲「禮別異」（〈樂論篇〉）、「先王惡其亂也，故制禮義以分之。」（〈王制篇〉）、「禮者，……以貴賤爲文。」（〈禮論篇〉）顯見禮的核心內容是區別貧富貴賤等級，又以獲致定分止爭，達到天下大治爲最後目的。無疑地，荀子延續了儒家上承自宗法社會制禮以「親疏差等」爲要素的傳統。

　　在主流傳統下，荀子在人倫關係網中，加入了「群道」的觀念，是殊爲可貴的見解；但又作出大膽的調整，公開提倡「尊君」的說法，卻引發了爭議。試加以回溯，孔子認爲君主的言論固有權威性，但必須斟酌其言爲正道或非道，不能盲目遵行，如「齊人饋女樂，季桓子受之，三日不朝，孔子行。」（〈微子 4〉）是孔子對季桓子荒廢政事的抗議。孔子又曾對季康子就教患盜之事，答曰：「苟子不欲，雖賞之不竊。」（〈顏淵 18〉）就其問政，對曰：「政者，正也。子帥以正，孰敢不正？」（〈顏淵 17〉）孔子批評季康子多欲，對其職分的要求，顯示孔子對道的重視，即令禮制的等級之分，使君王居於隆崇的地位，但孔子極少言尊君之語，既曰：「君使臣以禮，臣事君以忠。」（〈八佾 19〉）又批評時臣：「事君盡禮，人以爲諂也。」（〈八佾 18〉），禮是行義的標準，顯示尊道或尊君該取得平衡，且知所進退，故又曰：「所謂大臣者，以道事君，不可則止。」（〈先進 23〉），正是孔子正名思想的精神所在。到孟子時，由於強調士志於道，堅持「以道仕君」，表現出尊道重於尊君的精神，則是對孔子「重道」思想的進一步發揚。〔註 54〕因而，孟子嘗以「不召之臣」（〈萬章下 7〉）

〔註 52〕 蔡仁厚，《孔孟荀哲學》（台北：台灣學生書局，1984）頁 384。

〔註 53〕 譚宇權，《荀子學說評論》（台北：文津出版社，1994），頁 111。

〔註 54〕 方爾加先生認爲：「如果說孔門在尊道重于尊君上表現得還不夠明顯，那麼，

標舉知識分子的風骨，提到「賢君必恭儉禮下」(〈滕文公上 3〉)強調君待臣應盡「三有禮」(〈離婁下 3〉)，甚至主張，一旦人君「禮貌衰，則去之」(〈告子下 14〉)，他把「道德」的尊嚴置放於「勢位」之上，終而成為傳統知識分子堅守理想防線的指導理論。

　　然而，荀子則不諱言「為王者尊」，〔註55〕推尊君王的重要，荀子說的毫不遲疑，當孔孟在尊道與尊君之間，因著理想性而出現過言論衝突的現象，仁政的理想始終未能兌現的挫敗經驗，到荀子時，終將面臨著必須沉澱的時刻。細思爭鬥不斷，舉世沸沸揚揚的局勢，不是跟各國割據、山頭林立相關嗎？紛亂的世局，必須尋找出路，謀求新秩序，不能再泥古而不化，因而，在惠民、愛民的大前提下，在反覆申論王霸、仁禮等儒家的基本政治理念外，荀子大膽的倡導「尊君」之說。對君尊臣賢的政治組織，君王庶民的「水則載舟，水則覆舟」(〈王制篇〉)的關係，荀子均曾論及，尤以君臣的組合論述更為詳盡，如〈王制篇〉、〈富國篇〉、〈王霸篇〉、〈君道篇〉、〈臣道篇〉、〈致士篇〉、〈議兵篇〉、〈強國篇〉等，處處可見這方面的議題。一方面荀子反對臣對君主盲目的聽從，如「諫、爭、輔、拂之人，社稷之臣也，國君之寶也，明君之所尊厚也，而闇主惑君以為己賊也。」(〈臣道篇〉)即表彰臣屬嚴守「以道仕君」、「為道而仕」的理念。另方面荀子提出臣子須「利君」的觀念，如「從命而利君謂之順，從命而不利君謂之諂，逆命而利君謂之忠，逆命而不利君謂之篡；不恤君之榮辱，不恤國之臧否，偷合苟容以持祿養交而已矣，謂之國賊。」(〈臣道篇〉)對照地看，此處荀子將君王初步概分為明君與闇主惑君兩類，君王之「明」，乃指君王的才能，有才能的君主須有「能群善群」(〈王制篇〉)的表現，亦即要使群眾能分，扼要言之，明君要發揮統治的長才，使社會各階級奉持禮義達到「正理平治」的境地。在講究政治效率的考量下，荀子不避諱「利君」的主張，甚至將君王細分為「聖君、中君、暴君」(〈臣道篇〉)，將臣子分為「有大忠者，有次忠者，有下忠者，有國賊者」(〈臣道篇〉)，在這樣複雜行事風格的政治高層人物中，當然以聖君賢臣為最好的

　　　在孟子身上，這種精神便表現得十分突出。」參同註30，頁44。筆者按：從孔子的論述來看，既強調君要守禮，臣要盡忠皆分內事，提及以道事君的觀念，至其本人際遇，則是「達則兼善天下，窮則獨善其身」，孔子通過人間，而非逃避人間的作為，早已為士人樹立了「為道而仕」與「為道而隱」的風範，孟子即是這種理念的宣揚者。

〔註55〕同註30，頁43。

組合。因而，荀子強調尊君，亦主張尊賢，看似悖離了孔孟「尊道」重於「尊君」的一貫立場，對儒家調整爲「尊君」的觀念，後世亦多所諮議，或視荀子爲法家先驅，或認爲荀子主張「尊賢」只是「尊君」的手段或工具，〔註56〕卻存在值得辯證之處。

「尊君」之說，其眞意如何？其實必須整體對照荀子的學說系統，又合該回顧當時的情勢，而予客觀的評斷。事實上，荀子對「聖王」的理想從未放棄，對推行王道亦不曾鬆手，凡關乎「富國裕民，貴民惠民，愛民好士」（〈君道篇〉）的經濟、社會、政治、軍事等主張，荀子無不詳細規畫，論述周密，在歷經大動亂的長久年代，他依然堅持儒家的主要理想，強調「聖也者，盡倫者也；王也者，盡制者也；兩盡者，足以爲天下極矣。」（〈解蔽篇〉）從未放棄「聖王」的理想，仍以「君者，民之原也；原清則流清，原濁則流濁。」（〈君道篇〉）爲主流理念，依然秉持「君子者，治之源也。」（〈君道篇〉）堅信「故上者下之本也，上宣明則下治辨矣，上端誠則下愿慤矣，上公正則下易直矣。」（〈正論篇〉）即君上可以爲表率的儒學傳統。聖王必須盡倫盡制，乃就社會禮制而說，亦就道德政治以言君王能盡其理性生命，實爲理想世界與價值世界之建構。〔註57〕但「解蔽」的首要之務，是以認清政治現實爲起點，聖王終歸是理想的君王，現實上，中君、暴君卻所在多有，臣下面臨這般現實，掙扎必然更多，實在是對動亂現象亟思統合的期盼太熱切，他必須從儒家走過的路徑回過神來，回到現實世界而不可逕棄理想。荀子深知道德期許與勸說難以著力，轉而構思以求制度得以推動，荀子隆禮義，言統類，大膽言尊君，覓求君臣合作愉快的有效途徑，承繼了孔子原初的外王理想，又做了些修正，仍然寄望君王，而補述更多制度與政策。客觀而言，荀子其實未曾擺脫「人治」的主體思想，「尊君」之說，在理想層面上，即是對「聖王」的推崇，在現實層面上，則是對現實政治結構中，君王既是政權與治權之核心，亦爲超越無限體，〔註58〕荀子體認到君王依然握有定奪天下的影響力，務期借力使力始發爲「尊君」之議論，甚而可能見識到強秦之君，已然出現了統合天下的勢力而有所領悟。但，荀子終究不願脫離儒家的主軸，當他遊秦，稱秦政治所長之外，又以「無儒」非議其短，最終離秦而去，這表

〔註56〕同註9，頁98～100、116。及參同註30，頁52。
〔註57〕牟宗三，《歷史哲學》（台北：臺灣學生書局，1988），頁167。
〔註58〕同註57，頁187。

示強秦的嚴刑峻法與儒家理想並不能相侔，拂袖是對理想的堅持，遊歷卻加深了荀子對法治的概念。「尊君」之說，其實有理想在內，也摻合著許多條件，而不是無謂盲目的推崇，這樣的主張，連同對人性好利之心，卻被赴秦爲相的弟子李斯，著書立論的韓非所作片面、偏離的宣揚，終而獲得漢代以後獨尊儒術且爲實施專制政治部分的理論依據，儒家的復興，就歷史眞相來看，不僅是帶著悲劇與誤會成分的，然其理論的內在限制，終又不容避免必須與其他學派（如法家）相結合，始成爲帝王治國的憑藉。

　　探討荀子對儒家思想的調整，又不能捨「重法」而不談，荀子既「隆禮」但又「重法」，往往將禮法並稱。僅就「法」觀念而言，自孔子起，並未居於重要的地位，基本上，孔子強調「德治主義」，所謂：「爲政以德」（〈爲政 1〉）、「道之以政，齊之以刑，民免而無恥；道之以德，齊之以禮，有恥且格。」（〈爲政 3〉），都在說明德治勝出法治。不過，孔子也曾說：「君子懷刑，小人懷惠。」（〈里仁 11〉），又說：「聽訟，吾猶人也。」（〈顏淵 13〉）顯示孔子並不反對「刑」作爲維護秩序必須的手段，反對的是「禮樂不興則刑罰不中，刑罰不中則民無所措手足。」（〈子路 3〉）。孟子試圖調和禮與法的關係，說過：「徒善不足以爲政，徒法不能以自行。」（〈離婁上 1〉）又云：「上無道揆，下無法守也；……君子犯義，小人犯刑；國之所存者，幸也。」這是孟子所提揭治人與治法宜兼而重之的不刑之論，足見孔孟決非一般地反對、否定刑、法。〔註 59〕對禮法之關係，荀子則納法於禮，所謂：「禮者，法之大分，類之綱紀也。」（〈勸學篇〉）顯示禮是法的指導總綱，禮的重要甚於法，但法則不可缺，蓋「法者，治之端也。」（〈君道篇〉）以法制進行賞罰，達到制約人民行爲的效果，是法令必要存在的理由。禮法皆不可廢，荀子又云：「治之經，禮與刑」（〈成相篇〉）、「隆禮至法則國有常。」（〈君道篇〉）荀子視禮法皆爲原則，乃以禮作爲道德引導的積極原則，而以法爲賞罰的消極原則，尊崇和完備的法制，都是達成秩序所不可缺者，但兩者相較，仍明確地褒「禮」而貶「法」，因爲法終究爲禮的輔助手段。荀子視禮爲法之源，歸結起來，人則是推動禮法的總體關鍵，是以謂：「有亂君，無亂國；有治人，無治法。……法者，治之端也；君子者，法之原也。故有君子，則法雖省，足以遍矣。」（〈君道篇〉）足見崇尚禮治、德治、君子之治，仍是優先的設計，荀子依然秉持儒家「人治」的政治路線。對禮法施行的對象，荀子出現了繼承傳統又變通傳統的不同論點，如「由士

〔註 59〕同註 5，頁 134。

以上，則必以禮樂節之；眾庶百姓，則必以法數制之。」（〈富國篇〉），即是延續周代階級社會，如《禮記·曲禮上》：「禮不下庶人，刑不上大夫」的禮制之遺緒，而「雖王公士大夫之子孫，不能屬於禮義，則歸諸庶人。雖庶人之子孫也，積文學，正身行，能屬於禮義，則歸之卿相士大夫。」（〈王制篇〉）論述中所指陳階級可以升降流通的思想，又彰顯了傳統階級所未具備的平等原則，〔註60〕可視為是荀子進步思想的表現。

總體而言，荀子固然以禮治為主，法治為輔，又未違背儒家傳統的政治思路，卻以重法之論說終究多過孔孟之言論，受到特別的注目，法治本存在傳統之中，唯未額外的強調，重法之說則或多或少見證了強秦屬行法治之效率使然。然而，為期提防苛政之害民擾民，也為革除法家嚴刑峻法之弊端，荀子始終標舉著禮治的大纛，作為安全政治的最後的防線，此皆足以說明荀子理性與務實的精神。僅管如此，此重法之說，與前述尊君主張，兩相結合，加上弟子李斯、韓非的宣揚，所促成推波助瀾之功，也使荀子對儒家調整過後的觀念，再度得到被借重的機會。譚嗣同嘗指出：「二千年之學，荀學也，皆鄉愿也。」，〔註61〕梁啟超也說：「自秦漢以後，政治學術，皆出于荀子。」〔註62〕或是針對性惡、好利、尊君、重法等觀念而發，但，荀子應否擔負中國二千多年專制政治之原罪，真相的釐清，是不能不慎重的。

第二節　名實之辯的總結

在解體分裂行將統合整併的大時代，荀子既經歷了先秦諸子思想涫涫紛紛的綿長時期，立足時代的末端，他以銳利鷹隼般的眼光，全幅地搜檢思想界的珍稀良窳，竭思提挈世人避開跌跌撞撞的曲徑，暫別高蹈難攀的理想，回歸熟稔可即的現實，理智地循著儒家傳統，又不復依傍地，在祖述憲章的斯文領地與互別區隔的舊學新說之間，逐行闢出一條改革的路道，經過一場又一場名實之辯的角力，就在時代的尾聲，荀子作出了總結，展現出先秦諸子思想集大成的偉岸之姿。

荀子總結性的思想，有源自儒學豐腴的傳統，有得自兼修各家的領悟理

〔註60〕同註9，頁238。
〔註61〕譚嗣同著，湯志鈞、湯仁澤校注，《仁學》（台北：臺灣學生書局，1998），頁58。
〔註62〕轉錄自同註30，自序，頁4。

解，又涵攝了自覺反省與批評革新的理念，因而，荀子雖是繼承孔子思想，卻能因應現實以尋求變通；雖又面臨各方流派，亦能用功尤勤作系統駁斥，將個人思想的素樸唯物主義作了淋漓盡致的發揮，這一切，無非是基於維護儒學純正性的立場。

一、紹述轉進孔子的正名思想

在思想史上，孔子最早提揭「正名」一詞，並由名實相符的主體意涵，確立了政治倫理的價值標準，與一般事物的用名標準。此標準一經確立，「正名」不僅成為儒學倫理觀念的指標，復掀起先秦諸子立說分派的熱潮。孔子對政治與文化均予深切的關切，由正名角度切入，既是政治必須符合倫理的標準，而倫理與道德又密不可分，是以強調政治倫理，實等同於對政治道德的要求。孔子對倫理道德提出的主要概念是「仁」，仁的表現是「克己復禮」（〈顏淵 1〉），亦屬「為仁由己」之事，顯見孔子把禮上提至人內在真實的感情 ──「仁」，以「攝禮歸仁」的方式，對政治倫理作出了規範，仁為禮的本質，成為確立不移的說法，這是孔子在承續周文傳統時的創發。對一般事物的用名，孔子同樣要求名實相符的原則，稱謂雖是日常之事，卻不容淆亂以免妨礙溝通，因此孔子對名、言、行三者務求一致的步調，甚且把名實相違的用名現象，視為是不道德的行徑，亦屬違逆倫理的作法。

對名號所傳達的莊嚴意義，語言所扮演的交際功能，孔子的態度是審慎細膩的。凡語言疏略、語義含混、張冠李戴的說辭，使用名號或隨意，或失當等，既增生不必要的誤解，事態嚴重時更將導致混亂的場景。因而，用名不可不慎思明辨，作出精準貼切的抉擇，以期名實而相符。當然，孔子在論述政治倫理，或一般事物的正名理念時，則是把「名」擺在第一位的，政治之名代表人的名分或名位，一般事物之名具有特定指涉的名義，是以必須先行確定此人名分或名位，進而才能對其人言行加以範限，予以檢驗是否名實相符，同樣的，必須徹底釐清名號指涉之名義，接著才能對用名現象加以評論，予以檢覈有否名實相愜，因此，孔子的正名論，是名先於實而存在的哲學思路。

若論孔子對文化的看法，據其所言：「文王既沒，文不在茲乎？」（〈子罕 5〉）顯見孔子對周文採取肯定的態度，甚且胸懷萬丈直抒其抱負：「如有用我者，吾其為東周乎！」（〈陽貨 5〉）文化本屬一脈相承之歷史事實，因而孔子上溯備極至德的堯舜，既盛讚歷史之古帝，言繼三代之禮的損益相因，在洞

悟堯舜三代一線相承的立國之道外，〔註63〕又由仁學的觀念，標舉出「修己以安百姓」（〈憲問45〉）、「博施於民，而能濟眾」（〈雍也28〉）的「內聖外王」思想，聖王之名所對應之實，其內涵輪廓已趨明朗，但聖王畢竟是理想，孔子因而又喟嘆曰：「堯舜其猶病諸。」孔子的稱述，表彰對中國文化的肯定，又兼含對文化的反省，據其所述，內聖外王的名實思想已有了明確的方向。

正名論所述政治倫理的標準，孟子將其發展擴充為「父子有親，君臣有義，夫婦有別，長幼有序，朋友有信」（〈滕文公上4〉）的五倫觀念，人倫之道涵蓋更廣的範圍，對各種角度所界定的嚴格關係，也有了綱領性、原則性的提示。正名論所述一般事物的用名標準，孟子以富於思辨特色的手法，就概念之名如「類」、「同異」、「言、意、志」等，闡發其理論，論述雖或周到深邃而精審者，或言之過切而不精審者，但在名實思想上，則展現了頗為可觀，足以開悟後人的理念，而其哲學思路猶如孔子一般，是「名先於實」的存在。在文化理想上，孟子亦曾述及內聖外王之道，如「保民而王」（〈梁惠王上7〉）的仁政主張、「誅一夫」（〈梁惠王下8〉）的革命思想等，都屬外王之道的論述，但孟子對客觀理想的勾勒，終究強調必須植基於仁義之心，孟子對道德心性，不打折扣的企重與堅持，使內聖理想出現了偏向發展的趨勢，孟子高揚「內聖」之道德主體尊嚴的心性之學，宋明理學家即視之為唯一的正統。〔註64〕歸結起來，孟子所論內聖外王的名實思想，既有所側重又饒富特色。

在儒學傳統裡，荀子的地位是特殊的，雖然他對孔子推崇備至，極言「孔子仁智且不蔽，故學亂術，足以為先王者也。」（〈解蔽篇〉）即令孔子在現實上遭遇諸多的頓挫，荀子猶稱：「在一大夫之位，則一君不能獨畜，一國不能獨容；成名況乎諸侯，莫不願以為臣。是聖人之不得勢者也，仲尼、子弓是也。」（〈非十二子篇〉）這段讚頌孔子具有平治天下的雄才與威望的稱述，顯見荀子對孔子高度的肯定；但肯認孔子，在基本態度上仍堅守孔門儒學的荀子，〔註65〕卻長時期地不入主流，不被視為正統。〔註66〕荀子在歷史上的現實遭遇如此，不容否認很大成分與後世儒家對其偏頗的認知及排斥的心理相關。若回歸到學術思想層面，荀子與孔子的思想連繫是緊密的，就名實思想的部分而言，荀子不但

〔註63〕 同註52，頁46。
〔註64〕 同註9，頁221。
〔註65〕 同註5，頁20。
〔註66〕 同註9，頁49。

紹承孔子正名主義所標示倫理道德的基調，如〈正名篇〉所述：「王者之制名，名定而實辨，道行而志通，則愼率民而一焉。故析辭擅作名以亂正名，使民疑惑，人多辨頌，則謂之大姦；其罪猶爲符節，度量之罪也；故其民莫敢託爲奇辭以亂正名，故其民愨。」即明確地以道德旨歸，政治倫理要求作爲正名之目的，堅守「名實相符」的準則，是荀子與孔子相互一致的觀念。荀子在大本處堅守儒家的立場，殆無疑義可言，這可由他對政治階層、治國之道的描述得知，荀子對「王道」的界定，是指國君應行之禮，在「知人」、「得人」、「尙賢使能」，對「臣道」的要求，是指臣子應行之禮，在「知事」、「諫諍輔拂」，治國之道，必以禮義之統爲根本，強調禮義之教，基本上並未違離孔子對周代禮文肯認的初衷，蓋禮的制定，在謀求生活的合理，規範行爲的合宜，因而，荀子的禮義之統，著實延續了孔子正名主義必不可缺的客觀基礎。以外在的禮義來規範人們的言行，契合孔子對周公「據事制範」之禮憲的理解，禮憲是直接形態的，荀子從認知心，指出隆禮之重要與必要，就歷史線索而言，不但繼承孔子斯文爲己任之客觀理想，也直承了周公制禮的精神。〔註67〕

　　然而，孔子由周禮體悟出來的仁，是由外向內收，屬於生命主體的自覺，這一獨特的體悟，孟子加以繼承爲心性之學。荀子亦嘗言仁或仁義連言，如「仁之所在無貧窮，仁之所亡無富貴。」（〈性惡篇〉）「凡禹之所以爲禹者，以其爲仁義法正也。」（〈性惡篇〉）「行一不義，殺一無罪，而得天下，仁者不爲」（〈王霸篇〉）等，但荀子所謂的仁，則是以禮義爲標準來說的，〈勸學篇〉所謂：「將厚先王，本仁義，則禮正其經緯、蹊徑也。」「學至乎禮而止矣，夫是之謂道德之極。」這兩則說辭，點明了客觀的禮義始是最高原則的道理，甚且可以據此判斷，荀子所說的仁與道德，無異是禮的代名詞。〔註68〕仁與禮的關係，孔子採取的是「攝禮歸仁」的方式，沒有仁，禮就僅徒具形式並無意義而言；荀子所思考的是，仁德的表現，終究以禮儀規範爲依據。這個對照性的差異觀點，可以視爲是荀子對孔子正名主義的轉折性，在承續儒家的大本之外，荀子把禮提升至道德的最高處，視禮爲道德的極準義，這是他就正名思想的禮觀念作第一層的轉進。當然，作爲倫理秩序要求，社會規範約束的「禮」，終究是帶著外在性、強制性與等級性的特徵。〔註69〕

〔註67〕　同註9，頁5。
〔註68〕　同註9，頁91。
〔註69〕　同註5，頁117。

　　「禮」作爲人文世界的軌儀、圭臬，在荀子的思想裡，又曾將禮與法勾聯起來，指出兩者的關聯性與區隔性，如「禮者，法之大分，類之綱紀也。」（〈勸學篇〉）「禮義生而制法度」（〈性惡篇〉）都在說明制度、法律是依據禮義而制作的，禮足以作爲制度、法律的指導原則，顯示兩者不無相當的關聯。蓋禮與法，都是治國所需的條件，所謂「土之與人也，道之與法也，國家之本作也。」（〈致士篇〉）即是強調國家形成的四個條件，包括土地、人民、道（即禮）與法，都是缺一不可的。法是國家形成的基本條件之一，荀子認爲「法者，治之端也。」（〈君道篇〉）法既是盡治道之責的一個始點，而禮又是制度、法律制定的依據，則禮與法兩者又有區隔矣。禮與法最大的區隔，可就效用意義而言，概禮是感化人、啓發人、積極成就人的，因而是一種積極的道德引導；而法，只止於消極的防止，它是一種消極的賞罰制約。〔註70〕禮法有別，而禮法亦各盡其用，在推動治國的「正理平治」之理想事業時，禮居於主導地位，法只具對禮的輔助性質，荀子對禮的內容既作了新的解釋，賦予新的意義，就此部份而言，這又是他對孔子正名思想另一層意義的轉進，是荀子對禮觀念的變通思惟。

　　在繼承孔子正名主義之大本思想的同時，荀子除了上述轉折性的觀念之外，更發揮其誠樸篤實之心，表現明辨之理智，〔註71〕在正名學上發展出儒家前所未見的邏輯學說，而其邏輯學說，既探討了概念論，又涉及了推理的相關理論。在概念論上，荀子固守孔子，強調名實相符的原則，但理智取向地由倫理的範圍延伸出來，對現實世界之實與邏輯世界之名的對應關係，進行系統的分析，分析的層面則包括，探討「名」反映「實」的共性與本質，就客觀基礎、主觀認識與社會因素等名形成的原因，建立制名的根本原則，由大共名、共名、大別名、別名等名的類別，建構其概念體系。對推理的部分，荀子則理解到推理是概念的運動，他繼承了墨家對「類」的認知，在「類」概念上，荀子就類之或同或異，揭示了對「矛盾律」的認識，就思維規律，探討所謂同一律的內容與要求，又提出「以類度類」（〈非相篇〉）的類推法則，〔註72〕乃至在「破三惑」中所批判的各家思想，無一不展現了荀子對推理上

〔註70〕同註9，頁26。及同註5，頁121。
〔註71〕牟宗三先生稱：「（荀子）誠樸篤實之人常用智而重理，喜秩序，愛穩重，厚重少文，剛強而義，而悱惻之感，超脫之悟，則不足。其隆禮義而殺詩書，有以也夫。」參牟宗三，《名家與荀子》（台北：臺灣學生書局，1994），頁199。
〔註72〕同註42，頁246～250。

運用的一些邏輯規則的認知。邏輯推理，旨在作出判斷，就荀子所論述而言，論證精審入微之處，足可見證其理論素養與知性稟賦的深厚程度。大抵而言，關於概念或推理的理論，荀子所表現出某種程度的條理化、系統化、精確化，〔註73〕都比孔、孟顯得更加的突出，這種突出的表現，正是荀子將正名主義的倫理色彩轉換至邏輯取向的表現，這在中國思想文化史上別具意義的。

　　然而，荀子的名實思想，固然在孔子正名思想上作出邏輯取向的轉進，也展現出超越前人的貢獻，在概念論上的研究，較推理的理論，顯得較爲周遍也更深入，但畢竟受政治實用主義傾向所限，未曾跳脫出儒家倫理道德的基本立場，在人文主義精神主流趨勢下，其智性與理性所展現驚人的活潑創造力，固然引人矚目，就其主體論說，卻終究只是陪襯而已。

　　在文化觀念上，荀子將孔子內聖外王的理想主張，本著務實精神，將重心轉換至外王面向上。荀子由性惡的經驗性、人性論出發，強調隆禮義、言統類以重建社會秩序，探討富國裕民的經濟政策，主張禁暴除惡的戰爭論，附民壹民爲根本的強兵論，乃至尊君觀念的提出等，強烈凸出的政治意識，顯示他將孔子原初理想，有所偏重的轉往客觀的外王理想，務期貫徹外王之政治客觀事功，這樣向外開，朝外王方向的轉進，雖成就了荀子思想的特色，卻又因淡化了主觀道德意識，暴露其思想的某些缺陷，從而成爲後代學者詰難的癥結所在。

二、兼修各家，批判先秦名實相悖的舊學

　　年輕時，荀子才二十歲（西元前316年），就已在燕國從事政治活動，卻反對燕王噲讓國於其相子之，因爲反對禪讓，遂遭燕王冷遇，《韓非子‧難三》即記載：「燕王噲賢子之而非孫卿，故身死爲僇。」在燕國游說失敗後，此後荀子的行踪共有二十多年不清楚，〔註74〕殆至五十歲（西元前286年），即游學稷下，以才學卓異見稱於世，《史記‧孟子荀卿列傳》即稱：「荀卿，趙人。年五十始來游學於齊。……齊人頌口：『談天衍，雕龍奭，炙轂過髡。田駢之屬皆已死齊襄王時，而荀卿最爲老師。齊尚修列大夫之缺，而荀卿三爲祭酒焉。』」姍姍來遲初遊稷下的荀子，由於天下賢才聚集，一時聲望、地位不如

〔註73〕荀子在概念論上的研究成果豐碩，然於判斷、推理的具體形式和規律，探討尚未深入。參同註42，頁251。

〔註74〕同註42，頁23～24。

愼到、田駢、接子等人，但敢於批評諸子之事，終將使他受到矚目，逐漸在稷下高揚其名聲。荀子一生的閱歷，胡適曾作考證推斷，他在四十歲以前，大抵從事治學工作，五十歲前後周遊各國，六十以後曾爲蘭陵令，晚年則設教著書，與孔孟相類似，〔註75〕胡適且認爲，荀子學問淵博，曾研究同時諸家的學說，〔註76〕而若非治學之功，實難以對諸家作出大膽的批評。荀子所評論的，以〈非十二子篇〉的六組人物爲主，亦曾於〈天論篇〉另外評老子，於〈解蔽篇〉評及莊子、申子。對各家思想的評論，由於堅決地立足於儒家的立場，又堅持以禮義之統爲至高的價值衡量標準，因而，荀子的批評，由「正名主義」而言，某些角度符合所謂合理性，換個角度，卻又難免出現主觀的偏見，因著執一的自限，流於爭論的局面。〔註77〕

批評，理當自傾聽開始，以瞭解爲起點，而且要能兼括得失的批評；準此以觀，荀子對各家的批評，卻每側重貶損的一面，〔註78〕而少見褒揚的一面。荀子批評的矛頭，首先對準第一組的「它囂、魏牟」，它囂或即是秦昭襄王相范睢，與魏牟並爲縱橫游說之士，〔註79〕但《漢書・藝文志》將魏牟列爲道家，荀子說他們「縱情性，安恣睢，禽獸行，不足以合文通治。」這是對縱欲學派的批評，縱欲是不合禮文要求的，又是致亂難以通於治道的作爲，既違逆正名主義對道德旨歸、政治倫理的要求，當然必須加以抨擊。荀子所評第二組爲「陳仲、史鰌」，陳仲即孟子所謂「蚓而後充其操者」（〈滕文公下10〉）的陳仲子，他自始即是一個輕富貴傲王侯的隱士；史鰌即孔子所稱「直哉」（〈衛靈公6〉）的史魚，荀子說他們：「忍情情，綦谿利跂，苟以分異人爲高，不足以合大眾，明大分。」這兩人，前者爲遺世獨立的禁欲派，後者爲秉筆直書之史官，其相同的行誼在隱逸這一點上，荀子立一說必求合二子，就兩人行徑來檢視，則有問題。〔註80〕荀子之論斷，顯示他對隱逸一型的人格，完全不能欣賞，〔註81〕隱逸行徑違背應盡之人倫，禁欲主義違反其「足欲」之主張，對講究遵循禮法之義的荀子言，皆是不務實，背逆固守倫常之正名目的。

〔註75〕胡適，《中國古代哲學史》（台北：遠流出版社，1986），頁267～269。
〔註76〕同註75，頁271。
〔註77〕同註9，頁282。
〔註78〕同註53，頁180。
〔註79〕同註42，頁84～85。
〔註80〕同註9，頁253～256。
〔註81〕同註9，頁255。

　　荀子所評第三組爲「墨翟、宋鈃」，墨子爲大家所熟悉，主張兼愛非攻，反對周代禮樂制度，否認其全部價值，提倡節用之苦行生活等，宋鈃即孟子所謂：「聞秦楚構兵，（我）將見楚王說而罷之。楚王不悅，（我）將見秦王說而罷之。」（〈告子下 4〉）者，近人顧頡剛說他是主張調和楊墨二家學說的人，也就是介於道、墨之間的人物，宋鈃主張「明見侮之不辱」以化除鬥爭，亦即主張「不鬥」，又提出「人之情欲寡」的論點。荀子說他們：「不知壹天下，建國家之權稱，上功用，大儉約而慢差等，曾不足以容辨異、縣君臣。」此論斷之語用以評墨子則恰切，蓋墨子主張已違逆荀子外王治道最爲注重人倫的禮義準則，抹滅差等瘠苦生活，亦不符禮制所欲達成「養、分、節」的功能。然此論斷用以肝衡宋子，韋政通以爲，顯然未中要點，蓋宋子之主張「明見侮之不辱」，如不從經驗命題來理解，而視之爲提供「鬥爭」的解消之道，它代表人生的修養，代表一種理想，所主張「人之情欲寡」，亦可就人生修養說，此皆可見宋鈃既具相當的工夫，人格亦達相當高的層次。〔註82〕然若從正定「侮、辱」之字義而論，荀子斷之曰：「惑於用名以亂名」（〈正名篇〉），由宋鈃的「寡欲」不符荀子「足欲」的主張來看，荀了評其：「惑於用實以亂名」，足見宋鈃是背逆了荀子由禮義標準界定名實相符的精神，如此一來，荀子的評論立場甚爲明晰矣。

　　荀子所評第四組爲「愼到、田駢」，愼到、田駢皆爲山名的稷下先生，一般依《漢書·藝文志》將愼到列爲法家，將田駢列爲道家，《史記·孟子荀卿列傳》則稱愼到「學黃老之術」，田駢「學黃老道德之術」，顯見兩人有相近之處。《莊子·天下篇》描述：「決然無主，趣物而不兩，不顧於慮，不謀於知，於物無擇，與之俱往」的古之道術，「聞其風而說之」，是故愼到「棄知去已，……椎拍輐斷，與物宛轉，……若飄風之還，若羽之旋。」而又「大下之尙賢……不知前後。」愼子主張「尙法」、「尙勢」，作爲用世的基本法術，因此客觀而言，愼到蓋以道家爲體，而用於法家者。〔註83〕至於〈天下篇〉論田駢之學與彭蒙、愼到並列，而謂「田駢亦然」，即是指稱田駢同爲具「棄知」、「舍是與非」、「與物宛轉」之作風，田駢蓋爲道家之流矣。〔註84〕荀子

〔註82〕同註9，頁 266。

〔註83〕如近人傅斯年、顧頡剛、容肇祖、韋政通等人，都覺得《莊子·天下篇》所云「棄知去己」、「舍是與非」、「塊不失道」等義，均與《莊子·齊物篇》相合，遂疑〈齊物論〉可能爲愼到所作，據其義理來看，確實表達了道家的基本精神。參同註9，頁 270～272。

〔註84〕同註9，頁 272～273。

評論二人道：「尙法而無法，下脩而好作，上則取聽於上，下則取從於俗，終日言成文典，反糾訓之，則倜然無所歸宿，不可以經國定分。」荀子並未就兩人的道家風習加以評述，評論的焦點則鎖定愼到重法的主張，顯見這如同前面三組人物遭到批判的關鍵處，是愼到不重禮義的言論，不符「君子……說不貴苟察，名不貴苟傳，唯其當之爲貴。」（〈不苟篇〉），故已違逆了儒家正名的基本立場矣。

至於第五組爲「惠施、鄧析」，《漢書·藝文志》有惠施篇、鄧析子篇，皆列在名家。惠施之說，載諸〈天下篇〉共十條，其中最常爲人徵引討論的，如「天與地卑，山與澤平」，本文前已作過相關的探討。荀子另外有評惠施、鄧析言論一則，「山淵平，天地比，齊秦襲，入乎耳，出乎口，鈎有鬚，卵有毛，是說之難持者也，而惠施、鄧析能之。然而君子不貴者，非禮義之中也。」（〈不苟篇〉）其中「山淵平，天地比」與〈天下篇〉所指者同，則惠施爲好辯之士，當可知矣。而鄧析與子產同時，年代晚於惠施，鄧析爲人，據相關資料記載，「子產治鄭，鄧析務難之，子產患之，於是殺鄧析而戮之，民心乃服，是非乃定。」（《呂氏春秋·離謂篇》），「鄧析操兩可之說，設無窮之辭，數難子產，子產誅之。」（《列子·力命篇》），足見鄧析長於智辯，蓋可無疑。對此兩人，荀子評曰：「不法先王，不是禮義，而好治怪說，玩琦辭，甚察而不急，辯而無用，多事而寡功，不可以爲治綱紀。」而荀子所謂「琦辭怪說」，主要從人類的感官經驗出發，又緊扣「名定而實辨……謹於守名約」（〈正名篇〉）的正名之要求，如「山淵平」，荀子斷之曰：「惑於用實以亂名」（〈正名篇〉），他從用名的絕對標準，批判惠施，因其「蔽於辭而不知實」（〈解蔽篇〉），莊子稱其是典型的「辯者之徒」（〈天下篇〉）；從「類不可兩」（〈解蔽篇〉）的矛盾律，批判鄧析，因其有類於「辯者之徒」的怪說；荀子的批判，有其特定的思維向度，卻難免未曾顧及事物有時是相對的哲學思考。因而，瞭解荀子的立場之外，亦不可不思考惠施、鄧析辯說存在的價值，如富於哲理，且有科學根據等。〔註85〕荀子、莊子對惠施皆有批判，反應儒、道兩家在當時

〔註85〕如胡適即針對「卵有毛」的道理，分析道：「這學說的大意是說：生物進化都起於一種極微細的種子，後來漸漸進化，『以不同形相禪』從極下等的微生物，一步一步的進到最高等的人。因爲生物如此進化，可見那些種子裡面，都會有萬物的『可能性』，所以能漸漸的由這種『可能性』變爲種種物類的『現形性』。又可見生物進化的前一級，便含有後一組的『可能性』。故可說『卵有毛』。例如：雞卵中已含有雞形。若卵無毛，何以能變成有毛

對惠施持共同的看法。荀子對好辯之士下斷語，以為其說並不可貴，亦因為這些論說不合禮義，顯見荀子非議諸子發為議論的統一性與一致性。

荀子最後所評第六組為「子思、孟子」，子思為孔子孫，《漢書・藝文志》有子思二十三篇，已亡佚，《史記・孔子世家》稱子思作《中庸》，由今本《禮記》中《中庸》的內容看，大約成書於秦統一中國之後，但可以肯定《中庸》保存了子思的思想。〔註 86〕由內容來看，子思不但對孔子以「中庸」為「至德」的思想加以引申和發揮，又把「誠」的概念引入作為此一哲學的核心。孟子比荀子年代稍早，卻有著與其大異其趣的思想，孟子繼承孔門思想，主張性善說，倡議仁政，所論人禽之辨、義利之辨、王霸之論皆甚著名，荀子如何看待這兩個人？他評道：「略法先王而不知其統，然而猶材劇志大，聞見雜博。案往舊造說，謂之五行，甚僻違而無類，幽隱而無說，閉約而無解。案飾其辭而祇敬之曰：此真先君子之言也。子思唱之，孟軻和之，世俗之溝瞀儒嚾嚾然不知其所非也，遂受而傳之，以為仲尼、子弓為茲厚後世。是則子思、孟軻之罪也。」思孟學派被荀子痛加批判，闡述其理由在於；其一，僅粗略地效法先王，而不知道王道的綱領，其二，空有平治天下的大志，卻無可行的學說，所據五行，即仁義禮智信五種德行，則是邪僻、隱晦、不可理解的；〔註 87〕但第二點理由則或有深究的餘地。痛擊對手宜瞄準要害，荀子所作論斷，就第一點言，切合他對「禮義之統」始足以完成治道的政治意識，這亦是荀子一貫的正名立場，在孔子思想體系中，仁與禮本相為表裡，雖然孟子、荀子對仁與禮都加以繼承，而孟子貴仁，荀子隆禮，兩人各有側重，路線不同，對先王，荀子其實亦曾述及如「先王之道，忠臣孝子之極也。」（〈禮論篇〉），至於法先王，荀子主張「厚先王，本仁義，則禮正其經緯蹊徑也。」（〈勸學篇〉）即是說探索先王仁義之本原，不能不由禮之途徑，顯示荀子認為法先王，須以學習瞭解禮義為正確途徑，若不強調堅持禮義之必要性，一概駁斥之：「略法先王而足亂世術，繆學雜舉，不知法後王而一制度，……呼先王以欺愚者，而求衣食焉，……是俗儒者也；法後王，一制度，……是雅儒者也。」（〈儒效篇〉），而荀子所以又有法後王之主張，亦在肯定表揚後

　　　　的雞呢？」參胡適，《中國上古哲學史》（台北：臺灣商務印書館，1966），頁 99。

〔註 86〕同註 44，頁 215。

〔註 87〕中國孔子基金會編，《孔孟荀之比較》（北京：社會科學文獻出版社，1994），頁 3。

王（周王）遵循周公「制禮作樂」以創制垂統，所締造天下治平的卓著功績，實道地延續了孔子提倡「正名」以撥亂反正，重建秩序的精神，因此，批判思孟「略法先王」，是具有強烈政治意識的正名精神。

至於第二點，荀子何以批判「仁義禮智信」爲「僻違無類，幽隱無說，閉約無解」，實不可解。〔註 88〕五種德行，「仁」的精神，荀子並非全然不予注意，唯更強調重視禮義，智信亦屬強度理性的荀子所主張所具備，當無揚棄理由，因此，荀子下此斷語之眞意，殊令人費解。此非議思孟論點，如欲謀求較有可能合理的原因，或因五行之說太過於浮渙、分散，終不若集中就禮義的中心系統以言治國之道，來得更爲有效；或可說，荀子是從政治效率著眼，必欲緊緊扣合禮義之綱領，樹立絕對的禮義一元論，提綱契領而後綱舉目張，其他君道、臣道、富國裕民、致士、招賢納士等舉措，便可在主體架構下逐次地搭建而成，是以整體而論，荀子既緊守著正名的倫理政治要求，必以「禮義之統」爲徑路，則非議思孟自當不在話下矣。

在〈非十二子篇〉中，荀子對前五組一概加上「然而其持之有故，其言之成理，足以欺惑愚眾」的評斷，對第六組思孟學派則略去這段說辭。既謂「持之有故，言之成理」，顯示對諸子學說宜有相當程度的客觀理解，但價值取向迥異，又按上「欺惑愚眾」之斷語，則是主觀判斷之見解矣。對思孟學派略掉「持之有故」等語，而總結「是則子思、孟軻之罪」的「罪」字，更見荀子嚴苛對反的立場。客觀理解與主觀判斷每有難相容之處，世所常見，客觀理解與主觀判斷的強烈對比，乃至水火不容，對思想家而言，或許也是無法規避的選擇吧！

此外，如荀子批判墨子所謂「殺盜非殺人也」，爲惑於用名以亂名，批評公孫龍所謂「白馬非馬」（或謂指「有牛馬非馬也」），爲惑於用名以亂實，批判惠施所謂「山淵平」爲惑於用實以亂名，皆見諸〈正名篇〉。此三類，實則皆具有邏輯取向之意義，概這是由形式邏輯分析角度切入，前兩例就抽象概

〔註88〕如梁任公（啓超）即認爲此文謂子思、孟軻「案往舊造說謂之五行」，今子思書雖佚，然孟子書則實無五行之說。楊（倞）注謂：「五行即五常，仁義禮智信。」然果屬五常，似不能謂爲「僻違無類，幽隱無說，閉約無解。」故此數語不甚可曉。參梁叔任撰，《荀子約注》（台北：世界書局，1982），頁 63。韋政通則認爲，（章太炎）《太炎文錄》既曰：「（五行）五常之義舊矣」，又引《中庸》：「天命之謂性」舊注文「木神則仁，金神則義，火神則理，水神則智，土神則信」，是以五行傅會儒義。韋政通指出荀子所說，或別有所本，今既不得知，亦不必強作解矣。參同註9，頁 279～280。

念的個別性與一般性，第三例則由概念的絕對性與相對性，進行「正名」目的之評斷，以「名定而實辨」的標準言，荀子均一視同仁地將之歸爲「名守慢，奇辭起，名實亂，是非之形不明」的現象，亦即是「蔽於辭而不知實」、「治怪說，玩奇辭……亂世姦人之說」(〈解蔽篇〉)皆屬嚴厲之批語。

　　總結上述的批評，彰顯出荀子對先秦百家舊學，既視之爲「名實相悖」的詭辯，遂加以批判，其評論方向，雖兼括正名主義與邏輯向度的思考，邏輯分析終究不是荀子最主要的目的，邏輯思維只是荀子理性特質知性稟賦的表露，是依於邏輯之辯的大時代風尚，與爲回應批判對象的善辯而受到制約等，複雜因素雜揉而成的催化作用，使荀子展現了可貴且可觀的思辨方法與邏輯趨向的思想，然其名實之辯，最終還是環繞著倫理政治、道德要求的正名之目的，乃是無庸置疑的。

三、由唯物主義確立「定名依實」的哲學基礎

　　在哲學上，所謂唯物主義，是和唯心主義相對的。以世界觀言，唯物主義先入爲主否定了超物質的事物，在方法上，暫時放棄超物質因素，而嘗試用物質條件解釋一切；唯心主義者則將一切客體及物質存有者均從屬於精神及思想。〔註89〕對唯物主義而言，物質或物質性的實體，必須透過感官去經驗，只有經由感官實際的接觸，如以眼、耳、口、鼻、四肢等，分別進行視聽言嗅觸之動作等，始可辨別物之高下、音之強弱、味之酸甜、氣之香臭、實體之冷硬等，感官經驗始是認知的起點，可說是唯物主義基本的立場。

　　哲學家對宇宙的認知，固然有不同的理解，而認知所藉以表達的形式，以語言文字爲主，此兩者因爲是人類文化上，溝通情感思想所賴之憑藉，文化符號學上稱之爲「語文符號」，足見語言文字之「名」，概爲稱謂事物之「實」最主要的符號。名與實的關係，猶如雞生蛋或蛋生雞的因果關係，抑偶然或必然、實然或應然等關係，在先秦名實之辯的思潮中，則出現了歧異殊分的見解，即令在儒家學派中，歧見猶不容避免。就思想家的認知方式來探究，荀子被劃歸爲唯物主義者，他對名實關係的主張，採取的是「定名依實」的哲學思路，亦即主張「實爲第一性，名爲第二性」，這樣殊異於孔、孟的思路，絕對與其強調經驗事實的觀察，暨理性思維的運作相關涉，底下試作分析。

〔註89〕觀念論或稱唯心論 (Idealism)，唯物論 (Materialism) 之意涵，參布魯格編著，項退結編譯，《西洋哲學辭典》(台北：華香園出版社，1989)，頁 161、209。

1、實為第一性，名為第二性的哲學思路

先秦儒家孔孟荀，對名實關係的認知，大抵而言，孔子雖未把名實對舉起來，沒有對名實關係作出理論概括，〔註90〕但孔子講「正名」，是以早已肯定的古名作為判斷現實的最高標準，〔註91〕則有概念先於實在的主張在內，因而孔子是以名為第一性的，〔註92〕「正名章」的「名不正則言不順」，便是由「名」開始，再逐次推論環環相扣的事物，顯見「名」須予確定的優先性與重要性，亦即是概念先於實在，當是孔子主張「正名」的立場。以孔子所論之仁學而言，「仁」乃個體之自覺，孔子所主張「君君，臣臣，父父，子子」，既要求各種角色須加以「正名」，則各角色之名，自當涵蓋仁的基礎涵義，孔子所述人倫之角色，具有「仁」的自覺之概念，即令是預設條件的概念，又雖然偏於理想性，卻明確而不容動搖，自覺的概念是唯心主義的產物，因此，通觀孔子之正名思想，先行確立觀念，再由概念之「名」，檢驗有否相對應之「實」，始是進行價值判斷之依據。

至於孟子雖未曾有「正名」的說辭，究其學說，如對五倫的界說，提倡「誅一夫」的革命觀念，著名的三辨之學等，都充溢著承繼孔子正名思想的主體精神，而其論述各種概念之名，如心、性等，源自自覺式的心靈，所體現出特有的創發性說法，比較地不屬於常識或實證經驗的層面，而是唯心主義者慣於採行的，是概念先於實在的思路，因而，在名實關係上，孟子亦是以名為第一性的。如以孟子論辯的說辭而言，其拒揚墨、排縱橫、匡農貶法，論道術式微之際，對於表述思想所當遵循的理則，當不會過於漠視，因而亦自合乎名理的要求。〔註93〕論辯以判斷是非為目的，是非判斷又牽連到主張是非與論證的是非之辯證關係，孟子論證的是非精確與否是一回事，駁斥他人論點必以主張之是非為前提，故回歸到孟子論辯的各種主張，如以「仁義內在」駁斥告子「仁內義外」說；批墨子兼愛為「無父」，揚朱為我是「無君」，訾病公孫衍、張儀「非大丈夫」；斥說許行為神農之道是「不知勞心、勞力之意」，駁斥法家背離「省刑罰」之主張等，無不由既定且自以為是的概念，作為評斷的標準，而其概念，每與自覺的道德意識、道德理想相絟合。因而，

〔註90〕葛榮晉，《中國哲學範疇導論》（台北：萬卷樓圖書有限公司，1993），頁 338。
〔註91〕同註 16，頁 27。
〔註92〕同註 16，頁 32。
〔註93〕同註 22，自序，頁 1～2。並參駱建人，《孟子學說體系探賾》（台北：文津出版社，1995），頁 132。

孟子唯心主義的思路，與其對於所用名稱的意義，亦認爲有辨別清楚加以確定的必要，即是對正名作用相當的重視，〔註94〕在在顯示就名實關係而言，概念是先於實在的，亦即名是屬於第一性的。

相形之下，荀子的思路和孔、孟大相逕庭，基本上，荀子顯著的以唯物主義的觀點爲基礎，對名實關係提出其主張並進行論證，並由「名實」問題出發，透過相關的論述，建立起十分嚴謹的認識論體系。〔註95〕如在〈正名篇〉中所述「立三標」的觀念，即對名實關係進行一番精彩的論述，第一標「所爲有名」，在探討制定名稱之目的，荀子稱：「制名以指實，上以明貴賤，下以別同異」，既然制定名稱是爲了正確區別事物，顯示客觀事物的存在才是制名的依據，如無實際的事物存在於先，名稱亦無由產生。第二標「所緣以同異」，在闡發同名異名之所由起，荀子謂：「然則何緣以同異，曰：緣天官，凡同類同情者，其天官之意物也同。」這是認爲，概念（名）的來源，來自於感官，感官必須接觸客觀的外物，始能獲得經驗性的感覺，人類的感覺則是普遍相同的，接觸的外物相同，則給予相同的名，接觸的外物不同，自然給予不同的名，這都在說明人類腦中的名必須來源於實。第三標「制名之樞要」，包括闡述制名的原則，兼及名的種類與用名的方法；對於前者，荀子是以「同則同之，異則異之」作爲制名的原則，顯見名之或同或異，必須以實相同或相異爲判斷標準，亦即實相同名亦相同，實相異名亦相異；後者由邏輯角度（對概念作分析）或社會學對名進行分析，可以將其納入荀子的認識論來理解。上述觀點，皆明確地表達客觀事物與經驗事實始是名形成的客觀根源，是故實爲第一性、名爲第二性，即是荀子素樸唯物主義的名實觀。

另外，再細加分析並結合其他言論來檢視，如在「立三標」的第三標中，荀子對名的產生（起源），分兩階段來探討，第一階段制名之初，是「名無固宜……名無固實」，亦即名和實的對應，是偶然的，非必然的，第二階段用名之後，則爲「約之以命，約定俗成謂之宜。……約之以命實，約定俗成謂之實名。」可見「實名」即是「約定俗成」的產物，它是人類社會交往的產物。某事物之名稱臻於「約定俗成」的地步，亦即事物之名普遍被採用，固然是一種社會活動，荀子又主張必須透過「命、期、說、辨」四種思維活動過程，始得以確定。「名」指概念，對於概念的獲得，荀子說過：「名也者，所以期

〔註94〕同註22，頁67。
〔註95〕同註2，頁270～273。

累實也。」這是說概念是抽象，反映一類事物共同屬性的思維形成。〔註96〕易言之，概念來自外物，概念必須要能正確反映現實世界事物的表象，這即是「定名依實」的哲學思路。

對認識論問題，荀子反對所謂的「先驗論」，認為知識不是憑空而得的，「生而知之」根本不存在，而所謂「所以知之在人者謂之知，知有所合謂之智」（〈正名篇〉）即指出，接觸外物是認識必不可缺者，足見知識不可與經驗切斷關係。荀子更主張思維才是認識的憑藉，認識則有一定的過程，他說：「心有徵知。徵知，則緣耳而知聲可也，緣目而知形可也；然而徵知必將待天官之當薄其類然後可也。」（〈正名篇〉），顯而易見的，藉助天官，即透過感官的接觸產生的感覺，是認識的第一階段，通過初步的過程，緊接著，才進入認識的第二階段，即以天君對感覺印象進行分析、辨別，始能得到概念或進行判斷。荀子在認識論上所揭示，通過「藏、兩、動」與「虛、壹、靜」三對矛盾的概念，論證世所常見「蔽於一曲」的「心術之患」，提出解蔽之道，在於本著「虛壹而靜」的思考方法，以養成「大清明之心」，即可加以對治；所謂三對矛盾的概念，是描述心在進行思維作用，以攝取知識的不同情狀，而心之徵知，必先經由「天官之意物」，因而在認識上，依荀子之見莫不是建立於客觀事物的基礎上，認識不能架空經驗，而必須回返現實經驗，這即是荀子的基本概念。不過，荀子在〈解蔽篇〉中提出此論點，主要目的是如何以更有效的認知方法，得到全面正確的知識。通觀荀子所述認識的理論，既緊扣住名實關係，而實先於名存在著，實為第一性，名為第二性，則為其一貫的思路。

2、經驗事實與理性思維的融攝

從人類文化內容來看，哲學以探討宇宙和人生問題為主，並企圖解決其問題，早於哲學存在的神話與宗教，亦莫不如此，但哲學畢竟不同於神話或宗教。酌舉要點來說，如神話是人類訴諸超自然與超人類的勢力（像風伯、雨師、雷神）來解釋問題，〔註97〕以威靈的意志活動（所謂神）去說明自然界和人事界各種變化或奇異現象，這種出自詩情浪漫的想像，〔註98〕實蘊含濃烈玄想的成分。宗教也常幻想各種超乎宇宙的勢力（如上帝），或幻想另一宇宙，然後把宇

〔註96〕 同註 42，頁 231。
〔註97〕 同註 26，頁 2。
〔註98〕 王孝廉，〈夢與真實——古代的神話〉，收錄於《永恒的巨流——中國文化新論（根源篇)》（台北：聯經出版事業公司，1990），頁 249、291。

宙現象和它所幻想的發生聯繫，它企圖解答宇宙的來源問題，解答的根據則是幻想，故亦爲詩的幻想產物；對於人間，由於始終認爲是虛幻、不實、污濁的，宗教之活動在這一世界，目的全爲到另一世界作準備，故是懷抱著出世的心態，它是集體的心靈所創造的。〔註99〕至於哲學，則著眼於宇宙現象的本身，其目的在追求現象變化的規則，謀獲關於現象定律的知識，再由這種知識以說明現象的變化，它企圖解答宇宙問題，解答所根據的則爲理論和事實，故哲學是思索的，追求的心靈之產物；對於人世，一般多予高度的關懷，積極的介入，固然也有視人世爲幻象的，對幻象則多認爲是本體的顯現，和本體不二，故少出世之念，而懷抱著入世的心態，它是個別的心靈之產物。〔註100〕在人類文化進展過程中，哲學導源於宗教，宗教的初級是神話，它們雖然探索相同的問題，〔註101〕提出解答的方式卻不同，最終的答案當然大不相同，由答案即可識別哲學較諸神化、宗教進步合理的地方。

　　確然，哲學既屬個人有意識的心靈工作，當個別的哲學家面對宇宙和人生問題進行思索時，這些問題即爲哲學的題材，哲學的題材很廣，主要的問題，茲依謝幼偉的區分爲例，可概括爲四；〔註102〕（1）外界問題，探討自然與物質、時間與空間、秩序與因果、機械與目的等。（2）內界問題，探討自我、心靈、身心關係等。（3）知識問題，探討知識的種類、知識的來源、知識的能力等。（4）價值問題，探討價值意義、道德價值、人生價值。上述的哲學題材，在先秦學風鼎盛的學術圈內，或熱烈深入，或輕描淡寫地被談論著。哲學的題材，實即人生和宇宙發生關係的產物，它往往取材於經驗，〔註103〕普遍的經驗、特殊的經驗則兼而有之，然而，它也可能來自直覺，一種可以意會而不可以言傳個別生命的體會，經驗與體會使哲學的題材顯得豐富而可觀。對經驗力圖加以解釋，就體會竭心賦予意義，是哲學家共有且同然不二的志業，展現在世人面前的，卻饒富殊途同歸之妙趣，這正是個人有意識的心靈表現，因而其分析問題方法不同，企圖爲宇宙和人生問題覓取

〔註99〕同註26，頁2～4。

〔註100〕同註26，頁2～4。

〔註101〕同註26，頁1～2。

〔註102〕以亞里斯多德所區分的爲例，理論科學有數學、物理及玄學，實踐科學有倫理學、政治學等，足見古代哲學部門包含很廣。今日哲學所包含的遠不如古代之廣，唯範圍雖縮小，本身所包含的，仍相當廣大。參同註26，頁35、36、43～158。

〔註103〕同註26，頁22。

安適與解脫的用心則同，先秦諸子的學說如此，先秦儒家的論述猶一如也，而在名實關係問題的論辯上，同樣見證了先秦哲學家個別心靈的特色，個別的心靈正是造就哲學立場殊異的關鍵處。

正如我們所瞭解，孔孟對名實關係的觀念，是以「名爲第一性，實爲第二性」來進行思索，這是唯心主義的哲學立場之思維模式，荀子則以「實爲第一性，名爲第二性」來進行思索，其哲學立場是採取唯物主義的思維模式。因爲是唯物主義的立場，對外界的問題，即在世界觀方面，荀子否定了超物質的事物，〔註104〕如傳統上認爲神存在於天地，荀子視之爲迷信，主張天爲一自然而已，所謂「雩而雨，猶不雩而雨」（〈天論篇〉）便是對神的存在之否定，神即是超物質的事物，非可觸可見之具體事物，非感官經驗所能感知，因而亦不足採信，荀子的無神論，打破了傳統神秘主義的說法。而所謂物質，傳統科學認爲，物質是有固定的體積，而佔領一定時間和一定空間的質點或質量，〔註105〕物質既然佔有時間與空間，則由外在當可加以辨識，通過時間，又將導致外形上的變化，這在經驗事實上是可以接受的。

將傳統科學的觀點，驗之於荀子的言論，如其所述「物有同狀而異所者，有異狀而同所者，可別也。狀同而爲異所者，雖可合，謂之二實。狀變而實無別而爲異者，謂之化，有化而無別，謂之一實。此事之所以稽實定數也。」（〈正名篇〉）顯然與現代科學對物質的認知是契合的，蓋「狀」指物之外貌，有外貌則有體積；「所」指處所，而引申爲物之實體，〔註106〕便道出了物質佔有一定空間的概念；「狀變」則與時間密切關聯，狀變稱爲化，「化」指出時間之流帶來事物的變化。觀荀子「稽實定數」的主張，已然抓住了物質的特色，此一依據物質特點提出的名實觀，自然是經驗事實的；經驗事實亦是認識上的產物，必須經過思維的抽象作用，有思維，始有所對，有認知，始有所對，反之則否。可見「稽實定數」的主張，是荀子就經驗事實與理性思維相互融攝，交互作用下的產物，所提出的確然具有傳統科學的精神。

關於物質，現代科學卻有不同的觀點，按波耳（Bohr）提出的解釋，物質是由電子和質子所合成稱爲原子，但原子不是靜止的而是躍動的，因爲動變的

〔註104〕依唯物論（Materialism）的解釋：「作爲世界觀，唯物論先入爲主否定了超物質的事物。」參同註89，頁209。

〔註105〕同註26，頁5、54。

〔註106〕同註8，頁446之註14。

狀態而具有放射能力與吸收能力，波耳所稱的原子，並未完全脫離物質為顆粒狀態的概念。及至斯勒丁格耳（Schrodinger）提出波動力學（wave-mechanics），波動乃代替電子和質子的說法，依斯氏之意，一個原子可「設想為一種質體的球，球的各部分稍有不同的密度。最簡單的密度變化，是球體內密度漸增或漸減的變化。」波動力學的目的，在研究這球體內波動傳佈的定律，因而，現代科學上所謂物質，更進一步的看法，直是一種波動。〔註107〕就荀子對物質的認知，未能如現代科學細緻而深入，然其所言：「水火有氣而無生，草木有生而無知，禽獸有知而無義，人有氣、有生、有知亦且有義，故最為天下貴也。」（〈王制篇〉）其見解或如傳統上，視氣為一具體的物質，把「氣」當作萬物的本源，理論雖顯得粗糙，其理性思維的路線，卻是素樸唯物主義，氣在經驗上並非全然陌生不可捉摸，而是經驗事實的存在。但氣或另有所指，如人之氣，寓有強烈的人性論成分，然氣與原子或波動究竟能否謀合，恐難加以判斷。〔註108〕這與荀子提倡「治氣養心之術」（〈修身篇〉），意在化除人性氣質之偏可相呼應，換言之，人遇外物輒有感應，所受到之感觸如何，便發生如何應付之動力，此動力即所謂氣；如遇可悅之事而生喜氣，遇不平之事而生怒氣，激於義憤而生勇氣，彼此謙讓而生和氣等皆屬之。〔註109〕

　　事實上，荀子的宇宙觀，由物質觀點切入的，以〈天論篇〉最具代表性。天即一般所稱的自然，荀子視天為一物質的存在，自然則有常見的現象，如「列星隨旋，日月遞炤，四時代御，陰陽大化，風雨博施」等，亦有罕見的現象，如「星隊木鳴」、「日月有蝕，風雨之不時，怪星之黨見」等，這種認知，是就可聞見或可觸摸的具體事物而言。在科學知識尚未發達，猶在萌芽的階段，常見的自然現象，是大家所熟知的，罕見的自然現象，卻引發人們對無邊神力的聯想，並產生恐慌的心理，荀子則難能可貴的從物質的變化，

〔註107〕同註26，頁50～51。

〔註108〕針對《荀子・王制篇》所云：「水火有氣而無生，草木有生而無知，禽獸有知而無義，人有氣、有生、有知亦且有義，故最為天下貴也。」黃俊傑先生認為：「荀子生命哲學中的『氣』思想，寓有強烈的將人性等同於社會性的人性論預設。這個問題的分析牽涉到荀子的『義』概念的內涵。……荀子思想中的『義』特重其社會性，而不強調人的主體性。……因此，我們也可以看出，荀子的『氣』概念是在社會政治脈絡中來討論的，這一點與荀子特重禮義師法之化，特重『群』的思路互相呼應。」參黃俊傑，《孟學思想史論（卷一）》（台北：東大圖書公司，1991），頁52～53。

〔註109〕周紹賢，《荀子要義》（台北：台灣中華書局，1977），頁155。

甚至由運動的變化來解釋；〔註 110〕礙於知識的局限性，他對自然變化的內在過程並未進行細緻深入的探索，未能正確地解釋自然界內在變化的實在內容，因而對自然的解說僅止於總體畫面的輪廓，而未及各種細節，此誠未能與現代科學相提並論。但荀子已把握住常識上對物質的認知，又理性地引導人們對罕見現象，以「怪之，可也；畏之，非也」的正確態度來面對，進而提出「制天用天」的觀念，對物質利用，採取積極進取，有效且重環保的方法，不惟可取，亦展現了經驗事實與理性思維兼相融攝的觀照方式。

梁啓雄先生嘗舉〈榮辱篇〉、〈性惡篇〉、〈賦篇〉、〈大略篇〉、〈修身篇〉等關於「天」的幾句說辭，而謂荀子之天兼含了有意識、人格化的天；近人有不少依梁說，且接受其說法者，即認為：「荀子的天不僅指自然界，同時還包含有宇宙本體的意志之天的涵義。」指出荀子是相信天命的，廖名春先生曾逐一引證加以駁斥，〔註111〕認為荀子徵引看似含蓋「天命」意之「天」，如〈修身篇〉中「不識不知，順帝之則」，〈富國篇〉中「天方薦瘥，喪亂弘多」，〈天論篇〉與〈彊國篇〉中「人之命在天」等，當是荀子在引用熟語時順便帶進的，〔註112〕而〈修身篇〉中「天其不遂乎」則引龍宇純之見「此文天是夫的誤字」等，〔註113〕所辨所論均甚合理，蓋荀子亦有〈非相篇〉之主張，對人世福禍，既不相信先天命定，而堅信取決於人們自己的行為，〈天論篇〉、〈勸學篇〉暨諸多相關的篇章，均足以佐證。在群籍引「詩」已成慣例的年代，荀子信手引用熟諳的典籍，從文化符號學角度來看，已然形成一種學術傳統，荀子自然在所難免。總體而言，荀子對「天」的概念，貫穿其思想來瞭解，終究以物質的「自然」為恰切。

就內界問題部分，荀子對自我心靈，身心關係皆有所觸及。自我是探討人類內界問題中的一個主要問題，關於自我的真幻，對重視現實生活，入世精神甚深的荀子來說，否認我的真實性，視我為虛幻，是不太可能的。正如法國存在主義哲學家笛卡兒（René Descartes）的名言：「我思故我在」，人的存在，由「思」乃得以認定，荀子既主張人有「思」的能力，對人自有認識之道，若從人類的語言功能而言，言為心聲，言為生命存在的表徵，語言之

〔註110〕如「列星隨旋」，即是在說明恆星運動的存在。參同註 42，頁 177。
〔註111〕同註 42，頁 182～186。
〔註112〕同註 42，頁 184。
〔註113〕同註 42，頁 184。

肯定自我，由人們習於用「我」之一字，足知自我生命不容否認，語言則是
經驗事實的。荀子對人的認知，最基本的界說，可以「形具而神生」（〈天論
篇〉）爲代表，「形具」指人所具有的形體，「神生」指人的精神活動，「形具」
兩字是對「我是什麼」之問題，最爲直截的回答，「我就是這血肉之軀」，這
可以說是我的外在觀，以身體爲我之說，合乎科學，亦合乎常識，〔註 114〕人
具有生物組織和肉體結構的物質基礎，這是人們經驗得到的事實。對血肉之
軀的認知，同樣見諸荀子對散名的界說，其所云「生之所以然若謂之性。性
之和所生，精合感應，不事而自然謂之性。」（〈正名篇〉）第一句「生之所以
然者謂之性」的「性」，即指人的身體而言。然而，人固有外在，肉體卻不能
完全代表我，是以必須進一步而言人的精神，精神能否離身體而存在？或許
見仁見智，以此句所言，精神活動則包括了感覺與思慮之作用，感覺自感官
而來，感官即荀子所謂的「天官」，感覺即所謂的「天情」，天官不能不附麗
於肉體，而思慮又以感官爲觸媒，思慮乃爲了求知，但主思慮者爲「心」，荀
子稱之爲「天君」。從人心具有思慮的功能來看，荀子對心靈的認知，顯然不
是著眼於生理上的心臟，此心是認知主體，意志主體，而非道德主體，心以
明辨是非，察知善惡爲主，但心之性質，終究難明。心之察辨，能否舍身體
而獨自發揮作用，荀子既謂：「心居中虛，以治五官」，足見心與身關係至爲
密切，身心關係的學說容或多種，〔註 115〕近代哲人如杜威（John Dewey）、懷
海德（Alfred N. Whitehead）均傾向「身心合一說」，認爲自我，即身心合一的
自我，離身而言自我固不可，離心而言自我亦不能，且認爲身心能有規則的
共起共變，其說有較可取之處，但也存在著困難處，如有時身體某部位受傷，
而心靈竟無影響，身心合一說即無法解釋。〔註 116〕僅就荀子所論述者來理解，
身心究有區別，究竟不相同，身是血肉之軀，是一可見的物質性的載體，載
體之內既具天官又具天情，荀子稱之爲性，性以血肉之軀爲載體，天官、天
情必因外而產生回應，對回應作出正確抉擇的則有賴「心」之判斷，凡耳聞
目見，饑而欲飲，渴而欲食等，都是經驗性的，可見荀子對身與性的認知，
是由經驗事實結合理性思維而提出的。

〔註 114〕同註 26，頁 78～79。
〔註 115〕如身心交感說，身心平行說，身心兩態說，物質主動說，心的一元說，身心
　　　　　合一說，對身心關係皆有不同的解說。參同註 26，頁 86～91。
〔註 116〕同註 26，頁 90～91。

在知識問題方面，荀子雖未有如西方系統深入的論述，亦揭示了部分的理論。對知識的來源，亦即知識的形成，荀子顯然特別注重經驗的知識，經驗知識的形成，是循著〈正名篇〉所謂「心又徵知，⋯⋯然而徵知必將待天官之當薄其類，然後可也」的程序，即以天官之「感覺」爲起點，進而以心之「徵知」爲第二步，完成知識的認知。知識的認知，以外界存在事物爲基礎，此即是來自經驗事實的知識。唯經驗派者，雖沒有否認客觀的知識，卻又認爲人類的知識來自感覺，因而是主觀的、個人的。〔註117〕客觀知識得以成立，其實是事物本身屬性使然，事物本身示現於人的印象，易爲感官所捕捉，如花紅草綠、山高水長、草本榮枯等，經過社會化的過程，即經由「約定俗成」的程序，客觀知識即因而確立，社會化的過程，則是心靈的介入。經驗論者雖然視「心靈」爲接受者和儲藏者，〔註118〕荀子則強調心靈的思維能力，心既能慮，當能進行判斷與抉擇，判斷與抉擇能力，即是心由「知道」，進而「可道」，終於「守道」的主要憑藉，此種能力亦是促成客觀知識，確立價值意識之依據；又其所謂：「凡以知，人之性也；可以知，物之理也。」（〈解蔽篇〉）亦說明人之「能知」，必不可捨「所知」之外物，理論雖然淺顯，但據此以觀，荀子就「天君」、「天官」、人、物等名實關係之描述，所展現出對知識的形成之見，可確信是依經驗事實和理性思維融攝而成。此外，荀子在論述其正名思想時，提及「單名」、「兼名」、「大共名」、「共名」、「大別名」、「別名」等概念，此一系列的概念，已爲知識分類提供一個初步的架構，〔註119〕知識亦不脫離外界或內界問題。唯知識所分類的，雖屬抽象的概念，概念必有一加諸的對象，此相應的對象，又必爲物質之實體，爲具體之經驗行爲，概念與對象之間，就荀子言，作爲對象的實體，則是先於概念之名而存在的，因此，荀子以其智心爲知識分類，亦是揉合經驗事實與理性思維而發出的論點。

最後說到價值問題，此問題是內界與外界接觸自然衍生而出的，在哲學史上，價值問題的產生，比知識問題爲早。〔註120〕對價值的認定，如就一般

〔註117〕同註26，頁96。
〔註118〕如謝幼偉所述：「經驗派視感覺爲知識唯一的來源。⋯⋯沒有經驗，則心靈可如白紙，空無所有。心靈殆爲觀念的接受者和儲藏者，而非其創造者。」參同註26，頁95～96。另黃俊傑則云：「就『心』之作爲道德心這一點來看，⋯⋯荀子思想雖與孟子頗有不同，孟子的『心』是價值意識的創發者，荀子的『心』則是價值意識的容受者，『心』具有自主性。」
〔註119〕韋政通，《先秦七大哲學家》（台北：水牛出版社，1987），頁152。
〔註120〕同註26，頁118。

價值，即「類」價值部分，現代哲學家理論大抵可分爲：其一，是從客觀面切入，視價值爲客觀自存之物，價值純爲一客觀現象，好比磁石之吸鐵，則磁石必以鐵爲有價值，正如人類之於食物，人類必以食物爲有價值。其二，從主觀面切入，就人類生命的主觀欲求或興趣而言價值，好比一個人的思想或心靈，在理解宇宙的構造，在成立科學的公例上而得到滿足，則此活動，自有價值，這是就興趣而言價值。若任何有生命的機體，能使人類獲得需要，進而得到滿足的經驗，即有所價值，因此，一物的好或不好，或有價值與無價值，即在於一物能否滿足人類的需求，但價值大小的取捨，則須以其改善宇宙的程度爲衡，這是由人類需要或欲求滿足而言價值。其三，就主觀與客觀的因素，即鎖定興趣與對象間的滿足關係以言價值，此說強調人類生命興趣的滿足，不可捨離客觀的對象，如饑者固不擇食，然不食珠玉而食米粟，珠玉因不能滿足其欲求，故無價值，米粟能滿足其食的欲求，是以產生了價值。〔註121〕對這種類價值，荀子持肯定的態度，荀子在正名思想中，就聖王之概念，嘗云：「故學也者，……止諸至足。曷謂至足？曰聖王也。聖也者，盡倫者也；王也者，盡制者也。兩盡者，足以爲天下極矣。」（〈解蔽篇〉）以王者而言，必須精通治國制度，如何才算精通治國之道？荀子則云：「禮義者，治之始也。」（〈王制篇〉）王者以禮義爲治國之道，則因其能發揮養、分、節的功用，所謂「故制禮義以分之，以養人之欲，給人之求，使欲必不窮乎物，物必不屈於欲，兩者相持而長，是禮之所起也。」（〈禮論篇〉）又充分說明養民足欲是王者所當爲。現代哲學理論所云，人的欲望是主觀的，這是從主體立場而言，但主觀之欲望終究有其普遍性，所謂「凡人有所一同：饑而欲食，寒而欲煖，勞而欲息，好利而惡害是人之所生而有也，是無待而然者也。」（〈榮辱篇〉）便指出人之需要或欲求，從生理層面、物質層面，甚至社會層面而言，證諸古今中外，放諸四海而難有例外，眼、耳、口、鼻、身軀皆能生發人之大欲，對原欲亦皆感興趣，並渴求得到滿足，故生命的欲求是客觀普遍的存在，是無須爭辯的事實。荀子能理性地看待人性的眞實面貌，未曾刻意貶抑人類生命自然的欲求，因而，應承認其存在的價值，但他又審愼的提醒人性欲望自然滿足將導致社會後果的惡，此即其所云：「然則從人之性，順人之情，必出於爭奪，合於犯分亂理，而歸於暴，故必將有師法之化，禮義之道，然

〔註121〕現代哲學家理論「價值內在說」與「自然選舉說」，均視價值爲客觀自存之物，而「個體原理說」與「實際效用說」，參同註26，頁118～125。

後出於辭讓，合於文理，而歸於治。」（〈性惡篇〉）性惡說的真義在此，荀子對人性敲下一記警鐘，殫思以禮義之教來救治性惡之流弊。王陽明對荀子性惡的觀點即有著寬容與理解的看法，兼又加以批評，認為「荀子性惡之說，是從流弊上說來，也未可盡說他不是，只是見得未精耳。」〔註122〕然而，這正是荀子現實品格之顯現。荀子主張，人性欲望必須循正規有效管道加以滿足並節制之，正顯示其就經驗事實與理性思維交相融攝，傳達出持平公允之見解。

在類價值（一般價格）概念之下，尚有所謂「特殊價值」，特別值得一提，如道德價值、藝術價值等即為「特殊價值」。〔註123〕道德價值在中國向居翹楚之地位，儒家尤視之為主流價值，其所以備受重視，正因道德價值產生於興趣與興趣的接觸，或興趣與興趣的衝突，易言之，它關涉到一群人興趣滿足的問題，即人我交涉的互動模式，探討的是人類的社會性行為，而人類的社會性行為，在學術上又可將其歸為倫理學的範疇，因此中國傳統上是將倫理道德視為一體的兩面。道德倫理問題，本是孔子正名思想的主要訴求，對此問題，孔子提出「仁」的概念，作為完竟道德的依據，為「仁」則有「克己復禮以為仁」與「為仁由己」（〈顏淵1〉）之殊途。若依「克己」之途徑，即是透過政治之教化力量，來達成道德修養，揭示出外王與內聖不可兩分，如此道德則是後天的；若循「由己」之路徑，亦即藉由開發「仁」的自覺意識，以完成道德的志業，則純屬「內聖」之事，「仁」的概念傾向先驗的存在，足見孔子的道德觀，兼含了後天的與先驗的道德論點，由後天過渡到先天則是理想。孟子即心說性，主張「性善」之說，強調「人皆可以為堯舜」，依其主張，顯見道德志業可由人之善性來達成，性善說亦為先驗性的觀點，因此孟子是屬先驗性的道德論者。

至於荀子，雖然提出與孟子「性善」對反的「性惡」說，亦從未否認人有完成道德志業的可能；荀子的正名思想，即充溢著對倫理政治的關注，對道德事業的側重。據其描述「聖王」之概念，既是「盡倫者」又是「盡制者」（〈解蔽篇〉），顯示他在關切人類欲望之餘，亦積極為人類尋覓生命意義之途徑，荀子仍然一本儒家的初衷，指出生命的康莊大道，在道德倫理價值的追

〔註122〕王陽明，《王陽明全集·傳習錄（下）》（台北：文友書店，1980），卷三傳習錄下，頁89。
〔註123〕同註26，頁125。

尋。但，由於強調只能通過禮義之教，始可「化性起偽」，使「人皆可以為禹」，足見「偽」是後天的，人為的；荀子力倡人性既無禮義之成分，又不知禮義之價值，必須通過師法之化，則人為的善境「偽」方能達成，這乃是依據人性之流弊，禮義制作之緣起等經驗事實的觀察，進行理性思維的構思，顯示荀子採取的是後天的道德論。荀子的後天道德論容或與孟子的先驗性道德論有互別瞄頭，相互抗衡的現象，但荀子所承繼的，則是孔子外王範疇上的道德觀念。綜觀荀子對道德價值的肯認，亦足證是其就經驗事實與理性思維交融而推出的論點。

第三節　倫理政治色彩濃厚的正名思想

先秦時期，以「名實」問題為議題的共時性思潮，是由孔子率先地發聲，而自孔子站在時代尖端，揭示「正名」的說法以來，不僅引發諸子立說分派的空前盛況，「正名」更成為儒家素所重視的主張。孔子提出「正名」，是為了糾正名分顛倒、禮崩樂壞的政治與社會亂象，孔子由政治上的名分出發，賦名分予道德倫理之嚴格意義，故其正名主張，具有絕對強烈的倫理政治意義。孟子未嘗說及正名一詞，但亦繼承了孔子的正名主張，觀其所論人倫、政治之議題，實屬「正名」思想之呈現，故為充斥著倫理政治意義的言論，至其對概念、語詞的相關論述，在名實問題上，又別具思辨的特色。

對照之下，荀子的名實思想，不但具有濃厚的倫理政治意義，又兼括了邏輯範疇概念與推理的理論，如〈正名篇〉的內容便兼涉倫理與邏輯意義的學說。荀子對倫理的興趣，明確的繼承了孔子的正名主義，且以道德旨歸、倫理要求為正名之目的；深究其內涵，則可見荀子對孔子正名思想的紹承與轉進，轉折的思想進路，除對儒家思想作出調整，又使其探觸了邏輯學說的領域。荀子對邏輯領域的探究，使其頗為深入的探討了邏輯思維規律，提出比較系統的邏輯學說，此方面的成就，亦因緣際會於對先秦各家舊學的批判，具體的資料，凸顯出荀子與孔、孟在名實問題上同異殊致之處。不容否認，荀子的正名思想兼容倫理與邏輯的主題，此兩者皆以名實相符為主體精神，但倫理與邏輯的特色終究殊別，今即依旨趣之不同，先行就倫理政治色彩濃厚之正名思想分析如下。

一、正名是建構政權統一的途徑

1、由王者制名與正名，主掌進化的突破與治國之鑰

在歷史文化的演進中，文化的創造，不但是一種累積性的行為，其內容更是龐雜而繁複，多元的文化內容，其實是一個綜合性的實體，它包括外在有形的事物，與內在的心靈世界，此兩者又必相互關涉，彼此呼應。〔註124〕文化既是累積性的行為，必然經歷長久的歷史過程，經由一代一代的遞承與發展，以形成一個有生命的文化傳統。

作為一個綜合性實體文化，就外在事物部分言，在創造之初，人們對事物的認知，只覺漠然模糊者居多，迨時長日久，不期然地發現，紛繁的事物各有其構成之條理，形色的工作亦各有其方法步驟，為期進一步釐清某一事物的原理和現象，瞭解某一工作的好壞與成效，遂依各類事物的原理或工作的方法，加以分類聚合，從而把握住事物的組織結構，其類別則包括一個社會的生活方式、器物工藝、文字符號、風尚禮俗、典章制度、科學技術、藝術文學等一切事物。在心靈世界部分，於探索之初，人們對理念的蘊釀，只是依稀隱微而已，時日積累之後，模糊的漸形明顯確定，但內在心靈世界，究竟是如一般經驗之「變而非常，雜而不純」，或如近乎靈明之「常住純一」，〔註125〕雖曰難測，終將試圖探勘心靈幽隱的特質，人類這種對自我內在心靈世界的克服，英國歷史學家湯恩比（Arnold J. Toynbee）稱之為「靈化的過程」（etheralization），這使人類創造了高度的文化，〔註126〕文化隸屬於內在心靈世界的類別，則包括意識領域、知識智慧、價值意義和精神情操等。〔註127〕隨著文化的發展，人類的文化建築行為，建構了類別更多樣且更細緻的文化產物，不同的文化產物則型塑成枝繁葉茂的學門，在語言文字臻於成熟的時代，各種學門亦盡其可能地藉由語言文字的表述示現於世人。語言文字之「名」，雖為抽象的概念，卻記錄了人類文化進展的軌跡，在文化傳承上，它扮演著不可或缺的席次。

駁雜繁複的事物或概念，必須有相應的語詞或名稱以稱謂之，從而使語

〔註124〕劉岱，《不廢江河萬古流──中國文化新論（序論篇）》（台北：聯經出版事業公司，1990），頁20、23。

〔註125〕同註26，頁80。

〔註126〕同註124，頁21。

〔註127〕同註124，頁23。

詞或名稱和事物或概念之間產生關聯性、相關性，〔註128〕這即是命名之事，命名亦即是制名之義。關於制名的工作，荀子將其定位為是「王者之事」，如其所云：「故王者之制名，名定而實辨，道行而志通，則慎率民而一焉。」（〈正名篇〉），又云：「故知者（指聖王）為之分別，制名以指實，上以明貴賤，下以辨同異。」（〈正名篇〉），荀子反復強調制名是王業之要務，蓋以命名現象而言，既源於人類認知的需要，亦歸因於溝通思想完竟事情之所需，但在命名之初，難免散漫而紛紜，不同的靈感、認知角度的差異及語言的歧異性，都能造成同一事物卻有多種名稱的情況，然而思想溝通畢竟是社會化的行為，良性的溝通當以能否滿足社會多數人的需要為基準，代表同一事物的眾多名稱之中，被採用的，則以多數人願意使用者始能勝出，此一經由眾人認定且樂意採用的名稱，即是所謂約定俗成的名稱。〔註129〕約定俗成的名稱是社會的產物，通行的名號，不僅是約定俗成之事，制名工作，尤其需要王者擔綱肩負起來，從社會進化角度來審視，更可見其含藏著的文化深層意義。

　　依據派深思（Talcott Parsons）的社會進化理論，社會進化之原因，可由控制環境能力之增長來加以解釋，實則他更詳細的試圖指出，用來解決環境問題之辦法，即代表進化之突破，進化之突破，主要來自幾種進化激素，包括：（1）社會階層體系之出現。（2）廣泛之文化合法化。（3）普遍性法律秩序之發展。（4）職位權威的制度化。〔註130〕針對第一、二項，派深思認為，社會階層分成有權勢和無權勢兩者，階層增加了人力和非人力資源之運轉，亦會增強人們普遍適應能力，關鍵在於有權勢者做為領導人物，較能統御或分配所需之資源。廣泛的文化合法化，係指文化體系從社會裡明顯地分化出來，文化體系能給社會權勢和聲望之不均等加以認可，廣泛之文化合法化一旦真的發生，必與文字之發展一併發生。事實上，文字語言不僅增加社會和文化之間的分化，而且擴展了文化的控制力，文字語言是一個社會脫離初等社會之重點，使其進化為中等社會。至於第三、四項，派深思則認為，普遍

〔註128〕當代語言哲學中，相當重要的基本問題即是命名（naming）的理論，它主要即是在討論語詞或名稱（name）與事物或概念的相關性。楊士毅，《語言、演繹邏輯、哲學——兼論在宗教與社會的應用》（台北：書林出版有限公司，1994），頁31。

〔註129〕同註128，頁31。

〔註130〕蔡文輝，《社會學與中國研究》（台北：東大圖書股份有限公司，1986），頁25～29。

性的法律秩序，來源於古希臘和以色列的道德秩序觀念，它既注重法律之程序因素，強調依普遍原則而帶來的政治利益，優於特權階級及親族種族關係之特殊主義；而所謂普遍性，乃指德國社會學家韋伯（Max Weber）所稱之正式的理性之普遍性，普遍性的法律秩序之發展，正為現代化之一獨特標誌。至於職位權威的制度化，則是朝向現代化的另外一個突破，職位使人從其他親族角色中分化出來，權威則指一個人擁有替團體做決定之權利，職位權威制度和由生物關係（親族）等傳襲因素所建立的權威不同，前者與謀取社會目標之利益切實相關，後者卻毫無關聯，因此職位概念使權威從傳襲性的限制解放出來，職位權威的制度化，使權力之運轉有較大的伸縮性。〔註131〕

上述派深思社會進化的突破之理論，對荀子的制名觀念適可提供補充的說明。蓋名號的產生，因不可捨棄眾人的參與，龐大的群眾釋出或淺或深、或雜或純的創意，固然為社會注入了活力，又不可避免引發歧見上的紛爭，語言文字使用的紛歧立場，或因表達事實使用的語言符號有別，〔註132〕或因思考的特殊習慣〔註133〕所造成，不論何者，都將造成人與人瞭解的障礙。語言既以表達事實為目的，當客觀事物的認知，因為語言本身的符號殊別，產生了隔閡或糾葛，這時候，正是社會階層體系的有權勢階層發揮功能的最佳時機。作為最高階層，社會地位居於頂峰的王者，對一切事物為之制名，未見得指一切名之命意皆重新開始，更多情況是為散漫紛紜的名稱進行統合的工作，以王者的聲望來進行制名的工作，不但易於利用官僚體系人事資源，利用環境資源，亦可發揮派深思所謂官僚制度化的某種程度之功能；此外，從正面言，在教育尚未普及的時代，權勢階層因為養成教育接近知識核心的機會既大於一般俗眾，制名之事即順理成章成為政治活動之責任，統合工作改善了溝通上的隔膜，因而荀子極稱王者制名以辨其實，方能「道行而志通」。不過，從真相上看，王者制名終究是執政團隊的工作，有些時候，思想家甚至是為制名工作挹注深入肯綮創

〔註131〕必須指出，派深思對權力和權威的定義，和社會學文獻上的傳統定義有所不同，一則派深思強調權力的集體部門，因而對官僚制度的制度化，相信其能發揮組織的效率；另則是派深思堅持權力在社會規範要求上，是強制脅迫和集體一致同意兼而有之。參同註130，頁30。至於派深思所謂社會進化的突破之四種激素，參同註130，頁25～31。

〔註132〕徐道鄰，《語意學概要》（香港：友聯出版社，1993），頁73。

〔註133〕人類思想系統中，「放射性思考、推論思考與定義思考」是人與人瞭解的三大障礙。參同註132，頁52～57。

意之要角，〔註134〕對文化發展之推動不僅有功，在開拓人類心靈領域方面尤有殊勝之處。

　　其次，從文化發展的觀點來看，文字作為捕捉文化的利器，實更甚於口頭語言傳述，以文字記載而成之史料，較諸個人記憶或也更易使人們瞭解過去的事，因此，由王者肩負制名，動員相關之知識份子，就現實事件、自然事物進行官方正確的記載，文字記載通過時間之流而成為古典文件，古典文件順勢被建立為一個嚴謹的傳統主義，〔註135〕雖然未來傳統主義，可能面臨著必須強力維護或加以批評分析兩造爭雄的局勢，王者制名工作彙集而成的官方文件，亦即傳統所稱的「王官之學」，這是由官方帶頭，引領一群社會菁英，進行一場永續接力的文化事業，形諸文字的文化事業，則將社會由初等帶進中等社會的境地，展現出社會進化的活力。然而，社會終究是變動不居的，進化的步履一遇人類權力欲的糾葛，太平的世代即翻轉為天地正風塵的面貌，嗜欲好戰的春秋戰國時期，恰是天地正風塵的世代，變色的風雲又引發諸多名實關係淆亂不堪的現象，荀子厎力求在思想上構思一個政權統一、學術歸宗、社會就序、道行志通的時局，用心回溯歷史經驗、檢驗現世情狀和抉發各種名實相怨的景況，如政治上，各國諸侯實行的政治措施各不相同，思想上，則見百家爭鳴，詰辯風氣昌盛，正是荀子所指出的「諸侯異政，百家異說，則必或是或非，或治或亂。」（〈解蔽篇〉）的現象；再加上社會上，各地區對同一事物和社會現象的名稱不盡相同，持續增生的問題，由荀子對當時問題的描寫：「今聖王沒，名守慢，奇辭起，名實亂，是非之形不明，則雖守法之吏，誦數之儒，亦皆亂也。」（〈正名篇〉）即可見其端倪；甚至在認識論上，因為研究者學識、思維方法的差異，研究對象多方面的屬性，多層次的本質未能被充分理解，研究者僅根據片面的材料或局部的經驗，難免造成「蔽於一曲而失正求」（〈解蔽篇〉），而又「各其所是」的問題。

　　上述名實淆亂紛陳的情況，荀子極思「課名實相符」的必要性，亦即對名實不符的現象進行「正名」是勢在必行的工作，雖然荀子論述正名涉及的內容，擴及了邏輯學、認識論、語言學等理論，〔註136〕卻把正名劃歸為王者

〔註134〕韋政通先生指出，聖人不世出，王者亦只是儒家理想中的型範，荀子雖明言制名乃王者之業，當世界無真正王者起時，思想家亦可代作，所言甚是。參同註9，頁174。
〔註135〕同註130，頁27。
〔註136〕鮑國順，《荀子學說析論》（台北：華正書局，1987），頁138～146。

之事，〔註137〕所謂：「故王者之制名，名定而實辨，道行而志通，則慎率民而一焉。故析辭擅作名以亂正名，使民疑惑，人多辨訟，則謂之大奸；其罪猶爲符節、度量之罪也。故其民莫敢託爲奇辭以亂正名，故其民愨。愨則易使，易使則公。其民莫敢託爲奇辭以亂正名，故壹於道法而謹於循令矣。如是，則其迹長矣。迹長功成，治之極也，是謹於守名約之功也。」（〈正名篇〉）這段話道出了正名的背景原因，在名實混亂不堪的景象，此時，由王者出面擔負正名之事，自然是基於政治的、功利的考量，同時也涵蓋了道德意義的要求，論其終極目標，則是爲了治國的需要，蓋以正名治國，本來就是先秦儒家的基本思想，〔註138〕荀子以治道作爲正名思想的歸宿，〔註139〕足可證明其對孔孟正名主義加以繼承的明確立場。

2、制名的原則與目的

　　紛陳的事務概需賦予合宜之名號，荀子既將其統歸爲王者的制名工作，而以王者爲首的行政團隊，在進行制名工作時，荀子又提出制名的總原則在「有循於舊名，有作於新名」（〈正名篇〉），這是通觀歷史文化發展而提揭的一句總要之言。〔註140〕歷史文化的發展，大抵而言，是循著由無到有，由簡到繁，由粗疏而細緻的軌則，因應這樣的發展，名號的形成及使用，固然有其歷史連鎖的淵源，但因歷史不斷地在演化，有的名稱也會跟著變化，也有的名稱並不需要變化。〔註141〕依荀子之見，名號變或不變是並相存在的，必須循於舊名的，包括「刑名從商，爵名從周，文名從禮」等，就歷史連鎖的淵源而言，商有湯刑、官刑等「刑名」，周有公、侯、伯、子、男等五級諸侯，與三百六十官等爵名，周之儀禮爲文名，凡經過歷史文化的累積，所形成的一切典章制度之名，是用以綱維人群而爲言行之模型者，這是在長期的實踐中而後成爲定型者。無論刑名、爵名、文名，一旦成爲「定名」，它就指謂一個「定實」，名與實必須一一對應，不可混淆。〔註142〕這些名實相稱的名號，後人必須加以依從，即是對文化傳統予以合法化的主張，這也是從制名的權威性必然延伸出來的觀念，文化傳統的形成，使名號涵義的客觀性得以確立，

〔註137〕孔繁，《荀子評傳》（江蘇：南京大學出版社，1997），頁173～174。
〔註138〕同註11，頁156。
〔註139〕同註136，頁146。
〔註140〕同註52，頁434。
〔註141〕同註52，頁430～431。
〔註142〕同註52，頁430～431。

它亦成爲人類代代相傳的共同知識寶庫。

　　名號固然都是相應事實而出現，典章制度之名必不離於實踐之事實，因而各有其實際之效用，即實效性；但名號也有其時效性，〔註143〕時效性見證了荀子「有作於新名」的主張。蓋世代每在遷移，不論是清平的世局，或政局混亂，社會動盪的複雜時代，增生的事物良窳互現，行政團隊別具用意的構思，以因應特殊的需要，在「善善惡惡」的基本要求下，除了延用舊有制度，保留舊名之外，又有重新建構新式制度，調整舊有制度的機會，製作出一些新的名號來；然典章制度之名號，須順隨時代，可循者循之，當作者作之，這即是名號的時效性。如郡縣等地方職官，是與各國君主集權的中央官制相適應的，郡縣制萌芽於春秋，最初是縣高於郡，也早於郡出現，後來郡高於縣則是戰國的事。戰國時，秦國又規劃了相當於縣的一級地方職官，包括「道」和「都」，「道」是設在少數民族聚居區的，其地方主管稱「道官」，又叫「道嗇夫」；「都」是設在有王室私產和有宮室的地方，有「都官」一職，但不屬縣令管轄，而直屬中央內史。〔註144〕又如荀子之後，秦王朝於始皇二十六年（西元前221年）統一中國之後，秦王朝的最高首腦便稱爲「皇帝」，這是秦始皇統一中國後，初令丞相、御史大夫加以商議，以爲自己德高三皇，功邁五帝，因此自號爲皇帝，這是皇帝名號的首見。〔註145〕

　　制名的總體原則，同樣適用於荀子所謂的散名，包括「散名之加於萬物者」與「散名之在人者」，以萬物之散名而言，荀子認爲應該「從諸夏之成俗曲期，遠方異俗之鄉，則因之而爲通。」（〈正名篇〉），在荀子的時代，諸夏地區（即中原地區）早已爲文明禮義之鄉，萬物之名，不但由於約定俗成而普遍通用，而且雅馴平易，應用利便，因此足爲遠方異俗之人所取則，〔註146〕以中原地區通用的名號，作爲統一之名號，必然有助於廣大群眾思想的交流。按人類名號在建立之初，名號與指涉之實的關係，是不能禁止任意構造的，然而，在任意組合配置之後，經過長期使用，被大家所公認與習慣了的名號，即爲勝出者，勝出的名號即可稱之爲「宜名」又稱之爲「實名」。荀子所謂：「名無固宜，約之以命，約定俗成謂之宜，異於約則謂之不宜。名無固實，

〔註143〕同註52，頁431。
〔註144〕楊志玖主篇，《中國古代官制講座》（台北：萬卷樓圖書有限公司，1996），頁59～62。
〔註145〕同註144，頁76。
〔註146〕同註52，頁431。

約之命實，約定俗成謂之實名。」（〈正名篇〉）顯見約定俗成之名，是通過大夥兒的認證，在流通時空的久暫與廣度上它已通過了考驗，普遍的被接受，因而是可行亦是行得通的名號，如日月星辰、山川湖海、花草樹木、蟲魚鳥獸以及宮室器皿等物類之名，這樣的名號足以傳之久遠，即是荀子所謂必須遵循的舊名。

　　然而，基於人類對自然不斷探索的興趣，對生活的需求持續創新的發明，推陳出新的事物，必須以適當的名號來命之，造作新名的工作即隨之而來。但所謂造作新名，漢字作爲一種典型的意音文字，在文字發展已達到獨立文字體系之時，〔註147〕常用的是假借，或利用舊有符號進行組合，如周代在殷代基礎上發展起來的冶銅術，又進而發明造作出來的青銅器，是由黃銅和錫化合而成的合金。銅錫合金的成分，也有一般的規定，合金的分量，在當時便叫做「齊」，《周禮·考工記》即記載合金的配合，分爲六種：「六分其金，而錫居一，謂之鐘鼎之齊；五分其金，而錫居一，謂之斧斤之齊；四分其金，而錫居一，謂之戈戟之齊；參分其金，而錫居一，謂之大刃之齊；五分其金，而錫居二，謂之削殺矢之齊；金錫半，謂之鑒燧之齊。」《考工記》雖係晚出之書，其記載必是總結殷周以來鑄銅的成法，〔註148〕而所稱之「齊」，所用雖爲舊有符號，卻代表爲「合金」之意的新名。

　　又如春秋晚期所製造而於湖南長沙出土的鋼劍，可能是塊煉鋼製成，鋼是由原始的塊煉鐵（含碳量接近熟鐵）反覆鍛打而成，鋼和生鐵、熟鐵都是純鐵和碳的合金，一般熟鐵含碳量小於百分之零點五，鋼的含碳量爲百分之零點五到百分之二，生鐵的含碳量就更高了；春秋晚期製得的鋼，在戰國時期見於文獻記載，而稱之爲「鉅」，當時不把它叫做「鋼」。〔註149〕荀子〈議兵篇〉便有：「宛鉅鐵釶，慘如蠭蠆」的記載，「鉅鐵」便是「鋼鐵」，這應當是因應創新產物而造作的新名。再如以貨幣爲例，先秦時期流通的貨幣，其中有錢、刀、布三種，「錢」原指鏟形的貨幣，〔註150〕或謂「布」幣是由當時一種叫「鎛」的

〔註147〕葉蜚聲、徐通鏘，《語言學綱要》（台北：書林出版有限公司，1993），頁183～184。葉蜚聲、徐通鏘先生指出，漢字是現行文字種典型的意音文字，意音文字是同時兼採表意、表音兩種方法。造表意字的主要方法是象形，造表因字的方法有兩種，一是假借，二是創造專門的表音字，而這專門的表音字又分表音節和表音位兩類。

〔註148〕張舜徽，《中國文明創造史》（台北：木鐸出版社，1987），頁93～94。

〔註149〕《中國文明史話》（台北：木鐸出版社，1988），頁103。

〔註150〕陳國棟，〈通貨利商——貨幣與信用〉，收錄於《民生的開拓——中國文化新

鏟形小農具演變而成，因「鎛」與「布」同聲，遂以「布」代「鎛」稱為「布幣」；〔註151〕這使「布」到底是指紡織品或鏟形貨幣，有時難以斷定。〔註152〕不過「布幣」因造形的改變，曾由早期的「空首布」，發展為後期的「平首布」，「平首布」又分成「尖足布」、「方足布」與「圓足布」，這是以其腳部的形狀來分類，因為它們都有兩足，所以也稱作「兩足布」。〔註153〕荀子書中亦記載了當時貨幣流通使用情形，如〈榮辱篇〉有「餘刀布」之語，〈富國篇〉與〈王霸篇〉都有「刀布之斂」之稱，貨幣的演變，同樣見證了「有作於新名」的現象。然而，社會的生產活動，總是循序地由低級向高級發展，人民在生產中獲得的知識，經過口頭或文字的傳述，再由知識分子加以吸收，將其歸結為素樸的理論，進而精益求精地轉變成高深的科學，是知識發展的徑路。準此而言，一切知識的來源，必不能捨直接生產者在長期工作中創造出來的經驗，〔註154〕但，人類社會的進化與進步，組織的力量亦有不可取代的功能，故就萬物之名，總結地說，所謂王者之制名，必須「有循於舊名，有作於新名」。

　　至於散名之在於人者，概指與人的身心相關之心理作用與生理變化等名稱。對人身心的理解，當然須追溯人類生命的起源，人類的誕生或中國人的起源，究竟歷經多長遠的年代容或難以確切的論斷，若以中國口傳歷史來看，從盤古氏、有巢氏、伏羲氏、女媧氏、神農氏、軒轅氏，大約經過了一百萬年。〔註155〕口傳歷史屬於沒有文字記載的傳說，從傳說進入文字記載的信史時代，人類已經由演化並逐步進化的長遠過程，對人身心的瞭解亦達相當的程度，各種描摩身心的名稱相繼的出籠。然而，即令身心的特質徵兆是客觀的存在，人類的認知難免囿於主觀經驗的局限性，導致不同的說法，或者雖使用同樣的稱號，卻指謂不同的內涵，像「性、情、慮、偽、事、行、知、

論（經濟篇）》（台北：聯經出版事業公司，1989），頁 354～355 及頁 359。按：錢、鎛、布皆見諸《詩經》，如〈周頌・臣工〉所謂「庤乃錢鎛」，意指具備「錢」和「鎛」等鏟形的農具。鏟形幣因為仿造農具的形式，所以稱為「錢」，也稱為「鎛」。又如〈衛風・氓〉所謂「氓之蚩蚩，抱布貿絲。」指拿著布去買絲，但「布」字，有人主張是鑄幣，有人主張是布幣，有人主張是單純的紡織品。「紡織品」的說法，則能反映人類初期「物物交換制度」的經濟生活方式。

〔註151〕同註 149，頁 219。
〔註152〕同註 150，頁 359。
〔註153〕同註 150，頁 359～360。
〔註154〕同註 148，頁 18。
〔註155〕夏雨人，《中國人的故事》（台北：東大圖書股份有限公司，1992），頁 22。

智、能、病、命」，荀子即突破舊思維範限，一一為人之散名下定義。荀子對人身之散名，賦予一名一定義，以指示事實之理，有一般易於理解的常識性說法，如「性之好惡喜怒哀樂，謂之情。」「情然而心謂之擇，謂之慮」即是。此外，又兼有頗能彰顯荀子特殊思維的，如：（1）「生之所以然者，謂之性；性之和所生，精合感應，不事而自然，謂之性。」本文前已作過分析，所謂「生之所以然者，謂之性。」這是從人的肉體組織而言「性」；「不事而自然，謂之性。」是從人的感官本能，與外界接觸產生的反應而言性，這與孟子對「性」的認知，大不相同。（2）「心慮而能為之動，謂之偽；慮積焉，能習焉，而後成，謂之偽。」第一層的偽，是通過心的思慮，再由人體官能照著去行動，指後天努力的行為本身；第二層的偽，則指經過多次選擇思慮與學習實行而養成的善德善行，亦即指經過後天人為的累積而形成的一種言行規範，如禮義法度等。以符合禮義法度之善德善行為後天努力所得，顯與孔孟有所區別。（3）「所以知之在人者，謂之知；知有所合，謂之智。」前句之知，指人固有的認知能力，後句之智，指人的認識能力和外物接觸後產生的智慧、知識等。（4）「所以能之在人者，謂之能；能有所合，謂之能。」第一層的能，指人本有的「潛能」，〔註156〕第二層的能，則指潛能和客觀事物接觸，應用於事物而有恰切的表現能力，即「才能」。（5）「節遇謂之命」，是指偶然遇上的遭遇，才叫做「命運」，這和孔孟的「天命」觀有所不同。以上強調人的智慧、知識、才能是後天獲得的，則與孔子「生而知之」、「天生德於予」和孟子「不學而能」、「不慮而知」的主張有別。

上述的界說，充分展現荀子特出的理性思維，他從現實經驗切入，就名實關係問題，提出有別於孔孟，或者對孔孟思想進行有力批評的論點，雖為主觀特質的表露，又不容否認某種程度上是對客觀真理的把握。荀子對人身之散名，作出歸納性的解釋，彰顯出個人的智慧，卻又統括稱曰：「散名之在人者，是後王之成名也。」顯示他對人類文化累積的成果，有不敢掠人之美謙沖之意，又對行政組織統一制名工作，在推動國家建設得以進展成功，寄予深切的厚望，

〔註156〕關於「所以能之在人者，謂之能。」第一層的能，（1）楊倞注曰：「智（當為衍文）有所能在人之心者，謂之能，能，才能也。」參王先謙，《荀子集解》（台北：華正書局，1993），頁275。（2）蔡仁厚認為「指人本有的耳目口鼻形能之能，即今日所謂『本能』」，參同註52，頁432。（3）北京大學哲學系注釋，《荀子新注》注為：「指掌握才能的能力。」參同註8，頁442。筆者按：第一層的能力作「潛能」解釋，可與感官本能有所區分。

此皆有發人深省處。再觀其他〈天論篇〉與〈修身篇〉，就「天職、天功、天情、天官、天君、天養、天政」，以及「教、詔、諛、知、愚、讒、賊、直、盜、詐、誕、無常、至賊、博、淺、閑、陋」等名所下定義，也在在顯示荀子對名實問題，不離具體經驗的立場，依據理性思維進行評斷之特色。

荀子對制名原則的論述，就上列之分析，足可看出他對倫理政治之重視，政治事務不可無規範，制名工作正是落實規範的具體作法之一。由王者統籌制名的工作，無疑是就全民的無限創意來進行篩選，嚴加把關，在規範的考量下，爲期達成保障人群普遍的溝通功能，難保有些創意受到曲解或扼殺，這又將進一步衍生道德價值爭議的問題，復牽引出「正名」的嚴肅論題。荀子對先秦各家的批評，正是這種思想匡架下必然的發展，唯在批評之餘，卻又緣於依託於邏輯之辯的時代風尚，以及個人理性思維的特質，使荀子在論列攸關倫理政治的正名思想之際，除提及制名的總原則外，又提出制名的三個標準，學者通指爲「三標」，〔註157〕包括「所爲有名」、「所緣以同異」及「制名之樞要」，第一標「所爲有名」即是探討制名之目的，後兩者觸及邏輯的問題，當留待本章第四節再行探討。

以制名的目的而言，荀子云：「故知者爲之分別制名以指實。」，又云：「異形離心交喻，異物名實玄紐。貴賤不明，同異不別。如是則志必有不喻之患，而事必有困廢之禍。故知者爲之分別制名以指實，上以明貴賤，下以別同異。貴賤明，同異別，如是，則志無不喻之患，事無困廢之禍。此所爲有名也。」（〈正名篇〉）據此可知，制名的目的在「指實」，這是總說，分別言之，即是在「明貴賤」與「別同異」。〔註158〕所謂「別同異」，指在知識層面進行判別，〔註159〕知識來自對事物的認知，認知不能脫離事實，而事實上，如荀子所云，就感官所接觸的對象，凡形體色裡、聲音清濁、甘苦鹹淡、……以及迄喜怒哀樂等，或就事物類別言，萬物與人類之身心，都存在著同異的現象，此皆屬「散名」而言，以名來指實的作法，即一名必對應一實，異名必對應異實，名實之間的對應關係，不論是傳統上已規定的，或經由全新的制定，舊名與舊實之間，新名與新實之間，即形成確定不移的關係，名實之間一旦成立一定不易的關係，人們自然能聞其名而知其實，人類「有辨」的特色才能得到

〔註157〕同註52，頁434。
〔註158〕同註7，頁142。
〔註159〕同註52，頁434。

發揮，同時，正確的知識亦因此得以建立。

　　另外，所謂「明貴賤」，指在政治教化層面上貞定其層位，〔註160〕政治事物必涵攝典章制度的制定，典章制度每隨歷史出現因革的情形，荀子所云的爵名、刑名、文名等莫不如此。爵位本有高下之分，刑罰則有輕重之別，禮儀亦有隆殺之別，因而依據各類事物高下、輕重、隆殺之殊異，必須一一制定適當的名分別指其實，如此一來，名實互相對應的既定名稱，如單就爵名部分，人們即可區分出公、侯、伯、子、男，依序貴賤有別；如將爵名、刑名並列相較，亦可以判斷爵名為貴，刑名為賤；如僅據文名部分，同樣可以分辨棺槨七重、五重、三重、再重等代表貴賤之分。當然，加諸一個人或貴或賤之名，必依循客觀公正之準據，荀子即云：「無德不貴，無能不官」（〈王制篇〉）又云：「傷良曰讒，害良曰賊。……竊貨為盜，匿行曰詐，易言曰誕，趣舍無定謂之無常，保利棄義謂之至賊。」（〈修身篇〉）顯見名實問題是要依名位與德行相應情形來評斷。德行崇高即獲尊貴之名位，德行卑劣則處低賤之名，如此依實而定名，當能獲得普遍的認同，這意味著，明貴賤的狹義功能在表示爵位的有無，廣義功能在表彰價值的高下，〔註161〕價值的高下則必依德行之有無，再藉由殊異的名號以表達崇高或貶斥之意。

3、正名在匡治政治社會的秩序

　　名號是人類社會特殊的產物，它既是情感交流又是思想溝通的重要媒介，自然不能略去實用之考量，名號實用與否，又可依據群眾的接受性與認同感，來加以判別。大抵而言，名號的運用屬於集體的行為，由地方性、區域性、全國性，乃至放諸天下而皆準，幅員雖有小大之別，總不脫離集體的認同，這即是荀子所謂約定俗成的道理。

　　在歷史發展過程中，長期使用的名號所形成的文化傳統，固然兼含了民眾的創意、思想家的構思及政府力量的介入，由荀子的制名主張以觀之，荀子毋寧更強調王者扮演關鍵性的角色，蓋這是在集體創作行為之外，藉統合工作以建構政治社會秩序，增進行政效率的深度構思。在儒家傳統中，建立社會政治秩序既是政治之要務，亦是人們在倫理範疇上必須謹守社會制約的要求。秩序的達成，依周文的規定，是對成套禮制的奉行，所謂成套的禮制，指夏、商、周三代所累積的規範，規範必須維護，這也是周公制禮作樂，推動禮樂教化的

〔註160〕同註52，頁436。
〔註161〕同註7，頁142。

用心所在。孔子即對古禮用心地理解，嘗云：「夏禮，吾能言之，杞不足徵也。殷禮，吾能言之，宋不足徵也。文獻不足故也，足，則吾能徵之矣。」（〈八佾 9〉）又對周禮矢志追隨，贊揚有加，故云：「周監於二代，郁郁乎文哉！吾從周。」（〈八佾 14〉）這段充滿感情與獻身決心的說辭，〔註 162〕足證孔子對禮之功能的肯認。禮之功能，首在建立政治與人間社會的秩序，因而禮制不可荒廢，禮樂教化必須強化，也因此，當孔子目睹禮崩樂壞的現象，包括封建制度的崩頹，人倫規範的隳毀等，便出面大聲疾呼「正名」的必要，孔子的正名主張，實由禮引申出來，〔註 163〕正名必求循其「名」以求其「實」，達到名實相符、名實相應的地步，其具體作法，是必須要求人人踐禮；奉行禮制，固然可以建構政治、社會秩序，甚至可以擴及培養宗教情操、美化人生、培養道德人格等其他功能，〔註 164〕上述多重的功能，則是孔子預期達成的目標。在強調禮樂教化功能之餘，孔子又標舉「攝禮歸仁」的路數，他以「克己復禮以為仁」（〈顏淵 1〉）的命題，進而說明禮與仁的關係密不可分，「攝禮歸仁」的徑路，是意圖藉由外在之禮的潛移默化，轉進至人內在道德理性的呈現；這顯示孔子對生命的思索，是循著加強文化修養而以彰顯人之自覺主宰性，作為昇華生命的途徑。是知孔子的正名思想，既與禮攸關，更與仁相縫合，而通過「正名」的嚴正要求，以落實政治社會秩序之建構，已然形成儒家確立不移的傳統。

　　基本上，荀子即本著孔子由正名主義建構成的儒家傳統，對名實問題進行思索，荀子的正名觀念，以目的而言，其立意與孔子並無二致，他亦把導正政治社會之秩序列為首要之目標。但從哲學上說，孔子以名為第一位，要求的是「以名正實」，荀子以實為第一位，強調的是對「名」、「實」的順位進行思索，荀子則與孔子有所差別。秩序有利政令之布達，並減卻繁亂景象必須付出的人力或財力，尤其動亂可能帶來的破壞，耗費的社會成本更難以估量，因此，由秩序而安定至和諧所譜成的榮景，始終是儒家一貫的主張和不變的信念。以時代背景來看，荀子處於更加紛亂的戰國世代，對秩序的希求較諸孔子，必然尤為深切，循著「在安定中求進步」的一貫立場，他通觀世局，對政治社會進行反思，在眼見「析辭擅作名以亂正名，使民疑惑，人多辨訟」（〈正名篇〉）及「今

〔註 162〕張端穗，〈仁與禮——道德自主與社會制約〉，收錄於《天道與人道——中國文化新論（思想篇二）》（台北：聯經出版事業公司，1989），頁 124。

〔註 163〕同註 52，頁 56。

〔註 164〕同註 162，頁 127。

聖王沒，名守慢，奇辭起，名實亂，是非之形不明，則雖守法之吏，誦數之儒，亦皆亂也」（〈正名篇〉）等各種名實相亂的現象時，荀子不僅論及「制名」之工作，兼論「正名」之事務，同時強調兩者皆為王者之要務。制名工作，是人類運用文化符號對宇宙自然及社會人生萬象的表述，而以「名言」作為表達的工具，文化符號的產生，係循著「無中生有，有中求變」的歷程來發展，荀子主張王者必須擔綱制名的工作，本文已分析如上文（本章第三節一之 1、2）。至於正名事務，則是對文化符號運用情形的檢驗與釐清，一般且以荀子所稱的「散名」為主。從制名所累積成的歷史文化來看，以文化符號命名者，有屬於政治的「刑名、爵名」，和屬於教化的「文名」等，概為典章制度之名，荀子主張必須「有循於舊名，有作於新名」，典章制度之名，既由有權勢之政治或社會階層加以制定，其權威之地位，將使典章制度之名得到文化合法化的機會，合法化的文化傳統，雖然也帶有強制脅迫的成分，但通常能得到群體的認同，這是出自對權威傳統的集體承諾。〔註165〕

　　但，必須進一步指出，即令人群對規範傳統有所謂的集體承諾，終究只是理論而已，事實上，對某些個體來講，規範傳統可能是強迫的苟同，〔註166〕他蓄意反抗，甚至漠視規範傳統，將其置之度外，全盤或局部地加以顛覆；也有某些個體，因為無知抑或不經意，觸犯了規範傳統；因此，典章制度之名在現實上，依然面臨著「正名」的問題。對於典章制度之名的「正名」方式，荀子採取的哲學思路，是把「實」列為第一優位，就爵名言，如既有的各種官職，〈王制篇〉提到的有「宰爵、司徒、司空」以分掌國家最基本的大事，又有「太師、司空、治田、虞師、鄉師、工師、治市、司寇、冢宰（百官之長）、辟公（諸侯）、天王（天子）」等十一個部門各掌國事，各級官員的職責都必須接受檢驗，考核結果，若不能切當於名實，荀子主張：「故政事亂，冢宰之罪也；國家失俗，則辟公之過也；天下不一，諸侯俗（欲）反，則天王非其人也。」（〈王制篇〉）上述說辭，展露出循名責實的嚴正立場，冢宰所掌之職在「全國政事的治平」，政事既是不治而亂，當然罪有應得，依其罪，是可以刑的，即使是刑不上大夫，也難逃道德律令的制裁；辟公所掌之職是「封建諸侯國民俗的調一致美」，其國卻失俗（風俗敗壞），自然有過失，雖只言辟公之過而不言罪，但政治過失的責任，還是不能旁貸的；至於天子帝王所摠持的大政是「天下政事的統一與民俗

〔註165〕同註130，頁31。
〔註166〕同註130，頁31。

的統一」，如果禮樂征伐不能出於天子，致有僭越的現象，或諸侯國的民俗，一反王畿的傳統，致有淫亂的作為，皆為天子的罪過，其罪至大稱曰「天王非其人」，則更明顯指出廢立的制裁與代謝的必要。〔註167〕也就是說，在「責求實務」的要求下，荀子不但嚴加譴責罪過，甚至表達了撤換名位的思想，這正與其「禮刑並嚴」的主張相吻合。

荀子在政治主張上，規畫了相當縝密的制度理論，為求貫徹具體的制度，不能不強化行政的制裁力量，降職、記過、撤換等都是可行之道，即連天子只要有毫末未振，一物不稱，都不必留其餘地，廢立即是最好的制裁方法，如此藉由明快果決而徹底的制度刷新陣容，正是基於尋求合理政治秩序的考量。由此觀之，荀子「實先於名」的名實觀，和孔子「名先於實」較為可能止於「道德勸說」的結果，如孔子對季氏「八佾舞於庭」，也只能徒發感慨地說：「是可忍也，孰不可忍也！」（〈八佾1〉）前者明快果斷，後者溫和遲緩，正足以見證荀子對儒家傳統的引申與修正。

以刑名而言，荀子也曾提出「正名」的主張，如針對世俗所說：「治古無肉刑，而有象刑。墨黥；慅嬰；共，艾畢；菲，對屨；殺，赭衣而不純，治古如是。」（〈正論篇〉）荀子批評「治古無肉刑」是昧於歷史事實的流行論調，他強調必須「征暴誅悍」，認為「治則刑重，亂則刑輕」，〈王制篇〉亦有「折愿禁悍，防淫除邪，戮之以五刑，使暴悍以變，奸邪不作，司寇之事也」的說法。荀子主張「隆禮重法」，肉刑為律法之規定，「刑」之制定，乃維護社會正常秩序必須設置的法度、手段，如孔子即曾「為魯攝相，朝七日而誅少正卯。」（〈宥坐篇〉）誅殺少正卯，以其兼有「五惡」之故。孟子亦曾嚴厲指陳：「上無道揆也，下無法守也；朝不信道，工不信度；君子犯義，小人犯刑；國之所存者，幸也。」（〈離婁上1〉）如果社會確實存在作姦犯科的人，刑罰又如何能完全免除，孔孟雖以道德之教為首，並不完全反對否定刑法之必要，正如荀子在倡導禮義治國之外，又輔以刑法之用意。肉刑既存於古代，事實的存在絕不可視之為無物，是以必須正名之，還原其真相。然刑法之施用，亦是為了建構政治社會秩序之

〔註167〕按「天王非其人」一語，其義耐人尋味。吳復生《荀子思想新探》，針對此語而提出「更明顯指出廢立的制裁與代謝的必要」之論評，此論深得我心。參吳復生著，《荀子思想新探》（台北：文史哲出版社，1998）頁193～194。另王先謙《荀子集解》未作註解；梁啟雄《荀子柬釋》暨其後重訂之書《荀子約注》（署名梁叔任），亦皆未作解說；王忠林《荀子讀本》同樣無解；北大哲學系《荀子新注》，注曰：「天王不得其人」，頁159。

需要，治國不可不藉助有效的方法、手段，唯於施用刑法手段時，荀子深知「不教而刑，則繁而邪不勝」（〈富國篇〉）因此強調「職而教之，須而待之。」（〈王制篇〉）如此強調事前或事後教化，以待人民從而化之，甚是符合孔子「不教其民而聽其獄，殺不辜也。」（〈宥坐篇〉）的悲憫情懷。

當然，相較起來，荀子對刑法的論述更多，究其屢加著墨之故，則源於對歷史的觀察，兼及對當代政治制度之批評，荀子強調：「賞不欲僭，刑不欲濫。賞僭則利及小人，刑濫則害及君子。」（〈致士篇〉）「刑罰當罪則威，不當罪則侮；爵當賢則貴，不當賢則賤。古者刑不過罪，爵不逾德。」（〈君子篇〉）爵賞和賢德、刑罰和罪過必須是一種對等的報償關係，〔註168〕如此才符合公正與平等的精神。本著如此認知的立場，荀子對背逆公平原則的刑名，進行了批判，觀其所云：「亂世則不然，刑罰怒罪，爵賞逾德，以族論罪，以世舉賢。故一人有罪而三族皆夷，德雖如舜，不免刑均（連坐），是以族論罪也。先祖當（嘗）賢，後子孫必賢，行雖如桀紂，列從必尊，此以世舉賢也。……雖欲無亂，得乎哉！」（〈君子篇〉）由於主張刑賞必與罪行品德相稱。荀子對「以族論罪」的「族誅」方式，強烈地抨擊，嚴加地反對，這種始自商紂之「罪人以族」，以一人有罪，卻刑及父母、妻子、或父族、母族、妻族的歷史事實，即令有德如堯舜者，也不免於株連，誠罔顧人道，極不合理的濫刑制度；其正名之道，是探勘名實的真相，由揭發事實的不合理，進而指出反應殘酷事理之名，應爲「惡名」而非「善名」。「族誅」傷及無辜，必難服人心，難免導致亂的效應，一個「亂」字無疑是對此刑名作出價值的批判。此外，荀子也批判了「以世舉賢」的作法，仰仗祖德，循例而貴，竟連如桀、紂之惡的子孫都不例外，難免造成反淘汰，亦屬不宜。荀子對族誅之刑的省思，較諸肉刑，顯然來得更爲深刻。制定刑罰不宜嚴苛，訂定爵賞應防浮濫，刑罰與爵賞皆爲治國的措施，措施必須遵照正確的原則，又必須顧及安全的效應，治國之效應，又以秩序爲明顯的指標，秩序非止於表象，而應使人群生活與心靈獲得一致的安頓，是故由正名立場來檢視制度是否合理，非唯具有道德倫理的意義，對化除社會問題，推動社會進步，落實政治權責之明確化、合理化，皆具相當積極的意義。

關於荀子正名思想，最常被探討的主題，則屬「散名」的部分，〔註169〕荀子所稱散名，涵蓋萬物之名，與人類自身相關的名，以哲學立場而言，散

〔註168〕同註42，頁154。
〔註169〕同註52，頁431。

名既是語詞之名又是概念之名。〔註170〕所謂語詞之名，即是社會共同約定，大家公認習慣了的名，如《墨子・經上》所稱：「君、臣、民，通約也。」荀子所云：「約定俗成謂之實名」（〈正名篇〉）即是；但語詞之名既用來指稱萬物，必然具有反映事物屬性和類別的概念功能，用來指稱人類自身的名亦然，因而語詞之名又兼指概念之名的意義。對散名的認知，荀子曾別具慧心地由認識論角度，甚至由邏輯學立場進行分析，展現出個人獨特的理性思維與思辨推理的能力，但，最主要的用意，卻是本著道德倫理的基本立場，就導正社會風氣與政治實用主義的訴求，反覆闡論散名何以必須正名的用意，這才是荀子正名的思想核心所在。底下即以核心思想來探討荀子的正名觀念。

從人類政治領域與社會組織來觀察，社會政治存在著必須正名的現象，便是對「名分」加以正名。名分牽涉到各種角色扮演、地位高下界定與規範強制遵循的錯綜關係，亂世之中，悖逆名分的作法，可謂層出不窮，這使「角色、地位、規範」三者的錯綜關係，演變成錯亂不安的局面，荀子指出：「物之已至者，人祅則可畏也。楛耕傷稼，楛耘失薉，政險失民，田薉稼惡，糴貴民飢，道路有死人，夫是之謂人祅；政令不明，舉措不時，本事不理，夫是之謂人祅；禮義不脩，內外無別，男女淫亂，父子相疑，上下乖離，寇難並至，夫是之謂人祅。三者錯，無安國。其說甚邇，其菑甚慘。……可怪也，而亦可畏也。」（〈天論篇〉）人祅即是人事的祅異，人為的災禍，災禍來自各階層的人不能持守其名分，但恪遵名分始能達成政治社會之倫常秩序，是以不容殆忽，因而荀子又曰：「若夫君臣之義，父子之親，夫婦之別，則日切磋而不舍也。」（〈天論篇〉）建構倫常秩序之根本，何其重要，荀子曰：「君臣、父子、兄弟、夫婦，始則終，終則始，與天地同理，與萬世同久，夫是之謂大本。」（〈王制篇〉）王念孫稱「始終泛指治道」，〔註171〕這是說治國之根本與極至，在於人倫關係必本乎道德倫常秩序，倫常秩序猶如天地有上下之分，萬物各歸其位，乃得永世運轉萬世長存的道理，正名即是為秩序把關的工作，用來把關的人物與手法，則是以君子來推動禮義之治，此即荀子所謂：「禮義者，治之始也；君子者，禮義之始也。」（〈王制篇〉）之要義。

以禮義來審視各色人物的名分，荀子試圖以不同的名號作出價值高下的評斷。如於君臣，便指出君有「聖君、中君、暴君」，或「明主、闇主」之分，

〔註170〕周云之即稱：「只有散名才既是語詞之名，又是概念之名。」參同註11，頁152。
〔註171〕王先謙，《荀子集解》（台北：華正書局，1993），頁103。

又指出臣有「大忠、次忠、下忠、國賊」之別；而於王霸之道，則以「義立而王，信立而霸」加以區分；對於辯者，更就「有小人之辯者，有士君子之辯者，有聖人之辯者」（〈非相篇〉）之殊別，且依「小人之辯者」所表現「聽其言則辭辯而無統，用其身則多詐而無功，上不足以順明王，下不足以和齊百姓；然而口舌之均，噡（譫）唯則節，足以為奇偉、偃郤（齃寒）之屬」（〈非相篇〉）之作為，正名為「奸人之雄」，藉孔子之言，將「心達而險，行辟而堅，言偽而辯，記醜而博，順非而澤」具有「五惡」之少正卯，正名為「小人之桀雄」（〈宥坐篇〉），究其批判之著眼點，即是對各種角色是依順或背逆禮義而加以定奪，名分必須予以正定，其終極用意，自然是緊扣著斯人行徑對社會政治秩序帶來的影響，唯其匡而治之，秩序才可望達成。其實，荀子正名的對象，又不止限於傳統的五倫關係，他對社會組織成員亦能針對生產分工的細密程度，循著分工、分職、分事以至定分的程序，將眾多成員一一設定其角色，所謂「農以力盡田，賈以察盡財，百工以巧盡械器。士大夫以上至於公侯，莫不以仁厚知能盡官職，夫是之謂至平。」（〈榮辱篇〉）真是一語道盡了，正定名分是引領政治社會步向秩序的康莊大道之深意。

其他荀子從「字義」上來論述的正名思想，又不勝枚舉，如〈正名篇〉對「性、情、慮、偽、事、行、知、智、能、病、命」等關於人之散名的界定，或對「山淵、牛馬、鳥獸、物」等關於萬物之散名的說法，關涉到事物之屬性與類別，探討的是事物的「概念」，當然可由認識論或邏輯學的角度來區分判別，但，這種理性思維的展現，荀子實則並未擺脫道德倫理、政治實用考量的角度。亂名是滋生亂象的主因，散名必期正而定之，恰是為了關除社會政治之亂象，為免政令不被遵循引發失序的情形，荀子強調「名定而實辨，道行而志通，則慎率民而一焉。」（〈正名篇〉）、「其民莫敢託為奇辭以亂正名，故壹於道法而謹於循令矣。」（〈正名篇〉）在在說明了遵循政令之重要，正名所欲要求名實相符的初衷本意，若捨除匡治政治社會之秩序而不論，便是失卻焦點，非實事求是之作為矣。

二、政治階層是營造政治事務之樞紐

不論天地怎麼變遷，人世如何遞嬗，人類總有一種普遍單純的願望，那就是要求人生的幸福。幸福人生，是古今中外倫理學上普遍一致的追求，而其趨向在於通過道德修養，以期能「安身立命」或達致內心的平和，但這樣

的目標，卻須回歸到現實的起點，正如德國哲學家黑格爾（G. W. F. Hegel，1770
～1831）所主張的：「幸福之眞正的獲致應在政治層次裡完成。」〔註172〕在荀
子的思路中，正可覓著這樣由政治現實通往道德境界的構思，在打造幸福人
生的目標下，荀子以政治階層作爲營造政治事務之樞紐，他對政治方略的擬
設，展現了對儒家傳統的引申與修正。

1、以聖君賢相正君臣之名

（1）以契約型態為趨向的政治思想

就歷史的變遷與社會現實來觀察，政治實爲其中具有最大影響力的因素。
〔註173〕政治乃人類組織的形式之一，人類組織有許多特定的類型，如城邦、封
建制度、代議政府、資本主義的產業組織等，都是特定歷史年代的特徵。〔註174〕
如以政治組織形態而言，大體可分爲封建貴族政治、君主專制政治以及立憲的
民主政治。〔註175〕一般而言，組織是將人、事、物與構想等有限資源，加以有
效運用，以達成組織的某些目標和期望；以儒家思想體系而論，在政治組織形
式中，作爲資源之一的「人」，無疑佔有舉足輕重的地位，政治的運作，繫乎人
的條件，以人爲治，達成政治的理想，即是儒家「人治」思想的特色。

從孔孟以來，「人治」思想醒目且深刻地蘊含在儒家「內聖外王」的主張中，
由內聖通外王，道德必須與政治緊密綰合，荀子毫無疑義地承繼此一思考徑路。
徐復觀先生論及儒家在政治思想方面的通義有七，歸納其要義包括：（1）儒家
繼承「民本」思想，以天下爲主體，君王（或天子）爲從屬之客體。（2）君王
的存在，乃基於人民的需要。（3）君王以愛民、養民爲最人的任務。（4）爲保
障人民的生存，特嚴「義利之辨」。（5）人君一切政治的活動，皆爲人民，且人
臣之事君，是爲了共同的責任（即爲了人民），是以君臣當爲相對的關係。（6）
儒家主張德治，其基本意義是人君當「以身作則」。（7）天下非人君的私產，人
君係以「得天下」爲手段，藉此達成愛民、養民的目的。〔註176〕由此觀之，孔、

〔註172〕陳榮灼，《現代與後現代之間》（台北：時報出版公司，1992），頁 97。

〔註173〕艾倫·李帕特（Arend Lijphart）著，陳坤森譯，《當代民主類型與政治（Democracies:
　　　　Patterns of Majoritarian and Consensus Government in Twenty-One Countries）》（台
　　　　北：桂冠圖書股份有限公司，1998），政治學類召集人序，頁 vii。

〔註174〕同註 1，頁 282～283。

〔註175〕牟宗三，《政道與治道》（台北：臺灣學生書局，1987），頁 1。

〔註176〕徐復觀，《中國思想論集（續篇）》（台北：時報文化出版事業有限公司，1985），
　　　　頁 444～449。

孟、荀對天下、人君（或天子）、人民的主客關係，以及君民權利責任的畫分，都有相當積極正面、充滿道德意味的闡述。若歸結以觀政治人物獨特的條件，道德更是檢驗政治人物的指標，因此，儒家的「人治」，實即為「德治」的思想。孔、孟的正名思想，即以「人治」、「德治」作為推動政治事務的核心概念；荀子的正名主張，特別強調「禮」的外在功能，將禮設定為政治組織的原則與工具，形成以「人治」、「禮治」為核心的政治思想，荀子在政治上採「禮治主義」的思路，與孔孟有所差別，正意謂對儒家政治主張的轉折。政治事務應屬「外王」之範疇，但外王事務的達成，則必須立基修身的「內聖」之學，是以內聖外王必須又必能同條共貫，遂成先秦乃至後世儒者基本教義式的信念。

　　因此，在政治思想上，荀子固然繼承了儒家通義性的觀點，務實理性的個性，又使荀子將儒家精神作出曲折性的修正與調整。若整體以觀之，在禮治主義的原則下，荀子則依循著治人的主軸，並輔以治法的方略，作為推動政治事務的憑藉。治人與人治實一體之兩面，其義在強調人與政治的密切關聯性，易言之，人才是推動政治事務的關鍵。

　　由人論政治事務，自然須回歸組織層面，在封建瓦解周天子形同虛位的戰國晚期，依然存在的王國，其官僚組織系統中，君臣即為核心之成員，檢視荀子的正名主張，顯然是以「聖君賢相」的組合，作為正定政治人物之名的最高標準，以「聖君賢相」來正君臣之名，不僅體現了儒家的精神，也掌握了儒家政治思想的通義。以君王而言，荀子曾說：「天之生民，非以為君也；天之立君，以為民也。」（〈大略篇〉），荀子認為君王的起源來自於「天」，此「天」指的是「自然」的存在，從初民社會面臨的洪水猛獸、異族相侵、以強凌弱、以眾暴寡的生存威脅，暨生活資源有時而窮與男女爭色現象的生活挑戰等，立君成為庶民自然的需要與願望，這種契約型態起源的觀點，〔註 177〕既指出先有民後有君的事實，「立君以為民」更道出人民為主體，君王為客體的對列觀念，由主客對列的立場，進而界定權利義務之分際，視人民基本需求乃至立君去君為其權利，賦君王以滿足人民生存生活需要之義務。若是雙方都能履行其職，同時亦賦予「善群之君」擁有「貴賤生殺與奪」，推動「禮樂之教」的權力，從而衍生人民對人君服從的義務觀念，因而荀子強調「天下歸之之謂王，天下去之之謂亡」（〈政論篇〉），「臣或殺其君，下或殺其上，無它故焉，人主自取之也。」（〈富國篇〉），君民契約的關係，並非歷史上的

〔註 177〕吳復生，《荀子思想新探》（台北：文史哲出版社，1998），頁 202。

事實，卻是由「神權」、「君權」過渡到「民權」的重大樞紐，〔註178〕契約說雖非歷史事實，但卻布達了思想家對政治組織的深度思考。

　　柯林烏認為「歷史家在探討過去任何事件時，將畫分所謂事件的內部和事件的外部，歷史家絕不會只關注其中一部分而忽略另一部分，他所探討的不是單純的事件（有外部而沒有內部的事件）而是行為，行為是包含事件的內部與外部之統一體。」〔註179〕事件的內部，意指存於行為者心中的思想，參透事件內部思想正是探討事件產生的原因。〔註180〕準此以觀，哲學家的思考，與歷史家或亦有異曲同工之處，政治組織是存在的歷史事實，哲學家將自己設身面臨過往政治的處境，揣想思考面對君民互動情境所持的想法以及可能的處理方式，試圖讓過去的思想在心中重演，然而，從事哲學活動的心智畢竟是反省的，如以過去事件可能的思想作為客體，哲學家在考慮任何客體時，亦將涵蓋自身對該客體所作反省的深度思考，〔註181〕反思映現了思想家個別的批判觀點與理想性，在重演過去的思想與自身反省的思考，兩者交互作用之下，遂使思想家的論述無法完全與歷史真相契合，這也是上述契約說並非歷史事實之意味。

　　誠然，思想家既回顧過去歷史，同時又關注著現實，在時代激流中，荀子亦如孔孟般，對世局發展有著高度的關懷。荀子對政治事務反省式的深度思考，傳達了對過去與當代思想的批判，在形構自己對既有或流行思想的價值判斷時，他同時修正所能辨識的錯誤。因此，在儒家「內聖外王」理想方面，荀子對孔子欲重振舊禮制，恢復舊秩序，以仁義奠定禮樂之基礎的原初理想，亦企圖加以重振；對孟子猶存的王道理想，卻因不免偏於心性之學，致客觀理想落後於現實政局的偏失，荀子則欲意加以裨補其偏；總結前儒的經驗，及有見當時「亡國亂君相屬，不遂大道」（《史記‧孟子荀卿列傳》）的惡劣現實，經由批判修正結果，荀子尤著重於外王層面，因著更強烈的政治意識，荀子將君王定位為建構制度的推手，為「聖王」打造典型意義的身分，所謂：「聖也者，盡倫者也；王也者，盡制者也。兩盡者，足以為天下極也。」（〈解蔽篇〉）道出了聖王足為典範的理由。聖王本是傳統文化的一種理想，理想為期不致落空，必須有足以依循的方法與措施，以發揮行政之效率，是

〔註178〕同註1，頁285～286。
〔註179〕同註1，頁286。
〔註180〕同註1，導論頁2。
〔註181〕同註42，頁161。

以荀子對王者之制，不但論述甚爲詳盡，又視王者之制爲聖王的必要條件，強調一切制度則須以禮義之統類作爲理論的基礎。

（2）成就聖君賢相之名的先決條件

成就聖王之名，必根據王制之實，聖王必須通過政治活動的實踐，完竟其理想。然而，回顧歷史與現實上的君王，其政治作爲，率能榮膺如此盛名嗎？荀子曰：

> 聖王財衍以明辨異，上以飾賢良而明貴賤，下以飾長幼而明親疏；上在王公之朝，下在百姓之家，天下曉然皆知其所以爲異也，將以明分達治而保萬世也。（〈君道篇〉）

> 明主爲能愛其所愛，闇主則必危其所愛。（〈君道篇〉）

> 明主好同而闇主好獨。明主尚賢使能而饗共盛，闇主妒賢畏能而滅其功。（〈臣道篇〉）

> 故諫、爭、輔、拂之人，社稷之臣也，國君之寶也，明君之所尊厚也，而闇主惑君以爲己賊也。故明君之所賞，闇君之所罰也；闇君之所賞，明君之所殺也。（〈臣道篇〉）

對君王賦予不同的稱號，自有特殊之用意，所謂的「聖王」境界最高，等而次之則爲「明主」（明君、明王）、「霸主」，又等而下之即是「貪主」、「闇主」（闇君）；荀子對「聖王」、「明主」推崇有加，卻對「貪主」、「闇主」大加痛斥。以不同名號賦予推崇貶斥的用意，所根據的是君王主觀上與客觀上的條件，如下文所云：

> 故天子唯其人。天下者，至重也，非至彊莫之能任；至大也，非至辨莫之能分；至眾也，非至明莫之能和。此三至者，非聖人莫之能盡。故非聖人莫之能王。聖人備道全美者也，是縣天下之權稱也。（〈正論篇〉）

> 爲人主者，……慎取相，道莫徑是矣。故知而不仁不可，仁而不知不可，既知且仁，是人主之寶也。而王霸之佐也。（〈君道篇〉）

引文第一則，荀子提及王者必須是「聖人」，強調聖人之條件，在「備道而全美」，即是對聖王主觀德性與客觀政績求全責備的思想。正如引文第二則力主聖王的特色，宜乎「仁知且不蔽」（〈解蔽篇〉），仁與智，是孔孟傳統中的根本觀念，仁以爲體，智以爲用，是體用的意義；荀子也視仁且智爲人君之寶，

韋政通先生認為「荀子所說的仁與智，並非體用的意義，而是一體從作用上看，仁智同是知之照察。」〔註182〕但，人君選取部屬，既曰仁與智，智已足以表彰照察辨識之能力，仁當與智有所區別為宜。荀子雖然不太講仁學，觀其所言之「仁」，如「仁義德行，常安之術也。」（〈榮辱篇〉）、「故君子之行仁也無厭」（〈非相篇〉）、「仁眇天下」（〈王制篇〉）、「彼仁者愛人，愛人故惡人之害也。」（〈議兵篇〉）、「彼仁義者，所以脩政者也。」（〈議兵篇〉）等，顯示「仁」亦為道德品格，道德品格自然有別於智識之心，此仁的品德與孔孟所指「自覺」之仁德有所差別，在荀子思想體系中，禮義之統類既是統攝一切的最高指導原則，仁在荀學中自然成為一個從屬的德目。〔註183〕但《荀子‧大略篇》有云：「人主仁心設焉，知其役也，禮其盡也，故王者先仁而後禮。」似乎又將仁預設為禮的前提，形成禮既為外在的規範，又以「仁」為內在的根據，〔註184〕這樣的線索，雖能與孔孟合轍，卻又有違荀子後天道德的主張，蓋強調禮義教化，既為政制的核心，又是建立社會秩序的主要憑藉，後天道德乃能因而確立，如此方才契合荀子思想的體系。

　　聖王的特質，須由具體作為來映現，「治國」即是德才兼備的王者，必須接受檢驗的具體事務。落實具體事務可有任何先決條件？觀荀子所云：

> 先王之道，仁之隆也，比中而行之。曷謂中？曰禮義是也。道者，非天之道，非地之道，人之所以道也，君子之所道也。（〈儒效篇〉）

> 人主者，天下之利勢也。得道以持之，則大安也，大榮也，積美之源也；不得道以持之，則大危也，大累也，有之不如無之；及其綦也，索為匹夫不可得也。（〈王霸篇〉）

> 主道知人，臣道知事。故舜之治天下，不以事詔而萬物成。（〈大略篇〉）

> 無土則人不安居，無人則土不守，無道法則人不至，無君子則道不舉。故土之與人也，道之與法也者，國家之本作也。君子也者，道法之總要也，不可少頃曠也。得之則治，失之則亂；得之則安，失之則危；得之則存，失之則亡。（〈致士篇〉）

此處引文說明，王者必須「知道」、「知人」與「用人」，「道」是歷代帝王一貫適用，以禮義為內容的典章制度，荀子視禮義為治理人世的基準，先王由禮義

〔註182〕同註9，頁98。
〔註183〕同註87，頁425。
〔註184〕同註5，頁118。

架構而成的治國之道，是仁的極至表現，因此，道是治國立國的最佳導向。行道如運劍術，必善加持用方可。「知人」指人主須熟知賢能，辨明人才高下後，進一步要能「用人」，即舉用賢良之人才。至於引文第三、四則均提及道與法，兩者皆治國所不可缺，法指法律、法規，道爲主，法其次，賢良的君子亦是推動道法的助手，乃人主必須借重者，良好的統治是道法與君子結合所促成。

在政治組織成員中，君之爲政與相之執政，乃一體之兩面，君相不但一體，君相亦當同功。荀子云：

> 彼持國者，不可以獨也，然則彊國榮辱固在於取相矣。（〈王霸篇〉）

> 爲人主者，莫不欲強而惡弱，欲安而惡危，欲榮而惡辱，是禹、桀之所同也。要此三欲，辟此三惡，果何道而便？曰：在慎取相，道莫徑是矣。故知而不仁，不可；仁而不知，不可；既知且仁，是人主之寶也，而王霸之佐也。不急得，不知；得而不用，不仁。無其人而幸有其功，愚莫大焉。（〈君道篇〉）

> 故尚賢使能，則主尊下安。（〈君子篇〉）

龐雜的政事，勢須大量人力來支應，君王並非神通之人，主政者組成團隊以推動政事，乃考量現實之必要，故荀子強調必須慎選「既仁且智」之相臣，作爲君王得力的左右手，賢能之相勢不可缺。聖君賢相既是推動政事最爲理想的組合，相對於聖君由「知道」、「知人」、「得人」、「尚賢使能」遂行政治之禮，以達成名實相符的要求，相臣又當如何才稱得上賢相？荀子認爲：

> 故君子之於禮，敬而安之；其於事也，徑而不失；其於人也，寡怨寬裕而無阿；其爲身也，謹修飾而不危；其應變故也，齊給便捷而不惑；其於天地萬物也，不務說其所以然而致善用其材；其於百官之事，技藝之人也，不與之爭能而致善用其功；其待上也，忠順而不懈；其使下也，均遍而不偏；其交游也，緣類而有義。（〈君道篇〉）

> 君子之所謂賢者，非能徧能人之所能之謂也；君子之所謂知者，非能徧知人之所知之謂也；君子之所謂辯者，非能徧辯人之所辯之謂也；君子之所謂察者，非能徧察人之所察之謂也；有所止矣。相高下，視境肥，序五種，君子不如農人；通貨財，相美惡，辯貴賤，君子不如賈人；設規矩，陳繩墨，便備用，君子不如工人；不恤是非、然不然之情，以相薦撙，以相恥怍，君子不若惠施、鄧析。若

夫譎德而定次，量能而授官，使賢不肖皆得其位，能不能皆得其官，
萬物得其宜，事變得其應，慎、墨不得進其談，惠施、鄧析不敢竄
其察，言必當理，事必當務，是然後君子之所長也。（〈儒效篇〉）

事聖君者，有聽從無諫爭；事中君者，有諫爭無諂諛；事暴君者，
有補削無撟拂。（〈臣道篇〉）

故諫、爭、輔、拂之人，社稷之臣也，國君之寶也，明君所尊厚也，
而闇主惑君以為己賊也。（〈臣道篇〉）

上述引文指出，賢相恪遵禮義的作為，就政事言，在大處須依據「知事」、「任
事」、「諫諍輔弼」的方向來施為。「知事」是對政事作通盤的瞭解，政事終有
大小輕重緩急之分，質性又各不相同，故須有通觀大局的宏觀視野；在確切
深入地理解之後，進一步是「任事」，賢相必須再依事務分門別類擇取適任人
選執行之，選人必須因才適任，方能使各方人選，依才德高下之分，適得其
所發揮其所長；唯在君權至上的時代，施政方向決定權若非相臣所屬時，相
臣便有責任對君王失誤的政策進行勸諫或更正，以免政局流於隳毀敗亡的惡
運。歸結地說，仕打造福國利民的國度，兌現幸福人生的理想之際，聖君賢
相必須榮辱與共，竭誠盡智地掌穩負載天下蒼生方舟之航向。

（3）力行王者之制的原則

　　對政治積極的構思，固然須契合於荀子思想的基礎點，禮義既是荀子思
想的基礎，因而王者一切政治的措施，都必符合禮義的標準，在訂定制度時，
又須遵照合理的細部原則，包括分義原則、貴利原則與倫理原則。〔註185〕茲
先說明何謂分義原則，荀子稱：

分均則不偏，勢齊則不壹，眾齊則不使。有天有地而上下有差，明
王始立而處國有制。夫兩貴之不能相事，兩賤之不能相使，是天數
也。勢位齊，而欲惡同，物不能澹則必爭，爭則必亂，亂則窮矣。
先王惡其亂也，故制禮義以分之，使有貧、富、貴、賤之等，足以
相兼臨者，是養天下之本也。（〈王制篇〉）

人何以能群？曰：分。分何以能行？曰：義。故義以分則和，和則一，
一則多力，多力則強，強則勝物；故宮室可得而居也。（〈王制篇〉）

荀子提出人類有貴賤上下等級之分，必須依禮義來區分，從天賦才智、百業

〔註185〕同註177，頁176～179。

分工或管理角度來思索，與其認為這只是對命定事實無情的陳述，毋寧就管理的需要與效率一併來理解，更能覓得其融通之道理；但即令如此，荀子基於統一的需要，又以「維齊非齊」（〈王道篇〉）或「斬而齊」（〈榮辱篇〉）論斷階級之分的絕對性，難免造成貶抑下位階層的偏頗效應。荀子強調：「故刑當罪則威，不當罪則侮；爵當賢則貴，不當賢則賤。古者刑不過罪，爵不逾德，故殺其父而臣其子，殺其兄而臣其弟。刑罰不怒罪，爵賞不逾德，分然各以其誠通。是以為善者勸，為不善者沮，刑罰綦省而威行如流，政令致明而化易如神。」（〈君子篇〉）顯然這是對行為事實給予價值的評斷，傑出的善行義舉、福國利民之舉措，或危害的惡行劣跡、禍國殃民之行徑，各有相稱的賞罰，評斷求其公正，公正與否，又須以禮義為標竿。

其次，為貴利原則，荀子並不諱言利，又擅於以經驗為師來思索問題。其云：

> 論法聖王，則知所貴矣；以義制事，則知所利矣。論知所貴，則知所養矣；事知所利，則知所出矣。二者，是非之本，得失之原也。故成王之於周公也，無所往而不聽，知所貴也。桓公之於管仲也，國事無所往而不用，知所利也。（〈君子篇〉）

荀子提出周公周王是值得效法的聖王對象，這是荀子法後王思想的表露，周公制禮作樂帶來政治社會的效用，足以達成外王的功業，由此形成之周文，是「據事制範」的成功經驗，成功的根本原因在於「以義制事」，且「事知所利」，是故政之所貴，必須懂得加以借鏡，凡任使人才之尚德尚能，政治上的張設能福國利民，如成王、桓公之作為一般，即是熟諳貴利原則之君王，似此「辨合符驗」的歷史經驗，其現實功業都值得肯定。然而，兩者相較，荀子對成王得周公德能而王天下，較諸桓公得管仲之賢而霸天下，在理想層面上，給予前者的評價則更高。

又其次為倫理原則，倫理亦是施政必須考量的重點，荀子云：

> 故尚賢使能，等貴賤，分親疏，序長幼，此先王之道也。（〈君子篇〉）

> 故尚賢使能，則主尊下安；貴賤有等則令行而不流；親疏有分，則施行而不悖；長幼有序，則事業捷成而有所休。（〈君子篇〉）

> 故先王案為之制禮義以分之，使有貴賤之等，長幼之差，知愚能不能之分，皆使人載其事，而各得其宜。然後使穀祿多少厚薄之稱，是夫群居和一之道也。（〈榮辱篇〉）

在人際關係的安排上，注重順位差等是倫理思想的特色之一，倫理思想的理論基礎在於人性論，荀子認爲人性「好利疾惡」、「有好聲色」，將引發爭亂困窮之行爲，引文因而提出先王所奉行的大道，係依等級之分，使各種角色各理其事，各安其位，以發揮公平合理之精神，這是先王崇賢尚能之外，又尤爲側重的倫理原則。總括而言，分義、貴利、倫理等原則，都以禮義作爲指導的總原則，遵循總體與細部原則之君王，若能落實一切具體的政治措施，則聖王之名與實即若合符節矣。

（4）君相治國的目標與具體措施

在禮義原則指導下，荀子將治國的目標訂定出大方向，包括善群、富國裕民、愛民教民等，目標的達成須憑藉實際的措施，持國所採取的措施又牽涉到經濟、倫理、社會等層面，聖王之職在持國，又須賢相來輔國。因此，就荀子所謂的「君者，善群也。」（〈王制篇〉）即強調君王必須將人們，依一定的等級和分工關係組織起來，以達成合群的目標，進一步採行的共有四項具體的措施，荀子稱之爲「四統」，其云：

> 君者，何也？曰：能群也。能群也，何也？曰：善生養人者也，善班治人者也，善顯設人者也，善藩飾人者也。善生養人者人親之，善班治人者人安之，善顯設人者人樂之，善藩飾人者人榮之。四統者具，而天下歸之，夫是之謂能群。（〈君道篇〉）

觀此四統之內容：「生養」論社會民生問題，是以經濟運作使民樂業，以治安措施使民安居；「班治」論設官分職之道，是以嚴格負責的分工與分層任事，建立原則化、制度化、合理化的政治秩序，使民安樂於公平公正而紀律嚴明的統治；「顯設」論用人制祿之事，而以榮譽制度突顯爵祿報酬與人才的結合，用以鼓舞賢能，激勵天下；「藩飾」亦論用人制祿之事，而以獎飾慶賞制度，突顯政治及社會地位的分等。〔註186〕四統之措施，以爲民服務爲最高目標，賦政治人物責任觀念，擬設任使合宜的人事政策，這樣的構思，正符合黑格爾「在政治層次裡完成幸福的獲致」之理念。

若論富國裕民的措施，亦有與四統的理念疊合之處。富國裕民是論述財政經濟之政策，先秦諸子對治國所需的經濟政策皆曾論及，儒家之中，孔子最早倡導富民之思想，他以「因民之所利而利之，斯不亦惠而不費？」（〈堯

〔註186〕同註177，頁228。

曰 2〉〉為「五美」之一，且主張富而教之，但又認為「有國有家者，不患寡而患不均，不患貧而患不安。蓋均無貧，和無寡，安無傾。」（〈季氏1〉）「均無貧」是財富分配制度的構思。孟子也提出過「易其田疇，薄其稅斂，民可使富」（〈盡心上23〉）的經濟方針，同具富民主張的基調。荀子則是第一個以「富國」為題來論述經濟問題的思想家，〔註187〕富國裕民兩相結合，這不但彰顯出荀子現實主義的思維，也說明他對歷史社會觀察的深入，荀子云：「今人之性，生而有好利焉」（〈性惡篇〉）他不諱言人性之好利，思富而棄貧，是人生所欲，正視現實替人性發聲，並透過國家機器龐大的力量，發揮管理的行政效率，結合兩者的優勢，以達成治國安邦乃至富國興邦的目的。荀子云：

> 下貧則上貧，下富則上富。（〈富國篇〉）

> 故明主必謹養其和，節其流，開其源，而時斟酌焉。潢然使天下必有餘，而上不憂不足。如是，則上下俱富，交無所藏之，是知國計之極也。（〈富國篇〉）

富國以富民為基礎，關於富民的經濟觀，荀子是著眼於政經合一的整體發展，〔註188〕而其基本原則在開源節流，荀子指出開源節流是治國之大計，在經濟政策上，特具積極進取之意義。對國家而言，一般「開源」即開闢財政收入之源，其方法無非是增加或提高賦稅，「節流」即節省財政開支之流，其方法則是裁減壓縮財政支出，荀子卻將國家財政和國民經濟關係結合起來，〔註189〕並堅守著儒家不聚斂國庫，寧藏富於民的理念。試觀荀子所云：

> 田野縣鄙者，財之本也；垣窌倉廩者，財之末也。（〈富國篇〉）

> 君子以德，小人以力；力者，德之役也。百姓之力，待之而後功；百姓之群，待之而後和；百姓之財，待之而後聚；百姓之勢，待之而後安；百姓之壽，待之而後長。（〈富國篇〉）

> 今之世而不然：厚刀布之斂，以奪之財；重田野之賦，以奪之食；苛關市之征，以難其事。不然而已矣：有掎挈伺詐，權謀傾覆，以相顛倒，以靡敝之。百姓曉然皆知其污漫暴亂，而將大危亡也。（〈富國篇〉）

> 士大夫眾則國貧，工商眾則國貧，無制數度量則國貧。（〈富國篇〉）

〔註187〕同註42，頁270。
〔註188〕同註177，頁113。
〔註189〕同註42，頁270。

節用以禮，裕民以政。（〈富國篇〉）

引文一至三則在說明開源的必要。在開源的舉措上，荀子重視傳統農業生產，視之為國民經濟之主體，農業生產必須大力發展，因為它是衣食之源，亦是追求富的根本來源，然而，荀子並不贊成政府以厚斂重稅來開闢財源，他肯定勞心與勞力者的合作關係，其中「百姓之力，待之而後功」、「百姓之財，待之而後聚」兩項，便強調勞心者要克盡領導生產，管理經濟之職能。〔註190〕勞心者當使國民經濟能力大幅提升，使從事生產的勞力者接受指導，這是就積極面言；勞心者的領導方式絕不可加以橫徵暴斂，若是橫加徵斂，必須加以批判，這是就消極面言；然而徵收賦稅，必須「上以取法焉。」（〈富國篇〉）是知開源的目的，在保障百姓富足的生活。至於第四、五則指出節流的措施，荀子提出的是，不設冗官，不浪費國帑，依據禮規定的標準，始能使政府達成節用的目標。

裕民是繼生養人民的進一步措施，其原則是「積藏節用」，積藏節用則相輔而相成。生養人民依然以衣食的需求為主，因而荀子除強調農業生產始為重心，相關之事務商賈百工則為其次，又特別提到「積」與「藏」的觀念，猶如求學有賴「積」與「一」（〈勸學篇〉）的功夫，荀子說：

> 務本事，積財物，而勿忘棲遲薛越也，是使群臣百姓皆以制度行，則財物積，國家案自富矣。（〈王制篇〉）

> 能積微者者速成。（彊國篇〉）

> 足國之道：節用裕民，而善臧其餘。節用以禮，裕民以政。彼裕民，故多餘。裕民則民富，民富則田肥以易，田肥以易則出實百倍。上以法取焉，而以禮節用之，餘若丘山，不時焚燒，無所藏之。夫君子奚患乎無餘？故知節用裕民，則必有仁聖賢良之名，而且有富厚丘山之積矣。此無他故焉，生於節用裕民也。（〈富國篇〉）

> 人之情，食欲有芻豢，衣欲有文繡，行欲有輿馬，又欲夫餘財蓄積之富也；然而窮年累世不知足，是人之情也。今人之生也，方知畜雞狗豬彘，又蓄牛羊，然而食不敢有酒肉；餘刀布，有囷窌，然而衣不敢有絲帛；約者有筐篋之藏，然而行不敢有輿馬。是何也？非不欲也，幾不長慮顧後，而恐無以繼之故也？於是又節用御欲，收

〔註190〕同註42，頁268。

斂蓄藏以繼之也。(〈榮辱篇〉)

兼足天下之道在明分。……若夫兼而覆之，兼而愛之，兼而制之，歲
雖凶敗水旱，使百姓無凍餒之患，則是聖君賢相之事也。(〈富國篇〉)

人類生活所需的基本資源，主要來自大地，因而引文一、二則，荀子主張農事
生產必須加強努力，累積各種經驗以得致改善，以人類進化的道理來看，在與
自然界鬥爭中，人類逐漸累積經驗，並逐漸累積財富，構建了高度的文明，也
成為大自然的主宰，足以說明「積、藏」乃可行之道。積藏又與節用相互依存，
是以引文三、四則指出，強化農業生產能力，使物資得以充裕，當為根本之計，
但資源消耗必須節制控管，以備不時之需，蓄積乃是為生活長久之計。積藏節
用之可行，從人類經濟心理來立論，「節用御欲，收斂蓄藏」值得鼓勵推動，一
則可以彰顯人類理性的能力，提高生活的安全指數，一則藉以強化社會秩序的
改善與維護，是又足見荀子的構思極富積極正面之意義，引文第五則，切中要
點地指出，免除生民飢餓是聖君賢相之本職，回歸生命基本需求的滿足，扣合
政治人物之職責，雖曰平淡無奇，卻是最真實的人生基調。

2、由尊君舉賢落實正名的規範

（1）領導階層須才德並重

對政治階層的組合，荀子除了由現實縮合道德的理想，提出「聖君賢相」
以推動政治事務外，並且針對政治組織系統中的秩序關係體，主張「尊君舉賢」，
其中舉賢的說法不曾被置疑，但「尊君」的觀念，既與儒家傳統相違，甚且引
發後人毀譽參半的評價。負面批評者認為，這是媚君利君，將引導人民盲從的
哲學；〔註191〕正面評價者卻認為，從荀子尊君的目的及其對君與道的價值認識
來看，荀子決不是一位君本論者，決非君主「專制」的一尊主義者，相反地，
荀子還提出一系列當時相當進步的「民本」思想；〔註192〕一反一正的評論，使
「尊君」出現了辯證意義的現象，自然有必要探討「尊君」的真相究竟何在。

以政治組織系統而言，在君主政治形態中，君王本位居高層，其權力與
責任可謂無比的重大，君王握有制定政策之大權，又負有達成國家政治並實
現人群集體生活中共同希望與欲望的責任，〔註193〕因此，君王猶如國家全民

〔註191〕同註30，自序，頁4及頁88。
〔註192〕同註42，頁162～163。
〔註193〕陳修武，《人性的批判——荀子》(台北：時報文化出版企業股份有限公司，
1998)，頁81。

希望之所繫，其重要性與影響力均不容置喙。現實上，君王能否稱職的扮演其角色，必須逐一加以檢視，若回歸對政治組織的構思，荀子既以「聖君賢相」爲理想的組合，聖君的先決條件是「備道而全美」、「仁智且不蔽」，雖然是荀子在政治制度中所假設的「仁人之善者」，﹝註194﹞正足以說明，荀子所屬意的是君德，﹝註195﹞以君德爲尙，是對道的價值之肯認，道德是政治的保障，甚至道德即政治，乃是原始儒學和孔孟之道的歷史秘密，這種延續自氏族政治的傳統，其認知即群體命運常取決於氏族首領們的才德。﹝註196﹞領導階層的才與德　備受矚目，孔孟在此觀念的取決上，則比較地側重於德，荀子卻對才德兩者兼而並重之；﹝註197﹞視道德爲治國之所需，孔孟係就人的內在、人的主體性來立論，荀子將其定位爲外在，後天的修養，內外雖有分別，卻傳達了理想的理念。至於將才能視爲治國必備的條件，則是十足正面務實的觀念，政治事務關乎成效，不論是生養存活之事，或社會秩序之營造，殆非才能無以湊其功，務實的觀念彰顯了荀子思想的特色，也說明了位居領導階層之「名」，有其應當履行責任之「實」，這是正名規範的落實。

（2）時君職責與臣相輔國之兩概

政府是具體的，政治組織是系統性的，在君主政治形態的組織內，荀子見識到君王扮演舉足輕重的角色，又盱衡戰國時期的君主與臣僚，莫不是以其政治地位、政治權力和政治知識來否定人群集體生活中共同的希望和欲望，以滿足他們一己的希望與欲望，惡劣的政治現實，促使荀子構設另一種安全指數幾近理想的政治藍圖，此一理想的政治藍圖，便是「聖君賢相」組構的政治組織。在設想的政治組織內，系統不容被顛覆，猶如金字塔般的政治組織，存在著集體的秩序，秩序扣合著禮義之統所強調「定分使群」的主體功能，爲期發揮功能，荀子補述了「尊君」的觀念。

何以荀子必須提倡尊君？對戰國時代動亂現象的省思，荀子從歷史的縱深度作了省察，他不僅察知道德缺乏是時代的問題，更深切感受政治制度凌亂，

﹝註194﹞同註177，頁119～120。
﹝註195﹞同註9，頁222。如韋政通指出，荀子與法家的不同點之一，即是荀子主君德而反君術。
﹝註196﹞同註46，頁261。
﹝註197﹞孔子本人雖屬「仁智雙彰」的生命形態，觀其言論，則以道德爲重，其所云：「如有周公之才之美，使驕且吝，其餘不足觀也已。」（《泰伯11》）孟子力主仁義內在，以性善爲基礎建構的王道思想，亦充溢著道德的意味。

甚至政治制度的根本問題，在這樣一個「盡物力的物量精神」〔註198〕充斥的時代，道德的號召變得邈遠，人類另一層的理性精神生命被封閉隔絕無法透顯。〔註199〕理性可以作用於物質層面的發明，亦必須對人的精神生命作出安頓，對儒家而言，道德是安頓生命的首選，荀子並沒有排除道德的考量，然而，他構思的路徑發揚了孔子外王的理想，而與孟子傾力於內聖的志業，出現了齊足並馳的現象；全力構思如何經由完善周遍的制度，作為推動完竟道德的理想，是荀子對時代客觀考量後，敲定為當務之急，亦是其一生用心的方向。

治國必須落實到制度，構設健全的制度，正是時君不可推諉的職責。荀子所論的制度兼括了內政上用人舉賢、經濟上富國裕民、社會上安民化民的種種措施，國防上兵勁城固，敵國自詘的各種策略，一切的舉措則必以禮義為砥，務實而不曾捨離道德，緊扣道德復回歸現實。因此，荀子的治國之道，絕非凌虛打空的設想而已，強烈的現實意識，與得自儒學傳統及歷史經驗的啟迪，兼權之後形塑了他的政治思路。荀子由健全政治制度的擬設以論時君之職責，正是省察到政治現狀的缺失，乃對時君作出「名必符實」的規範。

建構真正的政治制度，有利於集體秩序的建立，荀子強調君王須致力於禮義之教化，正是著眼於秩序重建之迫切性。當然，在強調禮義之外，荀子兼論了法的重要性，「法」則以禮義為總綱，但禮法的運作，基本上，荀子承繼了儒家「人治」的思路，治人與治法相較，治人更為荀子所重視，觀其所云：

> 法者，治之端也；君子者，法之原也。（〈君道篇〉）

> 有治人，無治法。（〈君道篇〉）

上述說辭，殆為比較上說法，荀子並非欲在根本上推翻治法的價值，荀子之所以重治人甚於重治法，蓋因治人始能制作治法，治法必待治人來維護推行。〔註200〕既然治人是治法制定與推行的關鍵，作為最高權力的代表君王，即順理成章擔綱著以禮義為綱領之治法成敗的靈魂人物。

但在現狀上，世襲的君位，既無從過濾君王的品質，其施政的品質自亦得不到保證。因此，通過歷史的軌道，政治上延續著相同的問題，是聖君難得，中君屈指可數，庸君比比皆是，暴君則為歷朝無法抹去的史頁。荀子亦具有與孟子完全相同的觀點，即主張用激烈手段放伐暴君，如〈正論篇〉所

〔註198〕牟宗三，《道德的理想主義》（台北：臺灣學生書局，1978），頁 233。
〔註199〕同註 52，頁 355。
〔註200〕同註 7，頁 204。

云：「世之爲說者曰：『桀、紂有天下，湯、武篡而奪之。』是不然也。以桀紂爲常有天下之籍則然，親有天下之籍則不然……，桀、紂非去天下也，反禹、湯之德，亂禮義之分，禽獸之行，積其凶，全其惡，而天下去之也。天下歸之之謂王，天下去之之謂亡。」暴君累積的惡行，一旦達於臨界點，荀子並不諱言百姓採取強烈的反制行動，以終結暴君的政權，此處立論，甚是符合荀子「君民舟水說」的主張，即以民爲水，以君爲舟，「水則載舟，水則覆舟」，充分表彰了君民依存的相互關係，如此對暴君不留餘地主張予以放伐，亦是就核心人物所作「名實相符」的要求。

在透視君民相互依存關係之餘，回歸到君臣的政治組織系統，荀子則對政治現狀採取多元的思考模式。各種言論顯示，荀子並非昧於現實上君王之淫樂驕恣、暴虐無道，對暴君、闇主理該不留餘地的批評，以示對正道捍衛到底的決心，但寧爲玉碎或瓦全，實則是智慧上的一大考驗，更攸關著惡劣現狀能否改變，進而改善的機會。一方面，荀子表彰傳統儒家「以道仕君」的理念，主張嚴守「爲道而仕」的正統思路，這與孔孟的主張甚是契合；另一方面，荀子與孟子主張爲道掛冠求去的硬頸風骨，有著轉折性的差異，荀子提出了曲通的作法，開闢一條「化易君性」的迂迴之路。「爲道而仕」與「化易君性」成爲相臣輔國之兩概，這看似對立的兩根椿，何以必須並存？又能否兼容並存呢？觀其所云：

> 從命而利君謂之順，從命而不利君謂之諂；逆命而利君謂之忠，逆命而不利君謂之篡；不恤君之榮辱，不恤國之臧否，偷合苟容以持祿養交而已耳，謂之國賊。君有過謀過事，將危國家隕社稷之懼也；大臣父兄，有能進言於君，用則可，不用則去，謂之諫；有能進言於君，用則可，不用則死，謂之爭；有能比知同力，率群臣百吏而相與強君撟君，君雖不安，不能不聽，遂以解國之大患，除國之大害，成於尊君安國，謂之輔；有能抗君之命，竊君之重，反君之事，以安國之危，除君之辱，功伐足以成國之大利，謂之拂。故諫、爭、輔、拂之人，社稷之臣也，國君之寶也，明君所尊厚也，而闇主惑君以爲己賊也。故明君之所賞，暗君之所罰也；暗君之所賞，明君之所殺也。伊尹箕子可謂諫矣，比干子胥可謂爭矣，平原君之於趙可謂輔矣，信陵君之於魏可謂拂矣。傳曰：『從道不從君。』此之謂也。（〈臣道篇〉）

事聖君者，有聽從無諫爭；事中君者，有諫爭無諂諛；事暴君者，有補削無撟拂。迫脅於亂時，窮居於暴國，而無所避之，則崇其美，揚其善，違其惡，隱其敗，言其所長，不稱其所短，以爲成俗。（〈臣道篇〉）

恭敬而遜，聽從而敏，不敢有以私決擇也，不敢有以私取與也，以順上爲志，是事聖君之義也。忠信而不諛，諫爭而不諂，撟然剛折端志而無傾側之心，是案曰是，非案曰非，是事中君之義也。調而不流，柔而不屈，寬容而不亂，曉然以至道而無不調和也，而能化易，時關內之，是事暴君之義也。若馭樸馬，若養赤子，若食喂人。故因其懼也而改其過，因其憂也而辨其故，因其喜也而入其道，因其怒也而除其怨，曲得所謂焉。」（〈臣道篇〉）

第一段引文，荀子先由「利君」或「不利君」來立論，所謂「利」，顯然非指君王之私利，非迎合君王之私欲而言。「利」字必以安國、利國、安民利民爲目標，蓋荀子在〈王制篇〉曾論及「君人者」之三大節，爲「平政愛民」、「隆禮敬士」、「尚賢使能」，三大節無一不強調君之道德與智慧，君王必依此三原則而行。荀子又嘗云：「故上者，下之本也。上宣明，則下治辨矣；上端誠，則下愿愨矣；上公正，則下易直矣。……上周密，則下疑玄矣；上偏曲，則下比周矣。……故主道利明不利幽，利宣不利周。」（〈正論篇〉）荀子主張政令公開明白始有利，隱藏眞情則不利，蓋公開之政令，必期保障百姓之所欲，不可危損百姓之安危，政令乃能順利推動，君王亦將獲致正理平治之宏效，故公利可期；反之，不肯或不敢公諸於世的政策與眞相，若非使民憂勞貧賤，抑將使民危墜滅絕，則政令勢將遭致反抗，君王亦勢須面對動盪飄搖之亂象，故無功利可言。出謀畫策，如果切合眾人所需，又有何不宜公開而要刻意隱瞞呢？因此，在福國利民等同於利君的理念下，引文第一則，荀子又列舉了以「諫、爭、輔、拂」來敦促君王逐行理想政治的方式，其方式或直截力拒或婉曲費心，皆要恪遵「以道仕君」、「從道不從君」之基本精神，爲正道而賣力演出，正是上述臣屬之寫照。

引文第二、三則，將君臣區分爲「聖君」、「中君」與「暴君」，聖君是荀子理想中才德兼備的君主，既曰才德兼備，其德業固無庸置疑，其治國之才，依荀子講究方法與效果的構思，在施政理念方略上，必能臻於「至道大形」之極至，即「隆禮至法則國有常，尚賢使能則民知方，纂論公察則民不疑，

賞免罰偷則民不怠，兼聽齊明則天下歸之。然後，明分職，序事業，材技官能，莫不治理，則公道達而私門塞矣，公義明而私事息矣。」（〈君道篇〉）君王的政權運作，兼括了依禮義之常軌、人才之網羅、民意之體察、公正之賞罰，持平公正且面面俱備的措施，因為是治道之極至，故聽順之殆無風險，如此的聖君，乃具有純理純型的天子本質，與孔孟所盛讚的堯舜，都是理想的類型。〔註201〕至於中君，既然略遜於聖君，在施政理念上，難免是非雜揉，而在施政方略上，則是良莠並陳，故臣屬必須依正直的思想，大公無私的面折廷爭。然而，對於暴君，荀子在此展現了尤為良苦的用心，暴君不同於聖君具有純理純型的天子本質，反倒是易於撩起未經馴養的原始情性，憂喜怒怨隨時可能引爆，即令如此，荀子卻指引一條極具耐性婉曲的路徑，試圖改易暴君情性，從而使正確的政策得以推行，選擇「化易君性」的迂迴之路，或令人質疑違逆了「為道而仕」的原則，但與其這樣質疑，毋寧由政治現狀來理解。以古代主政者主掌法律的情況而言，〔註202〕君王擁有的權勢自然極高極重，暴君依其嗜欲為所欲為，受害遭殃的絕非撮爾之群，面對惡劣的政治現實，堅守「道仕」理念的儒者，最終或不可避免地將選擇「道隱」的路徑，但為道而隱根本無助於扭轉現實，改變惡劣的現實，必須投入其中，如孔子之周遊列國，分明「是知其不可為而為之者」（〈憲問　41〉），孟子亦嘗轍環天下，卒老於行；持平而言，這是通過人間而非逃避人間的行徑，這種精神不僅重現於荀子的身上，更展露出他在道仕與道隱之間的辯證性思考。

　　荀子亦必瞭解，通過人間而後掛冠求去，是讀書人風骨的展現，然而，荀子對現實人間，選擇的是更長久的佇足，更深沉的思索，與更謹慎為之的態度，設若面對暴君，只能拂袖離去，改善政治現狀的機率必然掛零，商數是零，慘痛人間又何來希望相隨？在寧為玉碎或瓦全之間，荀子揉合兩者化身為「外圓內方」的沉思者與行動家，設想如何以成熟穩健的智慧，化除暴君一觸即發的情性，現實的成效如何難以預料，但其冷靜以對政治現狀，一改壯烈的身段，選擇勇於躍入激流，希冀以精準細微的談說技術，促成第一時間的救贖工作，論其用心，並未違逆「中懸衡焉」的要求。大抵而言，與暴君畫清界限容易，與暴君周旋則難，荀子卻示意著保持距離與設法周旋兩者同時可能的存在，德國小說家托馬斯・曼（Thomas Mann, 1875～1955）即認為，納粹在德國造成的

〔註201〕同註 52，頁 499。
〔註202〕龔鵬程，《儒學反思錄》（台北：臺灣學生書局，2001），頁 214。

許多災難，都緣於這樣的想法，以爲做一個有修養的不問政治者是可能的。當知識分子選擇全身而退的極度修養方式，甚至是壯烈成仁的自我犧牲，世人毫不遲疑地給予肯認，荀子在此勾勒出知識分子狀似攀附權貴，實則忍辱負重的撲朔迷離之身影，「爲道而仕」與「化易君性」之兩橛，正如行腳之兩足，在向左與向右之間，前行與後退之際，尋覓出平衡點，需要的當是更爲謹慎的智慧吧！細思托馬斯・曼之言，後人或能從中得到不同的啓迪。

（3）尊君舉賢爲一統天下的根本

從荀子對君王類型的描述，以迄君王與臣民的互動關係，皆顯示荀子嚴守著「道」的尺度，作爲月旦論評或敦促匡正政治人物的指標，依此評價標準，進一步探索荀子何以主張「尊君」，或更能了解其眞義。在封建瓦解，周天子領導地位掛空，已然形成的君主政治體制下，常態上，依權力結構的現狀言，各國君王居於貴族統治金字塔的頂端，其地位自然無比隆崇，然而，荀子必不能對掠奪爭戰的亂世泰然處之，歷史發展正處於大動蕩分裂的局面，分裂所帶來的災害，帶給人民極大的痛苦，人情所同有的欲望，即在於統一天下，觀荀子云：「臣使諸侯，一天下，是又人情之所同欲也，而天子之禮制如是者也。」（〈王霸篇〉）又云：「笞捶暴國，齊一天下，而莫能傾也，是大儒之徵也。」（〈儒效篇〉）即知在政治上，荀子主張「天下爲一」的統一政權，實是順應民情，亦是對窘迫的現實情勢通盤的考量。荀子云：

> 全道德，致隆高，綦文理，一天下，振毫末，使天下莫不順比從服，天王之事也。（〈王制篇〉）

> 人之生，不能無群，群而無分則爭，爭則亂，亂則窮矣。故無分者，人之大害也；有分者，天下之本利也；而人君者，所以管分之樞要也。故美之者，是美天下之本也；安之者，是安天下之本也；貴之者，是貴天下之本也。（〈富國篇〉）

> 君者、國之隆也；父者，家之隆也。隆一而治，二而亂。自古及今，未有二隆爭重而能長久者。（〈致士篇〉）

> 重用兵者強，輕用兵者弱；權出一者強，權出二者弱；是強弱之常也。（〈議兵篇〉）

> 欲近四旁，莫如中央，故王者必居天下之中，禮也。（〈大略篇〉）

> 上則能尊君，下則能愛民；政令教化，刑下如影；……是聖臣者也。

（〈臣道篇〉）

　　事業聽上，莫得相使，一民力。（〈成相篇〉）

上述引文第一則，所謂能夠讓天下親近服從的「天王」，不但德備全美，又能推動禮義，締造政績，其實是荀子理想中能夠統一天下的最高統治者。引文第二則，針對人群爭亂現象之弊害，強調「人君」為管理等級的關鍵，表達了對消彌亂象、謀求統一的集體願望。引文第三、四則，分別提及國家領導人或帶兵將領，不容存在對立的權威，是為防止分裂之害，弊害若除，始能上下一心，指揮若定。引文第五則，由禮制確立君王的核心地位。引文第六、七則，強調臣屬尊君、聽命之外，又須克盡愛民，發揮群策群力的功效。

　　荀子諸多「尊宗王者」的論述，其實涵蓋了深層的意蘊。統一政權勢必消彌林立山頭的各方勢力，必是對一統天下思求如此急切，設想分裂再不統合，血肉橫飛，斷井頹垣，翻天覆地的創傷何時才能揮之而去？冷血以對酷烈的世局，豈知識分子所忍心？溫情以濟人生的苦難，美好的結局將待何時？難逆難料，拋頭顱、灑熱血才是人生的救贖之路嗎？在理想與現實間徘徊，荀子必然見識到統一指揮人物的格外重要，指揮者必須能發動整合的力量，亦必有服人的特質，兼具領導能力與服人特質者理當值得尊敬。若論統合天下的適當人選，荀子顯然在理想與現實間作了兼權的思考，他始終以尊王賤霸為最高理想，唯對理想雖有所堅持，亦加以盱衡現狀，由眾多諸侯國歸併成戰國七雄的割裂現實，既各自割據，又繼以兼併競逐之野心，驕鷙之勢越演越烈，收拾這樣一個熾烈的局勢，徐舒溫婉或難免緩不濟急，明快果決或更有益於力挽狂瀾，因而荀子又提到：「故用國者，義立而王，信立而霸，權謀立而亡。」（〈王霸篇〉）在徹底反對權術之外，荀子對或王或霸權衡地加以思考，容或荀子對兩者有所支持認同，但畢竟以王道為第一優位，退而求其次的霸道，則為恪守信用之霸主，這與孟子所謂「以力假仁者」（〈公孫丑上 3〉）的霸道有所區隔，條件的設定，使霸有了新義，也與血腥的武力畫清了界限。

　　結合理想與現實，是以荀子直言不諱「尊君」的想法，他說：「天子者勢位至尊，無敵於天下，夫有誰與讓矣！道德純備，智惠甚明，南面而聽天下，生民之屬，莫不振動從服以化順之，天下無隱士，不遺善，同焉者是也，異焉者非也，夫有惡擅天下矣！」（〈正論篇〉）對堯舜禪讓之事，荀子有著全新的解讀，堯舜成就一統天下的志業，充分展現了才德兼備無私舉賢的作風，這是領導階層的理想典型，正是荀子所稱「盡倫盡制」（〈解蔽篇〉）之聖王典

範，既曰典範，即標榜無缺失可言，如此聖王典範，荀子聲稱：「故學者以聖王爲師，案以聖王之制爲法，法其法，以求其統類，以務象其人。」（〈解蔽篇〉）「效法聖王」說法之成立，是以「才德全備」爲必要條件暨充分條件，同樣的主張，又見諸荀子對儒者的描述：「儒者法先王，隆禮義，謹乎臣子而致貴其上者也。」（〈儒效篇〉）儒臣以天子君王爲貴，以其風範爲儀則，這與「同焉者是也」的主張，精神亦是相通的。

荀子對聖王冀望至深，何其鮮明。但，從政治現實觀點言，國家機器運轉需要龐大的人力，政事繁雜絕非聖王一人即能勝任，再聖明的君王都需要得力的助手，故荀子云：

> 爲人主者，莫不欲彊而惡弱，欲安而惡危，欲榮而惡辱，是禹、桀之所同也。要此三欲，辟此三惡，果何道而便？曰：在慎取相，道莫徑是矣。故知而不仁，不可；仁而不知，不可；既知且仁，是人主之寶也，而王霸之佐也。（〈君道篇〉）

> 故尚賢使能，等貴賤，分親疏，序長幼，此先王之道也。故尚賢使能，則主尊下安；貴賤有等則令行而不流；親疏有分，則施行而不悖；長幼有序，則事業捷成而有所休。故仁者，仁此者也；義者，分此者也；節者，死生此者也；忠者，惇慎此者也；兼此而能之，備矣。備而不矜，一自善也，謂之聖。（〈君子篇〉）

上述引文第一則，強調君王欲達成國強、國安、主榮的地步，最便捷的途徑是「慎取相」，而良相的舉用標準，即在於「仁智」兼備。引文第二則，則把能夠忠誠逐行「尚賢使能」、「貴賤有等」、「親疏有分」、「長幼有序」的王者，視爲是具體「仁」德的表徵，兼備「仁義節忠」而不驕矜的王者，稱之爲聖王，顯見舉賢是何等的重要。蓋君王既慎選賢相，將賢能的人才羅致政治組織中，乃能建構一個健全的政治團隊，政治事務方能順利的推動。荀子如此描述：「天子也者，勢至重，形至佚，心至愈，志無所詘，形無所勞，尊無上矣。」（〈君子篇〉）無疑是說明了尊君舉賢的重要性。

當然，持平以觀荀子所堅持的理想，那是何等美好的境界，畢竟君王既肩負國家的重任，繫全民安危於一身，對君王多表示幾分尊重，並沒有什麼不對，〔註203〕在現實事務的推動上，週遭配合的力量終究不可輕忽，亦不可

〔註203〕同註49，頁159。

付諸闕如,「尊君舉賢」必須雙管齊下,正是基於如此邏輯思路。然而揆諸荀子所云:「同焉者是也,異焉者非也」的說辭,則令人捏一把冷汗,天子君王同一是非的主張,足以帶來無窮的遺毒是, 〔註204〕蓋同一是非,將無從避免使君王的意志絕對化,把君王的意見推至獨一無二的境地,勢必消除天下所有不的聲音,徇至天下敢發出不同聲響者,將被視爲異議分子,異議分子的下場,在專制極權的政治體制下,是何等的血跡斑斑呀!因而,當荀子秉持理想,從歷史發展的必然趨勢在「一統天下」,從而提出「尊君舉賢」的主張時,荀子把理想與現實縫合在一起,企盼「義立而王」或「信立而霸」的新世代領導者現身,即將現身的盟主肩負維護天下的重責,又具備了理想的條件,因而必須尊崇,尊崇人君,即是尊崇天下的根本。統一天下足以帶來諸多好處,包括在政治上結束諸侯異政,在經濟上利於農商,在思想上改邪歸正,在生活上長養人民, 〔註205〕這些正面的效益,促使荀子發出豪情壯志的「尊君」之說,在豪語底下,其實蘊含著無限的理想性,把理想投射到現實來,便理所當然的認定現實即理想。但世事弔詭,荀子對人心可能轉變未曾設防,後世之人盲從於「尊君」一語的表象,後世人君將「尊君」無限上綱,又得助於法家大力宣揚「同一是非」的主張,尊君遂成爲對治廣土眾民的一帖猛藥或迷藥,其弊害之深遠,眞是難以言喻。

3、立足性惡,降禮重法達治化之功

(1)人性的多向度觀

關於倫理政治之構設,荀子對政治組織核心成員,即領導階層之角色、職責暨互動模式,皆有極其詳盡的描述,對政治制度的設計,既有突破又甚開明,大開大闔的識見,充分展現了對儒家傳統的取捨、引申與修正。荀子對政治領導階層的品質與條件,主張必須嚴加把關,以制定健全合理的制度爲首要之務,蓋因政治領袖擁有巨大的權力,所思所行莫不攸關人群之禍福。政治制度既攸關人群之禍福,對個體生命便不能有所隔膜,或對人群之特性茫然無知;制度之設立,終究不能擺脫對個體及群體的觀察與瞭解,瞭解對象方能駕馭對方,這不只是兵學上的至理名言,亦是政治場域領導統御普遍適用的原理,此亦切合儒家政治哲學以「人」爲關注核心之特色。

〔註204〕同註49,頁159。
〔註205〕同註2,頁161〜163。

從個體生命對人進行觀察，在歷史進化過程中，與人的自覺運動相應時期的觀察，尤具特殊的文化意義。所謂人的自覺運動，是對人的價值有所覺醒，就人在世界的地位進行思考，這是先秦人文運動的啓蒙，哲人前後接踵加以開展的人文運動，向著各種簇新而又無其止境的各種「可能性」開放，〔註206〕其中對人性的探討，便呈現出開放的思維，且因而形成論辯的議題之一。孔子以「性相近也，習相遠也」（〈陽貨2〉）最早對人性進行普遍的認識，但並未指出人性的具體內容是什麼。告子則與孟子論辯過，告子認爲人性本無善惡，善惡的道德品質是後天形成的，乃曰：「性，猶湍水也；決諸東方則東流，決諸西方則西流。人性之無分於善不善也，猶水之無分於東西也。」（〈告子上2〉）、「性，猶杞柳也；義，猶桮棬也；以人性爲仁義，猶以杞柳爲桮棬。」（〈告子上1〉）僅單純地稱：「食色，性也。」（〈告子上 4〉）是告子對人性著名的說法。孟子由四端之心駁辯告子，採即心說性的思路，視仁義即人性，因而界定人性是善的。孟子以仁義界定人的本性，而荀子卻採取了不同的思維路徑，提出與孟子「性善」論絕然相反的「性惡」說。

人類學家克羅孔（Clyde Kluckhohn）和心理學家莫銳（Henry Murray）提到：「每一個人都有若干方面像所有的人，若干方面像一部分的人，若干方面則什麼人都不像。」〔註207〕這指出人性包括三個層面：（1）基本的人性。（2）國民性、民族性。（3）個性。〔註 208〕以此對照先秦諸子的人性論，其所論辯的人性，雖由基本人性展開，卻有顯著的差異，仔細判讀，又關涉到個性的範疇。大抵而言，告子所說「食色」的基本人性，是指人生而具有的某種需要或生理衝力，符合現代行爲科學所界說的基本人性，是生理上和心理上形成的人性。孟子認爲仁義理智等德性，始是「人之異於禽獸者幾希」的人性，主張此等人性非由外鑠我，乃人所先天固有，先天固有的善性，既不是由社會、文化的因素所形成，而是凡屬人皆有之的人性；實則孟子所說的，則是具有價值意涵的人性，〔註 209〕亦是人的社會道德屬性，此是其「性善」所指謂的內容。孟子對基本人性的了解，見諸他所說的：「形色，天性也。」（〈盡心上 38〉）、「口之於味也，有同耆焉；耳之於聲也，有同聽焉；目之於色也，

〔註206〕韋政通，《中國的智慧》（台北：水牛出版社，1985），頁 303。
〔註207〕李亦園，《文化與行爲》（台北：臺灣商務印書館，1966），頁 3。
〔註208〕同註 206，頁 305～306。
〔註209〕同註 206，頁 306。

有同美焉。」(〈告子上 7〉)、「口之於味也，目之於色也，耳之於聲也，鼻之
於臭也，四肢之安佚也，性也，有命焉；君子不謂性也。」(〈盡心下 24〉)此
處孟子將口耳等知覺嗜欲之作用稱為「性」，接著又將五事按上一個「命」字，
猶如中庸所云：「天命之謂性」，以「命」指出知覺嗜欲等性是「天所賦與」，
〔註 210〕但進一步又聲稱君子不把這些當作是天性，便帶有價值批判的意味，
口耳等知覺嗜欲雖曰性（曰命），但與仁義禮智之性卻有區別，它不是人類所
特有的性善成分，因而它亦不能彰顯人類生命的價值，孟子駁斥告子「生之
謂性」的說法，即由此來立論。然而，這等被孟子評為非價值意義的口耳之
欲，正與現代行為科學所說的基本人性相契合。

　　相較起來，荀子所瞭解的人性，稱得上對基本人性的普遍性有著客觀的
認知，荀子由事實經驗的照察來解讀基本人性，又矢志將人性導向倫理道德
的境域，強調倫理道德的重要，說明了他對孟子人性論實有直接的批判繼承
關係。〔註 211〕荀子對人性的論述，和現代行為科學的瞭解相同，人性有其永
恆性、不變性，亦存在著變化的可能，從不變與變的觀點看人性，人性的內
涵多樣而豐厚，亦統一亦分歧。荀子對孟子人性論的批判，主要針對基本人
性言，孟子視耳目口鼻身等知覺嗜欲非為生命價值所在，荀子卻由生命的本
質來立論，未曾蔑視其存在的意義。荀子從諸多層面對基本人性作出界定，
包括：(1)性是心理作用三個成分（性、知、能）之一。(2)性指人的感官
本能由感官本能所導致的生理需求，或對物質的欲望，皆本然之人性。如〈性
惡篇〉所云：「今人之性，目可以見，耳可以聽」、「今人之性，飢而欲飽，寒
而欲煖，勞而欲休，此人之情性也。」、「今人之性，生而有好利焉，生而有
疾惡焉，生而有耳目之欲，又好聲色焉。」、「若夫曰好色，耳好聲，口好味，
心好利，骨體膚理好愉佚，是皆生於人之情性者也。」(3)就來源言，性是
天生的，不需學習就會的，亦即生來所同具，未受到薰陶而自然生成的。如
〈性惡篇〉云：「性者，天之就也，不可學，不可事。」事即做，指人為所從
事造作。又如「不可學，不可事，而在人者，謂之性。」(4)性是人人所同
的，不因人而異。即〈性惡篇〉：「凡人之性者，堯舜與桀蹠，其性一也。君
子之與小人，其性一也。」、「故聖人之所以同於眾，其不異於眾者，性也。」
「若夫目好色，耳好聲，口好味，心好利，骨體膚理好愉佚，是皆生於人之

〔註 210〕陳大齊，《孟子待解錄》（臺北：臺灣商務印書館，1991），頁 16～17。
〔註 211〕同註 205，頁 175。

情性者也，感而自然，不待事而後生之者也。」，又〈榮辱篇〉：「凡人有所一同。飢而欲食，寒而欲煖，勞而欲息，好利而惡害，是人之所生而有之，是無待而然者也，是禹桀之所同也。」（5）這種天生的，沒有差等的性之特徵是，既沒有禮義的成分，也不了解禮義的價值。〈性惡篇〉：「禮義者，聖人之所生也，人之所學而能，所事而成者也。」、「問者曰：禮義積偽者，是人之性，故聖人能生之也。應之曰：是不然。夫陶人埏埴而生瓦，然則瓦豈埴（陶人）之性也哉？工人斲木而生器，然則器豈木（工人）之性也哉？夫聖人之於禮義也，辟則陶埏而生之也；然則禮義積偽者，豈人之本性也哉！」及「今人之性，固無禮義，故彊學而求有之也，性不知禮義，故思慮而求知之也。然則生而已矣，則人無禮義，不知禮義。」

　　荀子是緊扣著人類心理的普遍需要，由人的生理官能來說明人性，自然生命本身所呈現的基本人性是不會變的，基本人性的永恆性，在孟子眼中是何其微不足道，但在荀子眼裡，永恆的基本人性則應當備受關注，荀子思考的是如何正面的回應，理性的看待以及有效的控管人性。

　　基本人性如何面對，始是正面的回應？緣自各種感官的欲望與需求，是人性的真實面，荀子既不迴避，亦不刻意壓抑，而是慎重其事的提出「足欲」的主張，蓋「養人之欲，給人之求」（〈禮論篇〉），雖然是生物層面的考量，卻是治國的重要政策，「足欲」又與「富民」相輔相成，所謂「人之情，食欲有芻豢，衣欲有輿馬，又欲夫餘財蓄積之富也，然而窮年累世不知足是人之情也。」（〈榮辱篇〉）這是荀子對人類經濟心理體貼深入的觀察，一方面，他體貼人們致富的正當性，另一方面，又深入的指陳欲望難以滿足的危險性。如以足欲而言，孔子曾有先富後教之說，而又云「君子謀道不謀食」，孟子亦有「明君制民之產」的主張，又有「易其田疇，薄其稅斂，民可使富也。」（〈盡心上 23〉）的說法，但終究強調「養心寡欲」始是根本要務，因此若與其仁義道德的基本價值相較，孔孟便面臨了生物邏輯和價值觀念相違離的問題。〔註212〕相形之下，荀子對足欲致富的態度是積極而正面的，就現實社會的觀察，當時社會經濟條件，土地私有制的逐漸形成，小農經濟薄弱的經濟基礎，賦稅徭役的加重等，皆足以促成生民普遍疾苦的現象，因而當務之急，乃在改善經濟的條件，經濟的改善，必結合政治力量，朝向政經合一的整體發展，此即是荀子「富國」論的立論所在，亦是對基本人性正面的回應。但基本人性在特殊情境下，則將引發難以自

〔註212〕同註49，頁155。

拔的沉淪，沉倫的人性，正是荀子所提出著名的「性惡」論點。在人性的觀察上，荀子的「性惡」論，由於與孟子「性善」說大相逕庭，不僅引起側目，後世論者甚且提出諸多的評論，至於評論是否公允，只有回歸荀子的論述，始能見眞章。

（2）性惡的成因──人性、環境、文化涵化交互的失衡

基本人性何以會淪落至性惡的地步？荀子可謂作了理性而縱深的剖析。性惡的成因，以主體部分爲起點，荀子鎖定人性欲望來剖析，從欲望自然滿足造成的社會後果來加以論斷，但既曰社會後果，便意味著性惡的形成，又與外在的客體攸關。就主體之人性而言，荀子在〈性惡篇〉提到：

> 夫好利而欲得，此人之情性也。假之人有弟兄資財而分者，且順情性，好利而欲得，若是則兄弟相拂奪矣。

> 人之性惡……。今人之性，生而有好利焉，順是，故爭奪生而辭讓亡焉。生而有疾惡焉，順是，故殘賊生而忠信亡焉。生而有耳目之欲，有好聲色焉，順是，故淫亂生而禮義文理亡焉。然則從人之性，順人之情，必出於爭奪，合於犯分亂理，而歸於暴。故必將有師法之化，禮義之道，然後出於辭讓，合於文理而歸於治。用此觀之，然則人之性惡明矣。

> 今之人……縱性情，安恣睢，而違禮義者，爲小人。用此觀之，然則人之性惡明矣。

> 今人之性，生而離其朴，離其資，必失而喪之。用此觀之，然則人之性惡明矣。

> 故順情性則不辭讓，辭讓則悖於情性矣。用此觀之，然則人之性惡明矣。

上述引文說明，人性之中有無窮的欲望，若聽任人性予取予求，順隨自然滿足的方式，必產生爭奪現象，此即是據以判斷性惡之觀點。而「惡」乃與「善」相對，荀子所稱：「凡古今之所謂善者，正理平治世也；所謂惡者，偏險悖亂也，是善惡之分也。」（〈性惡篇〉）又稱：「禮義之謂治，非禮義之謂亂也。」（〈不苟篇〉）其義甚爲明顯，善指做事的結果是有秩序、上軌道的，這是對行爲表現正面的肯定，惡指做事的結果是沒有秩序、不上軌道的，這卻是對行爲表現負面的批判，荀子所以批判之爲性惡，恰因人在滿足生理和心理需

要時，其行為已踰越了社會所允許的標準，〔註213〕因此，性惡的論點，必不可脫離外在社會的環境的探討，而僅就基本人性孤立的給予評斷，基本人性必與社會環境緊密結合，又密切收關著。

那麼，人性究竟是受制於環境？或是環境宰制者？或聽命抑或抗衡於某種特殊的文化因素？透過歷史縱深，則可以發現人性、環境、文化因素等呈現著複線交錯的關係。以環境而言，初民社會所面對的自然環境，因地區而不同，大抵長江流域氣候濕溫，食物豐沛，但易染疾病致人口死亡率高，人口成長緩慢，黃河流域氣候乾暖，食物供給困難，但人口死亡率低，有助於人口的成長，相對的也使人口壓力加大，總體以觀，從新石器時代開始，黃河流域的人口即一直不斷的增加，〔註214〕在逐漸增加的趨勢中，人性的基本需求隨之面臨的第一個挑戰，即為食物供給的問題。戰國時代，黃河流域的人口可能已不下二千萬，人口壓力以及水、旱、蟲災等因素，使黃河流域經常發生饑荒現象，〔註215〕隨之可見的，如孟子所描述：「民有飢色，野有餓莩。」（〈梁惠王上4〉）「父母凍餓，兄弟妻離子散。」（〈梁惠王上5〉）「河內凶，則移其民於河東，移其粟於河內，河東凶，亦然。」（〈梁惠王上3〉）即為地處黃河流域梁國所發生的饑荒情狀，梁國外在生存環境驟生變化，除了地緣關係，又與梁惠王好戰有關，即顯示基本人性已為環境所困。對饑荒問題，孟子提出農村建設的藍圖，期使人民「養生喪死」無憾，乃「王道之始」（〈梁惠王上3〉），而對此人口壓力問題，荀子則認為「墨子之言，昭昭然為天下憂不足，夫不足非天下之公患也，特墨子之私憂過計也。今是土之生五穀也，人善治之，則畝數盆，一歲而再穫之，然後瓜桃棗李一本數以盆鼓，然後葷菜，百疏以澤量，然後六畜禽獸一而剸車，黿、鼉、魚、鱉、鰍、鱣以時別一而成群，然後飛鳥、鳧雁若煙海，然後昆蟲萬物生其間，可以相食養者不可勝數也。」（〈富國篇〉）主張以精耕技術，一年兩穫及加強各種農牧漁獲量的方式來增加糧食，饑荒即可迎刃而解。這種由改革生產技術，以對環境困境作出積極因應的模式，正是人性在本能需求與外來壓力交迫下，主動出擊改造環境的作法，此即是荀子所主張「足欲富民」、「制天用天」

〔註213〕同註206，頁306。
〔註214〕陳良佐，〈擇地順時──農業的自然環境〉，收錄於《民生的開拓──中國文化新論（經濟篇）》（台北：聯經出版事業公司，1989），頁31、32、37。
〔註215〕同註214，頁37。

的樂觀積極之作為，這也見證了瑞士經濟學家鮑絲洛（Ester Boserup, 1910
～1999）「人口壓力，是原始農業發展的主要動力。」〔註216〕的著名理論。
由此以觀，人性與環境，並非單線單向的宰制關係，而是彼此存在著複線互
為因果的關係。

　　人類為求生存，必須在人性與環境間互作拔河乃勢所難免，但在拔河之
際，依著基本人性之需求表現出的作為，荀子又特別就社會組織文化發展的
向度來剖析，並加以評斷之。荀子於〈富國篇〉提到：

> 萬物同宇而異體，無宜而有用為人，數也。人倫并處，同求而異道，
> 同欲而異知，生也。

> 皆有可也，知愚同；所可異也，知愚分。勢同而知異，行私而無禍，
> 縱欲而不窮，則民心奮而不可說也。如是，則知者未得治也；知者
> 未得治，則功名未成也；功名未成，則群眾未縣也；群眾未縣，則
> 君臣未立也。無君以制臣，無上以制下，天下害生縱欲。欲惡同物，
> 欲多而物寡，寡則必爭矣。故百技所成，所以養一人也。而能不能
> 兼技，人不能兼官。離居不相待則窮，群居而無分則爭；窮者患也，
> 爭者禍也，救患除禍，則莫若明分使群矣。

上述引文第一則說明，萬物雖無固定的用處，卻能為人所利用，這是自然的
道理；但人類雖有相同的欲求，滿足的方式則互異，互異的方式則代表不同
個體智慧的高低，智慧高低有別乃人的本性。引文第二則由人們雖皆有認可
的看法，然認定的正確標準則不同，進一步指出智慧不同卻不能在地位上加
以區隔，即代表不能凸顯領導人才；領導人才未能受到重視，衍生的最大問
題是，面對人類無止境的私心與欲望，便無從加以限制或制裁，一個沒有層
級分別的社會，既無君臣之別，亦無上下之分，循線發展結果，是人人縱欲
而偏又物質匱乏，則爭亂之害隨即產生矣。因而，荀子提出的解決之道在「明
分使群」，「群」指社會組織，一個有組織的社會，由許多成員組成，其組成
分子兼括各行各業，各有不同的職分，能力又相懸殊，但只要妥善的加以分
級安頓，使每人各安其位，將物質作合理分配，即能免除困窮與紛爭。組織
的功能能否發揮，端賴領導人才之有無，領袖人才則必須有一套涵化人群的
方法，以規範人群的行為，易言之，只有經過文化的涵化，〔註217〕人才有可

〔註216〕同註214，頁32。
〔註217〕同註49，頁164。

能避免逾越社會的標準。

（3）隆禮重法為文化涵化之途徑

在面對性惡的社會後果時，荀子構思的解決之道，全面朝向客觀的外王面，提出隆禮重法的主張，禮法結合的路線，既是對儒家強調人治與禮治，而以道德為根本的突圍，是荀子欲期糾正孟子內轉偏向的自覺，〔註218〕同時也是對法家片面法治主義的省思。

自孔子倡導：「為政以德，譬如北辰，居其所，而眾星拱之。」（〈為政 1〉）說明德政具有無限的感化力，宣稱：「導之以政，齊之以刑，民免而無恥；導之以德，齊之以禮，有恥且格。」（〈為政 2〉）嚴以辨別德治與法治的優劣以來，君王必須樹立德範，通過禮教以德化人的人治主張，或謂禮治主張，都必以道德為內涵，這是孔子通過周文向裡收，由周文悟得內在的仁，為個體的生命與客觀的法度之間，提供貫通諧和之基礎的重要創見，〔註219〕此亦是孔子表明：「周監於二代，郁郁乎文哉！吾從周。」（〈八佾 3〉）的心志所在。

孟子繼之於後，卻出現了內轉的傾向。以心性論為核心思想，結合義利之辨的價值觀念，孟子論及政治，力主「發政施仁」以遂行「不忍人之政」，以「仁義」之德責成國君，即是將內聖列為施政者的重要條件，甚且是關鍵條件。孟子將「教以人倫」（〈滕文公上 4〉）、「治禮義」（〈梁惠王上 7〉）列為仁政的重點，亦論及禮義之教，須以「制民之產」為先行工作；在政刑方面，則以「省刑罰」（〈梁惠王上 5〉）為原則，而又強調「徒善不足以為政，徒法不足以自行。」（〈離婁上 1〉）此皆顯示孟子並未捨「外王」之事而不談。但孟子言「禮義」由四端之心而發，是四性之二，其本質是善的，禮義的功用在發揮本然的善。〔註220〕孟子論君王推動政治事務必賴「推仁心」始致之，論一般個體生存價值的取捨，則有「禮重於食色」（〈告子下 1〉）、「從其大體」勿「從其小體」（〈告子下 15〉）、「捨生取義」（〈告子下 10〉）、「養心寡欲」（〈盡心下 35〉）等主張，因而以整體論述言，在「內聖外王」的天平上，孟子終究著重內聖的層面，「內聖」成為終極的指標，內轉的路線，難免使文化價值與生物邏輯產生衝突，〔註221〕或陷入膠著的境地。

〔註218〕同註9，頁89。

〔註219〕同註9，頁4。

〔註220〕陳大齊先生剖析告子下第一章，於所撰〈禮食色的重輕〉一文中，稱：「禮是四性之一」，則「禮義」當是四性之二。參同註210，頁244～245。

〔註221〕同註49，頁58。

　　孔孟將禮治與道德結合，賦予道德極度的功能，試圖解決人性、環境、文化等交錯失衡衍生的問題，片面強調禮治，終難免有誇大道德作用之嫌。〔註222〕禮治或道德有否絕對制裁的力量與效果，驗諸歷史事實則知，因此荀子對孔孟的仁禮思想作了修正與調整，對政刑的功能給予不同的評價，在取向上加以綜合，明確提出：「隆禮至法則國有常」（〈君道篇〉）、「治之經，禮與刑」（〈成相篇〉）的主張，強調禮法並重，禮刑並用，不但扭轉了儒家思想，造成道德主體闇然不彰，與價值意識之自覺脫節；同時，又因韓非片面的理解與發揚，結合時代之趨勢，乃促成了法家任術而嚴法治技術之抬頭。

　　荀子認爲建構一個倫理政治的體制，禮與法都很重要，此兩者皆治國之所需，然論兩者卻有本末之別。在荀子概念中，禮與法並非等量齊觀，兩者應爲從屬關係，即禮是制定法律的綱領。荀子云：「禮者，法之大分，類之綱紀也。」（〈勸學篇〉）荀子把禮定位得更高，以禮爲總原則，此原則是法律產生的依據，故荀子又云：「故聖人化性而起僞，僞起而生禮義，禮義生而制法度。」（〈性惡篇〉）「治之經，禮與刑」（〈成相篇〉）更道出在順位上，禮才是第一位的，而法是第二位的。〔註223〕禮因爲比法而首出，又是邏輯的在先，〔註224〕自有特殊的重要性，這也是荀子「隆禮」的第一層含義；就此含義來探索，客觀的禮制所以重要，又在於其外在儀式規範蘊含的內在原理，荀子認爲：「禮之理誠深矣，『堅白』『同異』之察入焉而溺；其理誠大矣，擅作典制辟陋之說入焉而喪；其理誠高矣，暴慢恣睢輕俗以爲高之屬入焉而隊。故繩墨誠陳矣，則不可欺以曲直；衡誠縣矣，則不可欺以輕重；規矩誠設矣，則不可欺以方圓；君子審於禮，則不可欺以詐僞。故繩者，直之至；衡者，平之至；規矩者，方圓之至；禮者，人道之極也。」（〈禮論篇〉）荀子把禮蘊含的原理形容爲「誠深、誠大、誠高」，以如此隆崇至極之理來檢驗，甚至將使好治怪說，好玩琦辭的名家「堅白、同異」等理論瓦解不復流行。而這原理究竟是什麼？荀子使用的「類」這一概念，指涉的或即是禮之理，〔註225〕

〔註222〕同註205，頁129。

〔註223〕同註205，頁130。

〔註224〕楊秀官，《孔孟荀禮法思想的演變與發展》（台北：文史哲出版社，2000），頁154。

〔註225〕韋政通先生曾仔細分析荀子「統與類」之要義，並歸納出類與統的涵義有相同亦有相異處，「類」則是比「禮」高一層的概念，參同註9，頁17～25。另李澤厚先生亦認爲「類」（統類）是禮法之所以能爲「萬世則」的根本理由。參同註46，頁106。

此原理含蓋了齊一、秩序、條理等屬性，這般屬性，貫通於歷代的禮制中，且形成了所謂禮義的傳統，禮義之「統」的精神，亦必由「類」來理解，則「統類」之歷史意義與文化意義俱存於其中矣。〔註226〕荀子稱許：「志安公，行安脩，知通統類，如是則可謂大儒矣。」(〈儒效篇〉)「知之不若行之，學至於行之而止矣。行之，明也，明之爲聖人。」(〈儒效篇〉)可知大儒、聖人不但熟諳禮義之統類，又能切實地篤行禮義所要求之規範。

對照今日的法律觀點，荀子側重之禮，猶如「自然法」一般，「自然法」指根據人類固有之理性，彼此必得相互遵守的法律，被認爲比主權者頒布之法律還更高一層，自然法由「人類固有的理性」所衍生，道出自然法的崇高性。對於禮的產生，荀子直截地指出由先王、聖王所制定，對禮的實行，強調由聖人王者進行「化性起僞」的教化方式，避開了孔孟由「仁」、「惻隱之心」的內在道德精神來貫徹，亦即由良好的動機自覺地克己，孔孟強調如何自律，荀子注重的卻是他律的方式，將道德轉往後天形成的徑路上。若追問先王、聖王制定禮義的憑藉，當即是自然法所依據「人類固有的理性」，而此理性即荀子所稱人之所以異於禽獸的「有義」(〈王制篇〉)、「有辨」(〈非相篇〉)之能力，理性是人類特有的思維能力，聖王依其理性制作禮義，循禮義以止亂息爭，化除性惡的脫軌現象，務期導入「能群」的理想社會；理性既爲制作禮義之憑藉，則禮義爲道德的極準義亦隨之而確立。禮義之制作，是人類構建一個有組織有秩序的社會下苦心思慮的產物，其成敗自可另當別論。荀子提出「隆禮」的主張，顯示他在歷史推移過程中，別有深刻的體察。禮如此重要，是以荀子又謂：「治民者表亂，使人無失。禮者，其表也，先王以禮義表天下之亂，今廢禮者，是去表也。」(〈大略篇〉)禮作爲社會混亂的警示標誌，相對的亦是天下平治的安全指標，荀子極度關切天下之治亂，是又主張統治者不可「廢禮」，禮若不可廢，便要大加宣導，使人們瞭解禮義之道德，促使人們棄惡而向善，這又是隆禮的第二層含義。

荀子在隆禮的前提下，又主張要重法，就禮法關係而言，當是禮爲本法爲用。荀子云：「隆禮至法則國有常。」(〈君道篇〉)、「法者治之端也」(〈君道篇〉)完備的法制是營造秩序之所需，盡治道以法制爲起點，此皆說明法不可缺。荀子始終主張，法令制定應以禮爲根據，所謂：「不知法之義，而正法之數者，雖博，臨事必亂。」(〈君道篇〉)、「有法而無志其義，則渠渠然；依

〔註226〕同註9，頁23～24。

乎法而又深其類，然後溫溫然。」（〈修身篇〉）此處所云法之義，指立法的道理與原則，亦即指禮義而言，禮義是理論性的，爲治道之所本，法制是行動性的，爲治道之所成。〔註227〕推動治道，以法令爲具體的施行方式，訂定法令兼括了刑賞，對此兩者，荀子主張「漸慶賞，嚴刑罰」（〈富國篇〉），亦即賞賜要加重，刑罰要嚴肅，對賞刑的重視，是荀子與孔孟的歧異處。治國雖刑賞不能免，荀子畢竟與法家有所區隔，觀其所云：

> 凡人之動也，爲賞慶爲之，則見害傷焉止矣。故賞慶刑罰勢詐不足以盡人之力，致人之死。爲人主上者也，其所以接下之百姓者，無禮義忠信，焉慮率用賞慶刑罰勢詐險阨其下，獲其功用而已矣。大寇則至，使之持危城則必畔，遇敵處戰則必北，勞苦煩辱則必奔，霍焉離耳，下反制其上。故賞慶刑罰勢詐之爲道者，傭徒鬻賣之道也，不足以合大眾，美國家，故古之人羞而不道也。故厚德音以先之，明禮義以道之，致忠信以愛之，尚賢使能以次之，爵服慶賞以申之，時其事，輕其任，以調齊之，長養之，如保赤子。政令以定，風俗以一，有離俗不順其上，則百姓莫不敦惡，莫不毒孽，若祓不祥：然後刑於是起矣。（〈議兵篇〉）

上述說辭顯示，治國之要件，僅憑賞刑是不牢靠的，道德聲望禮義之道的重要性，優先於賞慶刑罰，這種以禮治爲先，法治爲後的主張，反映出荀子既謹遵儒家的治國基本原則，又與法家保持一定的距離，將禮法加以融合，也透露出荀子對道德並非萬能，與法家刑賞局限性的認知。

　　荀子所論之法雖及於賞刑，以現代法律觀點，是屬於一般刑法，以懲治犯罪爲主要對象；〔註228〕法之爲必要，即因社會上存在著犯罪的事實，犯罪導致社會的失序與動亂，影響生活甚鉅，故不能不對治之。因而，對當時社會流行著「治古無肉刑，而有象刑」（〈正論篇〉）的說法，荀子極言其不是，強力主張：「刑稱罪則治，不稱罪則亂。故治則刑重，亂則刑輕。」（〈正論篇〉）

　　治國必須禮刑並重，禮法當然亦各有其功用，然而，在施用之際，卻有

〔註227〕「法之義」的「義」，或僅單純解釋爲「意義」，亦有解釋爲「道理」者。參同註9，頁29。

〔註228〕韋政通先生即稱：「傳統的法律，祇有懲治犯罪的刑法，沒有保障人民的民法。」參同註206，頁92。

分別。由禮先刑後的佈局來看，對擾亂統治秩序之言行，禮當屬防範於「未然之先」，法則施用於「已然之後」。〔註229〕荀子云：「人無禮則不生，事無禮則不成，國家無禮則不寧。」（〈修身篇〉）「學至乎禮而止矣，夫是之謂道德之極。」（〈勸學篇〉）「禮者，人道之極也。」（〈禮論篇〉）禮所具有的道德意涵，是最高規格的，它構設出標準的行爲規範，雖然是外在的形式，而其內在本質則是相順相應、脈絡貫通的條理或原理，〔註230〕禮之條理或原理是人類理性思維的展現，因而以感化人啓發人，積極成就人爲理想；〔註231〕荀子將「禮」尊奉爲最高的政治倫理準則，其原因即在於此，此一思路自甚切合儒家之大旨。但現實世界終究存在恁多符合禮義，或違逆禮義之作爲，後者之行爲破壞統治秩序，情節輕重容或有不同，都必須有適當的處置，對破壞行爲進行制裁，荀子主張：「殺人者死，傷人者刑，是百王之所同也。」（〈正論篇〉）法令上當以「賞善罰惡」爲原則，刑罰必須施行，不但是歷史的經驗，又因：「凡刑人之本，禁暴惡惡，且懲其未也。殺人者不死，而傷人者不刑，是謂惠暴而寬賊也，非惡惡也。」（〈正論篇〉）藉由賞以鼓勵善行，由罰以終止惡行，誠然是荀子用刑罰以補救禮義教化未能發揮功能的用心所在。故結合禮法兩者的施用情形，荀子認爲：「不教而誅，則刑繁而邪不勝；教而不誅，則奸民不懲；誅而不賞，則勤勵之民不勸，誅賞而不類，則下疑俗險而百姓不一。」（〈富國篇〉）足見治國，禮義教化爲第一優先，但教化終非萬能，一旦禮義之教失靈，禮教之不足即須由法令來補救，以刑罰作爲節制人民作姦犯科及不合理的行動，道盡了法所具備消極防止的作用，這樣的施用程序，完全符合荀子隆禮重法、禮先刑後的思路。

在具體明確的禮法規定中，禮法施用的對象，荀子認爲：「由士以上則必

〔註229〕同註205，頁131。
〔註230〕禮能負起綱紀人倫之任務，周群振先生認爲「禮，在本質上具有涵蓋一切的超越意義，才可見其徹底之有效性。」參周群振，《荀子思想研究》（台北：文津出版社，1987），頁76～77。筆者按：以荀子思路而言，聖人是制定禮義者，亦肩負禮義教化之重責，孔子提倡周代禮治，將其提昇爲「攝禮歸仁」的境界，荀子試圖由禮外顯的儀節規範，析離出抽象的原理，認爲其原理終久不變，對此原理的體察與認知，則須憑藉天君的理性思維，聖人是最能展現此理性思維的人，是以荀子乃曰：「禮之中焉能思索，謂之能慮；禮之中焉能勿易，謂之能固。能慮、能固，加好者焉，斯聖人矣。故天者，高之極也；地者，下之極也；無窮者，廣之極也；聖人者，人道之極也。」（〈禮論篇〉）
〔註231〕同註9，頁26。

以禮樂節之，眾庶百姓則必以法數制之。」（〈富國篇〉）「禮節脩乎朝，法則度量正乎官，忠信愛利形乎下。」（〈儒效篇〉）「其百吏好法，其朝廷隆禮。」（〈富國篇〉）這種說法繼承了儒家「禮不下庶人，刑不上大夫」的根本觀念，強調的是等級規範，權貴階級需以禮義來整飾，庶民百姓則以法制來管束；如此等級色彩，荀子具體直截地賦予社會的、歷史的、自然的合理性，〔註232〕若從其主張禮義之制定，是先王惡社會之亂，乃運思制作藉此畫分貧富貴賤等級，即能證明之。荀子曾徵引《尚書・呂刑》「維齊非齊」（〈王制篇〉）與古書「斬而齊」（〈榮辱篇〉）的說辭，其旨皆為佐證社會階級存在的合理性。不過，在嚴密的社會階級組織網內，荀子似又闢出一道通路，荀子云：「請問為政？曰：賢能不待次而舉，罷不能不待須而廢，元惡不待教而誅，中庸不待政而化。分未定也，則有昭繆。雖王公士大夫之子孫也，不能屬於禮義，則歸之庶人。雖庶人之子孫也，積文學，正身行，能屬於禮義，則歸之卿相士大夫。」（〈王制篇〉）文中聲稱普通百姓未有不良紀錄，應予教化的機會，此處教化若指禮義之教，即打破了「禮不下庶人」的鐵則；而士大夫或庶人之子孫身分，可以互換，則依其違逆或符合禮義作為「角色易位」的標準，就角色互異的觀念，或可視為是荀子為傳統禮教僵固的階層，注入了些許自由活絡的出路，將嚴密的血緣紐帶特權，打破其不可顛覆的神聖性。當然，在平民教育正當起步，貴族教育依舊是主流的時代，平民百姓得以翻身的機會究竟有多少，當是另外值得探討的問題。

治國既以禮義法度為準繩，自然不能將禮法的功能置之度外，也就是說禮義法度之制定，絕不能流於虛設。以禮之功用而言，主要包括「分」、「養」、「節」，荀子云：「分莫大於禮。」（〈非相篇〉）「分何以能行？曰：以義。」（〈王制篇〉）顯見禮最大的功用在於有所「分」，因禮符合義理的要求。荀子又云：「禮別異。」（〈樂論篇〉）「禮者，貴賤有等，長幼有差，貧富輕重皆有稱者也。」（〈富國篇〉）則禮必須對倫常、社會地位等作出森嚴的等級分別。如此等級分別觀念，猶如孟子所稱：「勞心者治人，勞力者治於人。」（〈滕文公上4〉）「無君子莫治野人，無野人莫養君子。」（〈滕文公上 3〉）同屬對社會分工的肯認。荀子更從「群」的立場論述社會分工的必要性，因而說道：「故先王案為之制禮義以分之，⋯⋯皆使人載其事而各得其宜。⋯⋯是夫群居和一之道也。」（〈榮辱篇〉）更道出了禮義具有安頓各種角色，促使社會和諧的重大

〔註232〕同註 5，頁 120

功能，這是從責任義務的觀點來立論。此外，荀子又貼近生命的原始需求，提出：「先王惡其亂也，故制禮義以分之，以養人之欲，給人之求。」（〈禮論篇〉）「故禮者，養也，芻豢稻粱，五味調香，所以養口也；椒蘭芬苾，所以養鼻也；雕琢刻鏤黼黻文章，所以養目也；鐘鼓管磬琴瑟竽笙，所以養耳也；疏房檖貌越席床第几筵，所以養體也。故禮者，養也。」（〈禮論篇〉）即詳盡地論述以禮給養人耳目口鼻體各方面的欲求。面對人類的生理物質所需，他說：「欲雖不可盡，可以近盡也。」（〈正名篇〉）又說：「雖堯舜不能去民之欲利。」（〈大略篇〉）此皆表彰他能正面地看待人們對生理物質的需求。然而，荀子又提出理性層面的思考，所謂：「禮者，節之準也。」（〈致士篇〉）「三年之喪，……故先王安爲之立中制節。」（〈禮論篇〉）「曷謂中？曰：禮義是也。」（〈儒效篇〉）又明顯地指出在滿足欲求之外，禮義還兼具「立中制節」的節制作用，亦即人的欲望必須加以控管，這般鬆緊有度地對待眞實的生命，對禮之功用，循定分止爭以達天下大治，堪稱思慮甚是周詳。

至於作爲禮輔助手段的法，不同於禮義之側重教化，法側重行政措施，必要時又當施以強力手段。法度施行欲期發揮之功用，包括立法、執法、守法諸多層面，扼要言之，立法當簡明畫一利於施行，使民免於迷惑，執法當令行禁止達對等報償，守法則使風俗美善。先就立法而言，荀子云：「刑罰綦省而威行如流。世曉然皆知夫爲奸則雖隱竄逃亡之由不足以免也，故莫不服罪而請。……刑罰綦省而威行如流，政令致明而化易如神。」（〈君子篇〉）「民迷惑而陷禍患，此刑罰之所以繁也。」（〈大略篇〉）「亂其教，繁其刑，其民迷惑而墮焉，則從而制之，是以刑彌繁而邪不勝。」（〈宥坐篇〉）「刑罰雖繁，令不下通。」（〈王霸篇〉）雖然法律是以社會關係爲調整對象，社會關係的多樣性決定了法律規範的繁複性，〔註233〕但荀子認爲立法宜簡明而不宜繁苛，刑罰簡省且有威信，不但容易深入人心，也利於施行；荀子反對繁苛的法令，蓋繁瑣的法令，既擾人又將使民不知所措而墮落。簡明的法令又源於法律本身內部的統一性，荀子稱：「折愿禁悍，防淫除邪，戮之以五刑，使暴悍以變，奸邪不作，司寇之事也。」（〈王制篇〉）「凡爵列官職賞慶刑罰皆報也，以類相從者也。一物失稱，亂之端也。夫德不稱位，能不稱官，賞不當功，罰不當罪，不祥莫大焉。」（〈正論篇〉）這說明司寇始具備立法之職權，確定職權範圍，可免於不相干之人無故干涉，也可確保專業長才的發揮；更指出必須

〔註233〕同註205，頁135。

訂定爵賞和賢德、刑罰和罪過相稱，對等報償關係的法令，所謂「以類相從」何其重要，〔註234〕畫一性的法令，只要公正而又合理，百姓絕不致於產生疑慮，荀子反對「以世舉賢」、「以族論罪」的主張，堪稱具有嚴格的法制精神。

在明文確立，亦即成文法制定後，進一步是執法的技術，荀子云：「上宣明，則下治辨矣」（〈正論篇〉）「不殺老弱，不獵禾稼，服者不禽，格者不舍，奔命者不獲。凡誅，非誅其百姓也，誅其亂百姓者也；百姓有扞其賊，則是亦賊也。」（〈議兵篇〉）制定法令期望發揮作用，必須反覆宣傳以布陳天下，透過大力宣傳，讓人民瞭解治理的方向，各種合法可行、違法不可行的法律標準，開誠布公地宣導以深入人心。一旦百姓瞭解各種法令，荀子進一步提到：「令行禁止，王者之事畢矣。」（〈王制篇〉）法令不可虛設，因此頒布之法令，必須本著勿枉勿縱的精神，加以貫徹執行，這始是法律發揮作用的關鍵，〔註235〕因而，荀子將其列為統一天下王者完備的政治舉措。

一旦法令得以貫徹執行，即意謂著百姓能夠守法，在守法的景況下，荀子認為「政令行，風俗美。」（〈王霸篇〉）「聽之經，明其請，參伍明謹施賞刑。顯者必得，隱者復顯，民反誠。」（〈成相篇〉）「尚賢使能，而等位不移；折愿禁悍，而刑罰不過。百姓曉然皆知夫為善於家而取賞於朝也；為不善於幽而蒙刑於顯也。」（〈王制篇〉）「故古之人，有以一國取天下者，非往行之也，脩政其所，天下莫不願，如是而可以誅暴禁悍矣。……然後漸賞慶以先之，嚴刑罰以防之。」（〈王制篇〉）政令是統治者不可缺少的輔助工具，即在於它能令「風俗美」，賞刑能使百姓歸於誠實，足見它能使風氣敗壞扭轉至風俗美善的境地。這種施政的成效，見諸古代「脩政其所」的國家，古人以其最佳的政治制度與立身行事為號召，則能使天下嚮往之，其影響力不可小覷之。然若論賞刑施用的邏輯先後次序，荀子終究主張以善行獎賞慶典先之，使行善者得到應有的榮賞，也使未善者，因慶典之鼓舞而見賢思齊；然後才論刑罰，刑罰必須從嚴執行；兩者相較，政教賞慶是積極的促進，以期蔚成至善的風氣，刑罰戒懼是消極的嚇阻，以助政教賞慶效應之達成。〔註236〕在總論荀子禮法思想之際，雖然可看出荀子是先秦儒家中最重法治者，但由其「有治人，無治法」（〈君道篇〉）「君子者，治之原也。」（〈君道篇〉）「故有君子，則法雖省，足以遍矣；無君

〔註234〕同註42，頁154。
〔註235〕同註205，頁138。
〔註236〕同註177，頁199。

子，則法雖具，失先後之施，不能應事之變，足以亂矣。」（〈君道篇〉）諸多的論述，又顯見荀子終究堅持儒家人治的最高政治理念。

三、正「王道霸道」之名

對王霸的歷史議題，荀子展現出兩種策略的思考向度；一方面，荀子曾就歷史事實對王霸嚴予分辨，表彰其尊王黜霸的傳統思維；另一方面，在兼權理想與現實的可行性時，又擷拾歷史經驗，加入轉折性的主張，投射到現實的處境上，朝著上王次霸的解構方向來立論，擺渡的姿態，使荀子不純其為儒的評價，〔註237〕多了一項佐證。荀子何以推出如此矛盾的主張，王霸的意涵，在歷史進程中有否轉變，荀子認可的真正意涵，就倫理政治的正名立場，確然有探究的必要。

1、尊王黜霸的傳統理念

王霸觀念的衍生，源自為解決政治與社會的問題，在王霸問題上，荀子頌揚王者之制，然批評春秋五霸之政，更駁斥彼等霸者之術，卻又曾加頌揚，就其所表述「尊王黜霸」的理念，在歷史軌跡上，與孟子「尊王黜霸」的主張有所契合。若再加以溯源，孔子雖未明揭王霸之別，但崇尚王道，對霸道兼予褒貶的說辭，卻有跡可尋。以王道而言，孔子提出「為政以德」（〈為政1〉）「政者，正也。子帥以正，孰敢不正。」（〈顏淵 17〉）「苟正其身於從政乎何有？」（〈子路13〉）的主張，既表達其倫理政治觀，亦是對自己心目中政治理想的描繪，它標舉出為政者必須奉為最高的政治準則，在於道德信條的貫徹，以倫理道德規範開出社會政治的模式，〔註238〕這樣的倫理政治觀，實則是對王道精神的勾勒與肯定，它必不可缺孔子所創發的「仁德」之要件。至於霸道部分，可由孔子對五霸及管仲的評價窺見其端倪，孔子嘗云：

> 晉文公譎而不正，齊桓公正而不譎。（〈憲問16〉）
>
> 桓公九合諸侯，不以兵車，管仲之力也。如其仁！如其仁！（〈憲問17〉）

〔註237〕姜尚賢稱：「（荀子）雖以儒家思想為其核心，並不純其為儒，所以論起他學說思想的淵源，而是攝取了諸子百家的精華，芟蕪擷英，發揚光大，確是無可否認的事實。」參姜尚賢，《荀子思想體系》（高雄：復文圖書出版社，1990），自序，頁3。

〔註238〕同註5，頁101。

管仲相桓公，霸諸侯，一匡天下，民到于今受其賜，微管仲，吾其
被髮左衽矣！豈若匹夫匹婦之爲諒也，自經於溝瀆，而莫之知也！
（〈憲問 18〉）

（或）問管仲。曰：「人也，奪伯氏騈邑三百，飯疏食，沒齒，無怨
言。」（〈憲問 10〉）

子曰：「管仲之器小哉！」或曰：「管仲儉乎？」曰：「管氏有三歸，
官事不攝，焉得儉？然則管仲知禮乎？」曰：「邦君樹塞門，管氏亦
樹塞門。邦君爲兩君之好，有反坫，管氏亦有反坫。管氏而知禮，
孰不知禮？」（〈八佾 22〉）

上述第一則引文顯示，孔子就五霸中之二位加以評述，而論晉文公詭詐且不
仗正義，卻謂齊桓公倚仗正義又不詭詐，就某個歷史階段而言，或爲合理的
批評，〔註 239〕而此批評即透顯孔子對霸道不盡贊同的態度，霸道不可與，顯
然與動機的不純正有關，詭詐是一種術，其手段根本有違仁德，因而孔子非
議之。至於第二至第四則引文，對輔佐齊桓公的相臣管仲所作的批評，孔子
從功業上肯定其消彌諸侯爭戰，以成就齊桓公之霸業，其作爲是「仁」的表
現；又稱許其鞏固中原免受夷狄之患，沒收大夫伯氏之采邑是公正的裁奪，
俱是由公領域來表彰其成就。然而，引文第五則孔子又從居家擺設否定管仲
逾越身分的排場，根本是「小器」，這是就私德貶抑其缺失，同時也表露了孔
子「正名」所要求名實相符的訴求。孔子對成就霸業相關人物，褒貶相參的
評論，揭露了幾個要點；第一是評斷霸業當或不當，應從動機與功業來檢視，
動機純正，功在天下，則褒之；動機不善，功在一己之國，則貶之。第二是

〔註 239〕如齊襄公十二年「（齊襄公無道）國人懼亂，管仲與召夫奉公子糾奔魯，鮑叔
奉公子小白奔莒。繼而公孫無知作亂（弒襄公自立），齊人殺無知，齊國無君，
二公子爭入，管夷吾與小白戰於莒，道射中小白帶鉤。小白既立（爲齊桓公），
脅魯殺子糾，召忽死之，管夷吾被囚。」足見小白當年是以佯裝中箭的詭詐
手法，才能搶先取得君位。但齊桓公既立，因鮑叔牙推薦，「遂召管仲，魯歸
之，齊鮑叔牙郊迎，釋其囚。桓公禮之，而位於高、國之上，鮑叔牙以身下
之，任以國政，號曰『仲父』，桓公遂霸。」即位後的齊桓公能以管仲爲相，
則又顯示其能本正義，坦蕩而不詭詐之心，乃能稱霸諸侯。參張湛注，《宋本
列子》（台北：廣文書局，1987），沖虛至德眞經卷第六，張湛處度注《列子・
力命第六》。《史記・齊太公世家》亦云：「桓公之中鉤，詳死以誤管仲。」參
漢・司馬遷撰，會合裴駰、司馬貞、張守節三家注，《新校史計三家注（三）》
（台北：世界書局，1972），頁 1486。

即令事功卓著之政治人物，私德若違逆正名標準，則可非議之。第三是孔子對霸者彈性的評價方式，對管仲私德的不留情面，彰顯其主張「君子之於天下也，無適也，無莫也，義之與比。」（〈里仁 10〉）不固執成見，實事求是精神的貫徹。

孟子將孔子「為政以德」的思想，發展為「仁政王道」的主張，並且進行嚴格的王霸之辨。孟子的「仁政王道」說，系統完備，徹底而理想，在以「民為貴，社稷次之，君為輕。」（〈盡心下 14〉）的民本思想基礎下，孟子反覆申說「樂以天下，憂以天下，然而不王者，未之有也。」「得天下有道：得其民，斯得天下矣。得其民有道：得其心，斯得民矣。得其心有道：所欲與之聚之，所惡勿施爾也。」（〈離婁上 9〉）把民眾利益，消除民隱，列為政治運作的最高目標，建構其強烈道德意識的倫理政治學說，這甚是切合孔子所倡導的政治道德之理路。孟子的「仁政王道」說，不同於傳統上，將一切政治經濟制度完全著眼於為貴族而設，而是採取著眼於為民而設的觀點，〔註 240〕為民而設之可行，是建立在「惻隱之心」的基礎上，孟子樂觀且堅決的認為「以不忍人之心，行不忍人之政，治天下可運之掌上。」（〈公孫丑上 6〉）整體而言，「仁政王道」說是徹底的理想主義，理想若揆諸嗜戰的戰國現狀，卻不免流於「空想」的可能，〔註 241〕蓋王道之兌現，是基於善良動機的假設，而良善的動機與美好的後果，則無法獲得一定的保證。

孟子對王霸的主張，則云：「以力假仁者霸，霸必有大國，以德行仁者王，王不待大。湯以七十里，文王以百里。以力服人者，非心服也，力不贍也；以德服人者，中心悅而誠服也。」（〈公孫丑上 3〉）孟子提出嚴明的王霸之分，他推崇王政，貶斥霸政，顯然是立基於比孔子還嚴格的道德要求，由於力主「仁政王道」，孟子對違逆仁德的霸道，絲毫不予苟同，遂又稱曰：「仲尼之徒，無道桓文之事者。」（〈梁惠王上 7〉）這番說辭，對照孔子的論述，當然

〔註 240〕馮友蘭認為：「依傳統的觀點，一切政治上經濟上之制度，皆完全為貴族設。依孟子之觀點，則一切皆為民設。此一切皆為民設之觀點，乃孟子政治及社會哲學之根本意思。」所言甚是，參馮友蘭，《中國哲學史》（香港：文蘭圖書公司，1967），頁 145。

〔註 241〕李澤厚於〈孔子再評價〉一文提到：「與孔子以及春秋戰國時期的許多游說之士一樣，孟子也首先是滿懷『治國平天下』的抱負和理想，……孔子只慨嘆『天下無道』，孟子則猛烈地抨擊它。孔子的典範人物是周公，孟子則口口聲聲不離堯、舜、文王，孔子只講『庶之』、『富之』、『教之』，『近者悅，遠者來』；孟子則設計了一套遠為完整也更為空想的『仁政王道』。」參同註 46，頁 38。

是歪曲了事實，抹滅事實的用意，或為了論證自己的看法符合孔子所代表的原儒之旨；〔註242〕然由其內在思路來理解，孟子將道德與政治合而為一，並畫上等號，立意賦予儒家倫理政治原則的經典色彩，既可強化「仁政王道」的崇高性，同時達到貶斥典型霸政的目的。霸政絕對不可取，以其完全悖逆了「惻隱之心」的純善動機，孟子抨擊「春秋無義戰」（〈盡心下 2〉）猶如詬病戰國諸侯「爭地以戰，殺人盈野；爭城以戰，殺人盈城。」（〈離婁上 14〉）的野蠻行徑，孟子的反戰對象，正是對霸者明確的否定。因此，在動機與功業的取捨上，必是良善動機蘊蓄於先，功業始可遂行於後，若湯武既是「救民於水火之中，取其殘而已矣。」（〈滕文公下 5〉）是「聞誅一夫紂矣，未聞弒君也。」（〈梁惠王下 8〉）孟子肯定其征伐的正義性，由「正名」立場賦予「革命」的正當性。他如孟子所云：「無敵於天下者，天吏也。」（〈公孫丑上 5〉）「為天吏，則可以伐之（燕）」（〈公孫丑下 8〉）天吏指奉行天命的官吏，其所以沒有任何敵手，或具備伐燕的資格，亦因為天吏能本著天命賦予人的善良本性，施行嘉惠百姓之德政，誅伐不義之人君。但，孟子即令肯認湯武革命，天吏誅伐，卻絕不與霸道搭上任何關係，絕不容與霸字混淆，以道德掛帥，將倫理政治推向極端的理想境地，始是孟子主張尊王黜霸的真精神。

在歷史發展脈絡中，即令紛崩離析的現象已有指向統合的迫切趨勢，緣於對理想的追求，荀子詳加闡述王道之理想，在回顧歷史時，稱揚湯、武王者之事，而對違背王道精神的春秋五霸，出以嚴厲貶斥的口吻，雖然夾雜著對霸者部分的肯定，終究循著孔子「為政以德」及孟子「仁政王道」的核心精神，表露了「尊王黜霸」的傳統理念，展現出對倫理政治原則的堅持。荀子云：

> 挈國以呼禮義，而無以害之，行一不義，殺一無罪，而得天下，仁者不為也。擽然扶持心國，且若是其固也。之所與為之者，之人則舉義士也；之所以為布陳於國家刑法者，則舉義法也；主之所極然帥群臣而首鄉之者，則舉義志也。如是則下仰上以義矣，是綦定也；綦定而國定，國定而天下定。（〈王霸篇〉）
>
> 百里之地可以取天下，是不虛，其難者在人主之知之也。取天下者，非負其土地而從之之謂也，道足以壹人而已矣。彼其人苟壹，則其

〔註242〕同註5，頁 105。

土地且奚去我而適它！故百里之地，其等位爵服，足以容天下之賢
士矣；其官職事業，足以容天下之能士矣；循其舊法，擇其善者而
明用之，足以順服好利之人矣。賢士一焉，能士官焉，好利之人服
焉，三者具而天下盡，無有是其外矣。故百里之地，足以竭勢矣；
致忠信，著仁義，足以竭人矣。兩者合而天下取，諸侯後同者先危。
（〈王霸篇〉）

凡兼人者有三術：有以德兼人者，有以力兼人者，有以富兼人者。
彼貴我名聲，美我德行，欲爲我民，故辟門除涂，以迎吾入；因其
民，襲其處，而百姓皆安，立法施令莫不順比；是故得地而權彌重，
兼人而兵俞強，是以德兼人者也。（〈議兵篇〉）

用國者，得百姓之力者富，得百姓之死者彊，得百姓之譽者榮。三
得者具而天下歸之，三得者亡而天下去之。天下歸之之謂王，天下
去之之謂亡。湯、武者，循其道，行其義，興天下同利，除天下同
害，天下歸之。故厚德音以先之，明禮義以道之，致忠信以愛之，
尚賢使能以次之，爵服賞慶以申重之，時其事，輕其任以調齊之，
潢然兼覆之，養長之，如保赤子。（〈王霸篇〉）

古者湯以薄，武王以滈，皆百里之地也，天下爲一，諸侯爲臣，無
它故焉，能凝之也。故凝士以禮，凝民以政；禮脩而士服，政平而
民安；士服民安，夫是之謂大凝。以守則固，以征則強，令行禁止，
王者之事畢矣。（〈議兵篇〉）

上述引文皆就王天下之道來論述，第一則引文標舉治國者必須堅守「禮義」，
貫徹仁人不行不義、不殺無辜的正義標準，以確保網羅的人才，立法、執法
皆合於義，始是取天下、安天下的根本，禮義是荀子所肯認最典型的倫理政
治原則，亦是最高的政治境界。引文第二則，強調人主必須瞭解取天下以道
而不以地，其「道」則在於善用權力名器，招賢納士，遂行良好的法制，治
人之道在「致忠信，著仁義」，又顯示君王必須向臣民倡導「忠信仁義」之道
德，貫徹道德的重要。引文第三則，著眼於「以德服人」始可稱王，所謂君
德，則由尊重百姓，法令不致擾民，能使百姓安居的作爲來彰顯。引文第四
則，也以脩道行義，興利除害，作爲天下歸之稱王的條件，王者必厚其德音，
以禮義化導人民，本「如保赤子」的用心，來長養百姓，配合各種福澤於民

的有效措施，自然使百姓「親之如父母」。這是荀子難得一見，結合用心與良善制度作爲王者的指標。引文第五則，由史乘證明取天下後的「大凝」之道，即鞏固國家之道，在於「凝士以禮，凝民以政」，這和「由士以上則必以禮樂節之，眾庶百姓則必以法數制之。」（〈富國篇〉）的道理一樣，揭露了禮義和法制是治國的有效方略。總體以觀，荀子推崇的王道，在標舉「仁」的蛛絲馬跡精神之外，主要仍以禮義爲核心範疇，依禮義爲原則，推衍出法制之具體措施，透過引導教化與禁止範限的雙重管道，達成治化的理想目標，故即是「隆禮重法」施政績效的極至表現，「王道」與「隆禮重法」交光互影的結果，是社會平治，國家大安，天下一統，由此不難看出其中的理想性。

在王道之理想性不容抑損情況下，荀子對霸道兼予痛斥稱許之：

（1）仲尼之門，五尺之豎子，言羞稱乎五伯。是何也？曰：然，彼誠可羞稱也。齊桓，五伯之盛者也，前事則殺兄而爭國，內行則姑、姊、妹之不嫁者七人，閨門之內，般樂、奢汰，以齊之分奉而不足；外事則詐邾襲莒，并國三十五，其事行也若是其險污、淫汰也。彼固曷足稱乎大君子之門哉！（2）若是而不亡，乃霸，何也？曰：於乎！夫齊桓公有天下之大節焉，夫孰能亡之！倓然見管仲之能足以託國也，是天下之大知也，安忘其怒，出忘其讎，遂立以爲仲父，是天下之大決也。立以爲仲父，而貴戚莫之敢妬也；與之高、國之位，而本朝之臣莫之敢惡也；與之書社三百，而富人莫之敢距也；貴賤長少，秩秩焉，莫不從桓公而貴敬之。是天下之大節也。諸侯有一節如是，則莫之能亡也；桓公兼此數節者而盡有之，夫又何可亡也？其霸也，宜哉！非幸也，數也。（3）彼非本政教也，非致隆高也，非綦文理也，非服人之心也。鄉方略，審勞佚，畜積、修鬥而能顛倒其敵者也。詐心以勝矣。彼以讓飾爭，依乎仁而蹈利者也，小人之傑也。彼固曷足稱乎大君子之門哉！（〈仲尼篇〉）

子謂子家駒續然大夫，不如晏子；晏子，功用之臣也，不如子產；子產，惠人也，不如管仲；管仲之爲人，力功不力義，力知不力仁，野人也，不可爲天子大夫。（〈大略篇〉）

引文第一則第一段是對霸者的批評，荀子以五霸之首齊桓公爲例，就其家庭私事如殺兄、女眷未成親、貪圖佚樂、浪費國帑，對外詐邾襲莒等論其缺失；第二段稱許齊桓公任用賢人管仲，是掌握了「大節」，忘卻射鉤之前仇，托國

家之重任於仲父，又繼之各種禮遇，是「大知」、「大決」的表現，桓公有此三節（大節、大知、大決），因而稱霸天下，實乃必然之數，非僥倖以致之；第三段又對其內政外交韜略，雖稱許其經濟、軍事措施，但嚴屬指責其詐心、以讓飾爭、依仁蹈利之不可取，總論則否定其爲大君子。荀子指謫齊桓公之詐心，貶抑的口氣，十分明顯，荀子疾言厲色之論評，蓋因齊桓公未能推崇禮義、順服人心，究竟未達王道之理想，然稱許齊桓公「其霸也，宜哉」，則隱然埋下了「上王次霸」轉折性思維的伏筆。引文第二則之管仲與霸業關係至篤，故亦是荀子論斷霸業是非的風向球。荀子認爲管仲雖致力於功業，竭力展現外交內政智慧，唯未能恪遵公理正義，未竭心盡力於仁德，乃稱其爲「野人」，意即管仲充其量只是個缺乏禮義修養的人罷了，因而夠不上天子大夫的地位，極度否決的口吻，亦是因爲理想性不足。綜觀荀子對霸道的擯黜，以禮義的最高標準來檢視霸者政教之失，與孔孟由純正的內在動機來品評不盡相同，但嚴責詐心假仁之霸術，對私德不留餘地的批評，卻有一致的態度。

2、上王次霸而權變兼用

然而，荀子一旦將目光聚焦於現實政治，思索整合天下的可行途徑時，他將理想加以調整，在以王道爲理想的標竿之外，并列出難度趨緩的霸道主張，視之爲王制之次，稱與如此的霸道，展現其以「上王次霸」守經達變的主張。荀子云：

> 故用國者，義立而王，信立而霸，權謀立而亡。三者明主之所謹擇也，仁人之所務白也。（〈王霸篇〉）

> 王奪之人，霸奪之與，彊奪之地。奪之人者臣諸侯，奪之與者友諸侯，奪之地者敵諸侯。臣諸侯者王，友諸侯者霸，敵諸侯者危。（〈王制篇〉）

> 彼王者則不然：致賢而能以救不肖，致彊而能以寬弱，戰必能殆之而羞與之鬥，委然成文以示之天下，而暴國安自化矣，有災繆者然後誅之。故聖王之誅也綦省矣。文王誅四，武王誅二，周公卒業，至於成王，則安以無誅矣。故道豈不行矣哉！文王載之，百里地而天下一；桀紂舍之，厚於有天下之勢而不得以匹夫老。故善用之，則百里之國足以獨立矣；不善用之，則楚六千里而爲讎人役。故人主不務得道而廣有其勢，是其所以危也。（仲尼篇〉）

彼王者不然：仁眇天下，義眇天下，威眇天下。仁眇天下，故天下
莫不親也。義眇天下，故天下莫不貴也。威眇天下，故天下莫敢敵
也。以不敵之威輔服人之道，故不戰而勝，不攻而得，甲兵不勞而
天下服，是知王道者也。（〈王制篇〉）

彼霸者不然，辟田野，實倉廩，便備用，案謹募選閱材伎之士，然
後漸慶賞以先之，嚴刑罰以糾之。存亡繼絕，衛弱禁暴，而無兼并
之心，則諸侯親之矣。修友敵之道以敬接諸侯，則諸侯說之矣。所
以親之者，以不并也：并之見，則諸侯疏矣。所以說之者，以友敵
也；臣之見，則諸侯離矣。故明其不并之行，信其友敵之道，天下
無王霸主，則常勝矣。是知霸道者也。（〈王制篇〉）

德雖未至也，義雖未濟也，然而天下之理略奏矣，刑賞已諾信乎天
下矣，臣下曉然皆知其可要也。政令已陳，雖睹利敗，不欺其民；
約結已定，雖睹利敗，不欺其與。如是，則兵勁城固，敵國畏之；
國一綦明，與國信之。雖在僻陋之國，威動天下，五伯是也。非本
政教也，非致隆高也，非綦文理也，非服人之心也，鄉方略，審勞
佚，謹畜積，脩戰備，齵然上下相信，而天下莫之敢當。故齊桓、
晉文、楚莊、吳闔閭、越勾踐，是皆僻陋之國也，威動天下，彊殆
中國，無它故焉，略信也。是所謂信立而霸也。（〈王霸篇〉）

殷之日，安以靜兵息民，慈愛百姓，辟田野，實倉廩，便備用，安
謹募選閱材伎之士；然後漸賞慶以先之，嚴刑罰以防之，擇士之知
事者使相率貫也，是以厭然畜積修飾而物用之足也。兵革器械者，
彼將日日暴露毀折之中原，我將脩飾之，拊循之，掩蓋之於府庫。
貨財粟米者，彼將日日棲遲薛越之中野，我今將畜積并聚之於倉廩。
材伎股肱、健勇爪牙之士，彼將日日挫頓竭之於仇敵，我今將來致
之，并閱之、砥礪之於朝廷。如是，則彼日積敝，我日積完；彼日
積貧，我日積富；彼日積勞，我日積佚。君臣上下之間者，彼將屬
屬焉日日相離疾也，我將頓頓焉日日相親愛也，以是待其敝。安以
其國為是者霸。（〈王制篇〉）

上述引文所述王霸之施政，荀子由正面論其特色，王霸境界則有首選其次之
別，相形之下，權謀之強者，荀子視為等而下之者。引文第一、二則為王、

霸、強三種治國模式開宗明義的說法，由於所「立」所「奪」不同，即遵循原則，爭取重心殊別，從而形成不同的結局，荀子分別給予三者上、中、下等的評價，強者的下場既趨滅亡，定非荀子所推崇，而必貶抑之，故值得探討的為王霸兩者。引文第三、四則是對「王」者的謳歌，在正視現實政治的情況下，荀子仍本乎政治理想，視王者為最高成就的領導者，正如前述「挈國以呼禮義，而無以害之，行一不義，殺一無罪，而得天下，仁者不為也。擽然扶持心國，且若是其固也。」（〈王霸篇〉）王者堅守禮義原則，一切行政舉措，循隆禮重法、禮本刑末的主張，必期興利除害，德澤被於天下，迴避戰事，而以禮法化易暴國，故治國甚少誅殺，不勝枚舉的仁德、義行與威力，使王者的治國之道無往而不利，因此能使天下歸於統一，足見荀子賦予王者之「名」的，是理想性格相當富厚的「實」質內涵。

引文第五至第七則，皆專就霸者來論述。第五、六則是荀子從正面肯定，描述霸者能以「立信」為中心，應用於內政外交，取信於國內百姓及邦交與國，故對內力行足欲富國強兵的策略，推動法令賞先刑後定然不欺不罔，對外雖兵勁城固，卻能扶弱濟傾，止虐禁暴，毫無兼併之野心，遂使諸侯親悅之，這是霸者常勝的主因，荀子亦因而稱許五霸，此與〈仲尼篇〉稱齊桓公之霸相呼應；荀子批評霸道不能遂行禮義之政教，即是其遜於王道的根本原因。引文第七則雖未舉「立信」之名來描述霸者，而從「殷之日」的處境，即霸者在強盛階段，能於內政外交的根本措施之外，又能以比較優勢之術以勝敵，〔註 243〕霸者締造懸殊之勢，以待敵國自敝，固為取勝之道，比起王者兼採禮法，遂行化導禁制，剛柔並濟之王道，終究略遜一籌。霸者足以立信，再結合相關的描述，如「霸者富士」（〈王制篇〉）、「重法愛民而霸」（〈彊國篇〉）、「尊賢者霸」（〈君子篇〉）等，顯示霸者以立信、尊賢、愛民、重法作為治國之道，與孟子所謂「力取」之「霸」，旨趣實有區別。〔註 244〕荀子由「黜霸」到「次霸」的觀念轉折，使霸者之名的涵義，出現了辯證的情形，傳統所黜之「霸」，在「上王次霸」的天平下，涵義相當於「彊奪之地」、「權謀立而亡」之「強權」矣。〔註 245〕荀子對霸者重新定位，釋出全新的觀感，若由時代丕

〔註 243〕同註 177，頁 523。
〔註 244〕周天令，〈「荀子是儒學的歧出」之商榷〉，《孔孟月刊》，42：10（2004 年 6 月），頁 36。
〔註 245〕同註 244，頁 36。

變的角度以觀，霸者雖非理想，卻是特殊情勢下，通權達變的智者之行，足證其就事論事的務實精神，蓋政治事功在福國利民的現實需求上，總有存在的價值意義，即令新世代的霸者，距禮義的標準尚有落差，但其偃兵息鼓的功業，在聖王未能出世的紛亂時代，或算得上是現實人世的一線曙光！

第四節　知性取向鎔鑄的名實觀

作為一個重智的哲學家，荀子對現實的土壤是敏感的，對客觀的存在是清醒的，當他環顧現實人世的各種變遷發展，審視客觀世界的奧妙真相時，荀子發揮了與孔孟有別的認知心，站在主客對待的關係境域上，冷靜理性地進行理智的活動，以創造其理論系統觀念。荀子對現實與客觀世界的觀照，環繞著名實問題進行思考時，除了相當程度延續並改造了孔孟的精神，本著倫理政治原則為「正名」而發聲，如上述第三節分析，又依其特有的知性取向，鎔鑄成具有抽象、推理之普遍意義的名實觀，則是因為運用了一套類似科學的思辨方法獲致的結果。這樣的思辨方法，使荀子與墨子足以同列先秦諸子中殊為重要的地位，但在儒家與整個文化傳統中，荀子非但不搶眼，且備受學者的非議，其實是值得正視的。底下就荀子通過獨立思考方式，在「辯說論」、「邏輯觀」、「知識論」等面向觸及的名實問題，分析其採用的思辨方法，表彰其知性表現的價值。

一、不異實名的辯說論

1、立隆正以省察辯說現象

變遷年代的事物，往往直搗人類的生活核心，也激發菁英份子敏銳的心靈。在觸目所見的戰國時代，氏族制度的分解，政治勢力的消長，社會經濟的變革，以及社會關係的用語，隨著時代遞嬗的需要與演進，促成了前所未有的質變現象；作為菁英份子的思想家，面對世代新舊交替的事物之名，勢不可免的起著爭論，迭興的言論，或以異說欺惑庶眾，或以正論明辨是非，質疑問難爭辨曲直的風氣，蔚然繁興於當代各地，相互詰難形成的辯說之學，一種獨立自由的新學派，〔註246〕煽風點火般燎燒著思想界，開啓了思想界論戰的風潮。繁興的辯說，是知識分子心靈的燭光洞見，抑為扭曲視野，或非

─────────────────

〔註246〕同註237，頁127。

市井小民所熟知，卻備受各方學派學者彼此的關切。荀子在投入論戰行陣中，面對當前沸沸揚揚辯說的歷史戰線，則緊緊扣合其理論系統觀念，對辯說現象進行深刻的省察，從諸多層面作了總體的檢視。

辯說是人類認知心的表現，也是人群溝通的模式之一，荀子認為「有辨」是人與禽獸重要的相異處，由心理上的有辨，發為言論即稱之為「辯」，亦稱之為辨說，或稱之為談說。〔註247〕但通觀《荀子》所述，凡辨、辯、說、言、論、議、論議、言議、辨說以及默與吶，都是「辯說」的內涵。〔註248〕然而，儘管人們據其辨而發為各種談說，荀子對跨越時空的辯說議題，透過心中的量尺，審慎的加以思辨，擲地有聲的作出是非的判斷。荀子重視辯說的主要理由，在於「今聖王沒，天下亂，姦言起，君子無勢以臨之，無刑以禁之，故辨說也。」（〈正名篇〉）明確地說，正是為了對治姦言，使荀子留心關注辯說的現象，又必須適時發聲以為辯說。所謂姦言或謂姦說，指「凡言不合先王，不順禮義，謂之姦言。」（〈非相篇〉）「辯說譬諭，齊給便利，而不順禮義，謂之奸說。」（〈非十二子篇〉）奸說是時代的產物，且是違逆禮義的不當言論，荀子與聞時代的雜音，因而不能不予置喙，猶如孟子所稱「聖王不作，諸侯放恣，處士橫議。……我亦欲正人心，息邪說，距詖行，放淫辭，以承三聖者；豈好辯哉？予不得已也。」（〈滕文公下 9〉）緣於時代的使命感，荀子強力主張：「故君子必辯。凡人莫不好言其所善，而君子為甚焉。」（〈非相篇〉）「故君子之於言也，志好之，行安之，樂言之，故君子必辯。……故君子之於言無厭。」（〈非相篇〉）顯見其視辯說為君子應盡的責任。

荀子判斷辯說之是非，依據的量尺標準又是什麼？徵諸下列引文即知之。荀子云：

> 凡議，必將立隆正然後可也。無隆正則是非不分而辨訟不決。故所聞曰：『天下之大隆，是非之封界，分職名象之所起，王制是也。』故凡言議期命、是非，以聖、王為師，而聖、王之分，榮辱是也。（〈正論篇〉）

> 君子審後王之道，而論於百王之前，若端拜而議。推禮義之統，分是非之分，總天下之要，治海內之眾，若使一人。（〈不苟篇〉）

> 不隆禮，雖察辯，散儒也。（〈勸學篇〉）

〔註247〕同註7，頁97。
〔註248〕同註177，頁428。

> 君子行不貴苟難，説不貴苟察，名不貴苟傳，唯其當之爲貴。故懷
> 負石而投河，是行之難爲者也，而申徒狄能之，然而君子不貴者，
> 非禮義之中也。（〈不苟篇〉）

> 不法先王，不是禮義，而好治怪説，玩琦辭，甚察而不急，辯而無
> 用，多事而寡功，不可以爲治綱紀；然而其持之有故，其言之成理，
> 足以欺惑愚眾；是惠施鄧析也。（〈非十二子篇〉）

引文第一則所謂「立隆正」，與墨子「言必立儀」（墨子·非命）的說法大體
相似，指出要爲人的立論，建立一個最高正確的準則，此一思想言行所當遵
循的準則，即古代聖王的制度。荀子稱聖王爲「盡倫盡制」（〈解蔽篇〉），又
謂王制值得推崇，正如其所云：「天下有二：非察是，是察非。謂合王制與不
合王制也。天下有不以是爲隆正也，然而猶有能分是非、治曲直者邪？」（〈解
蔽篇〉）王制足以作爲是非的判準，即以其至爲廣大周密的緣故。

引文第二則強調君子貫通後王之道，乃能從容論議，進而推究禮義之統，
方可治天下海內，後王之道是理想中的君王所推行的制度，追本溯源即古代
聖王的制度，荀子視王制爲道的體現，王制的精華在於禮義，世代積累則成
禮義之統。荀子描述聖人爲「曷謂一？曰：執神而固。曷謂神？曰：盡善挾
治之謂神。曷謂固？曰：萬物莫足以傾之之謂固。神固之謂聖人。聖人也者，
道之管也。天下之道管是矣，百王之道一是矣。」（〈儒效篇〉）聖人與聖王一
線之隔只在於政治身分，其共通處則在均能確切的掌握「道」，篤行於禮義之
道，故可知辯說論議，應以「道」即以「禮義」爲「隆正」的標準。

引文第三至第五則，一概爲對違逆禮義說辭的批評，禮義爲言論是非的
判斷標準，因而即令是能言善道的只宜稱爲散儒，而無法站得住腳的立論以
及炫人耳目的怪說琦辭，既不值得重視，亦非治國可以依據的原則，皆以不
中禮義的緣故。

荀子非但將禮義定位爲辯說的究竟標準，又指出禮義實有多種指標功
能，荀子云：

> 辨說也者，心之象道也。心也者，道之工宰也。道也者，治之經理
> 也。心合於道，說合於心，辭合於說，正名而期，質請而喻。辨異
> 而不過，推類而不悖，聽則合文，辨則盡故。以正道而辨奸，猶引
> 繩以持曲直。（〈正名篇〉）

> 君子之所謂知者，非能徧知人之所知之謂也；君子之所謂辯者，非

　　能徧辯人之所辯之謂也；君子之所謂察者，非能徧察人之所察之謂

　　也；有所止矣。（〈儒效篇〉）

上述引文第一則提及辯說乃是爲了「象道」，即以對道的表達爲目的，「道」足以爲「正道」者，顯然指禮義而言，言論能否符合禮義，由心來主宰，亦即必須經由理性的思索。引文第二則強調君子不須要徧辯一切，而要有所止，楊倞注曰：「言止於禮義」，是又指出禮義爲辯說的範圍矣。總觀荀子所論，禮義誠爲辯說的標準和辯說的範圍，也是辯說的終極目的。〔註249〕荀子主張「凡知說有益於理者爲之，無益於理者舍之。」（〈儒效篇〉）因爲對事理的深度關切，對學說滲透人心效應的冷靜看待，荀子始終依循其思想理論系統，揭示辯說的標準，「隆正」是抽象地說，具體而言則指「禮義」，將禮義置於辯說的隆正地位，不容否認，確實是肩負著爲宣揚儒學，以矯飾流行於時代之姦言邪說責任心使然。

2、論操術而辯說不異實名

　　人類辯說時，使用的共同工具是名言，其根本的憑藉則是心，荀子認爲心的主體功能在認知，以這樣的認知心運用於辯說，雖不可偏廢名言所欲表情達意的基本功能，必欲將表情達意的基本功能凝聚於事理的闡明。辯說固然在於闡明事理，可就辯說的結構與性質來理解，荀子對此雖未有詳說，但其所云：「辨說也者，不異實名以喻動靜之道也。期命也者，辨說之用也。辨說也者，心之象道也。心也者，道之工宰也。道也者，治之經理也。心合於道，說合於心，辭合於說，正名而期，質請而喻。辨異而不過，推類而不悖，聽則合文，辨則盡故。」（〈正名篇〉）即約略的道出辯說的結構與性質的大體；〔註250〕「實名」指約定俗成之名，故「不異實名」意爲不可違背約定俗成之名的社會通行意義，「以喻動靜之道」指對事物是非道理的闡明，「盡故」則指完全弄清楚事情的原因，因此，辯說以達成闡明事理爲歸趨，必須提出主張，又必提示所以如此主張的理由，有主張又有理由的辯說，即不單是判斷，而是相當於今日所說的論證，亦相當於所謂的推理。〔註251〕推理在邏輯領域中，關涉著思考活動所運用的思辨方法，因而形成多種的推理的方式。

　　荀子對辯說的主張，既相當於推理，尋索荀子的相關論述，又可發現他

〔註249〕同註9，頁168。

〔註250〕同註7，頁111。

〔註251〕同註7，頁111。

對推理方式，已有相當程度的認知，茲先徵引其說：

> 君子位尊而志恭，心小而道大，所聽視者近，而所聞見者遠。是何邪？則操術然也。故千人萬人之情，一人之情是也。天地始者，今日是也；百王之道，後王是也。君子審後王之道，而論於百王之前，若端拜而議。推禮義之統，分是非之分，總天下之要，治海內之眾，若使一人。故操彌約而事彌大。五寸之矩，盡天下之方也。故君子不下室堂而海內之情舉積此者，則操術然也。（〈不苟篇〉）

> 故相形不如論心，論心不如擇術。形不勝心，心不勝術。術正而心順之，則形相雖惡而心術善，無害為君子也；形相雖善而心術惡，無害為小人也。（〈非相篇〉）

> 聖人知心術之患，見蔽塞之禍，故無欲、無惡，無始、無終，無近、無遠，無博、無淺，無古、無今。兼陳萬物而中縣衡焉。是故眾異不得相蔽以亂其倫也。何為衡？曰：道。故心不可以不知道，心不知道，則不可道而可非道。……人何以知道？曰：心。心何以知？曰：虛壹而靜。心未嘗不藏也，然而有所謂虛；心未嘗不兩也，然而有所謂一；心未嘗不動也，然而有所謂靜。人生而有知，知而有志，志也者，藏也；然而有所謂虛，不以所已藏害所將受謂之虛。心生而有知，知而有異，異也者，同時兼知之；同時兼知之，兩也，然而有所謂一，不以夫一害此一謂之壹。心，臥則夢，偷則自行，使之則謀。故心未嘗不動也，然而有所謂靜，不以夢劇亂知謂之靜。未得道而求道者，謂之虛壹而靜。……虛壹而靜，謂之大清明。（〈解蔽篇〉）

> 談說之術：矜莊以蒞之，端誠以處之，堅彊以持之，譬稱以喻之，分別以明之，欣驩、芬薌以送之，寶之，珍之，貴之，神之。如是則說常無不受。雖不說人，人莫不貴。夫是之謂能貴其所貴。（〈非相篇〉）

上述引文，分別提及「操術」、「擇術」、「心術」、「談說之術」等說辭，「術」出現在荀子的言論裡，其意則為多種方法的總稱，有指君臣為政之正道、修身治學之功夫，或運用思考之方式、談說論辯之要領等。〔註252〕荀子言「術」，涉及的範疇雖多，卻與法家之「術」絕然不同，〔註253〕荀子重視術的正面功

〔註252〕同註177，頁490。

〔註253〕熊十力先生即認為：「韓非之書，千言萬語，壹歸於任術而嚴法。雖法術兼持，而究以術為先。術之神變無窮也，揭其宗要，則術不欲見一語盡之矣。」（韓

效，因此在表達自己立論的判斷，或客觀探討辯說的要領時，皆不諱言術字。
上列引文之術，即皆在闡明方法的重要，引文第一則，論君子能由近知遠，
由今知古，是懂得操術使然，如君子所運用的方法是「故千萬人之情，一人
之情是也」，即依據一人之情，以論斷千萬人之情，自特殊以推知普遍，屬邏
輯中歸納推理的方式，〔註254〕這是荀子頌揚爲政者懂得運用歸納推理之術，
作爲施政的憑藉。此處的歸納推理，其思辨方式是經驗性的，亦即是對經驗
世界的實際觀察，荀子以「性之好、惡、喜、怒、哀、樂謂之情。」（〈正名
篇〉）作爲情概念的定義，即是經驗觀察之所得，紮根於經驗世界的概念，則
本著知性的取向與求眞的目的來構思，在「一人之情」爲眞的前件下，推論
出「千萬人之情」亦爲眞的後件，荀子因而判斷歸納推理的合理性。

　　引文第二則，由反對相術談到「擇術」之重要，所謂擇術是對「心術」
的正確選擇，心術指思考方法而言。對心術的選擇，可結合第三則引文來了
解，荀子由「虛、壹、靜」和「藏、兩、動」三對矛盾概念的辯證關係來進
行探討，指出「虛壹而靜」始是正確的思考方法，「虛壹靜」與「藏兩動」的
思考方法，雖然統一地存在於人的心中，但爲求得學習的較高效率，透過思
想律中的矛盾律，〔註255〕心只能在矛盾的雙方擇取其一，若此心已達這個有
效的選項，即「虛壹而靜」的思考方法，荀子稱其爲「大清明」的境界。就
心術之選擇而言，荀子顯然對稷下黃老學派的觀點，有所汲取有所摒棄，並
作了理論上的批判，〔註256〕最重要的則是，此一思考方法，純粹地由知性的
層面爲人們指引去除片面之「蔽」的通路。

　　引文第四則，所稱談說之術，即辯說的方法，這是荀子言術之重要環節，
荀子將其分爲四端以論辯術之大要，蓋談說必有賓主雙方，就君子爲主之立

非子評論，學原三卷一期）筆者按：此句「術不欲見」誠爲中的之論，直指
法家之術幽隱深不可測，荀子稱法家君術「周密」、「幽險」（正論篇），負面
而嚴厲的批評，凸顯出與法家對反的立場，因此，荀子所論術的本質，如吳
復生先生所說：「爲君子明王行仁導善所操持的規矩繩墨，有別於小人闇主之
權謀誕詐。」參同註177，頁484。君子明王之術可以攤在陽光下接受檢驗，
小人闇主之術則混沌昏暗不容探底，此分界必須先予釐清。

〔註254〕同註7，頁254。
〔註255〕「思想律」指邏輯中的三個根本原則，或稱思想中的三個假設或設準，包括同
　　　　一律、矛盾律、排中律。參牟宗三，〈邏輯與辯證邏輯〉，收錄於方甯書選編，《唯
　　　　物辯證法評論集（二）》（台北：國防部總政治作戰部，1974），頁100～109。
〔註256〕同註2，頁608。

場，必須能「貴其所貴」，所說必使聽者爲賓之一方「常無不受」；持說的內容，不求取悅於人，但期獲致「人莫不貴」的效果；因而，談說的基本操術是一方面本著矜莊、端誠的態度，另方面運用堅彊、譬喻、區別分明、嚴格而精確的推理，與「欣歡芬香」的詞令。〔註257〕論辯之四端，將譬喻、分析、推理列爲大要，既說明了知性取向的思辨方法，在進行辯說的「悟他」與「自悟」任務中的重要性，〔註258〕荀子對思辨或思考方法充分的掌握與運用，更可從其立論的結構中得到佐證。

由「操術」論及各種方法的運用，荀子相當的重視並普遍的融入其立論之中。荀子所論純粹的談說論辯之要領，是指狹義的辯說，而論及君臣爲政之正道、修身治學之功夫、運用思考之方式等，皆必須形諸語言文字，而發爲理論學說或加以持說，故宜視爲廣義的辯說。狹義與廣義的辯說，均以「自悟」爲前提，以「悟他」爲目的，扼要言之，在於以正理發揮說服力，但言論合乎正理與否，終須回到辯說「不異實名」的基本前提，亦即不可違逆「約定俗成」之名的意義，荀子要求任何言論應「不異實名」，是依據經驗世界所認知之名爲標的，以此爲起點，再進行推理，使立論通行。前述「故千人萬人之情，一人之情是也」的歸納推理方式，即是荀子所應用且肯認的辯說術，荀子尚運用了其他的推理，茲再援引其說如下：

> 以類行雜，以一行萬：始則終，終則始，若環之無端也，舍是而天下以衰矣。（〈王制篇〉）

> 法先王，統禮義，一制度；以淺持博，以古持今，以一持萬。（〈儒效篇〉）

> 彼後王者，天下之君也，舍後王而道上古，譬之是猶舍己之君而事人之君也。故曰：欲觀千歲，則數今日；欲知億萬，則審一二；欲知上世，則審周道；欲知周道，則審其人所貴君子。故曰：以近知遠，以一知萬，以微知明，此之謂也。（〈非相篇〉）

> 聖人者，以己度者也。故以人度人，以情度情，以類度類，以說度

〔註257〕同註177，頁496。

〔註258〕陳大齊先生提到：「荀子所說的辯說，其性質近似於因明所說的悟他。因明分爲悟他、自悟二門。悟他即是開悟他人，故必賓主對揚，亦即必有相與談說的對方。自悟即是自己了悟，自己一個人運用思慮以認識正理，故用不著有對方。」參同註7，頁111。

　　功，以道觀盡，古今一也。類不悖，雖久同理，故鄉乎邪曲而不迷，

　　觀乎雜物而不惑，以此度之。（〈非相篇〉）

如第一則至第三則引文中，「以類行雜」所運用的推理方式，可謂與演繹推理相當，演繹推理是，自涵攝較廣的普遍道理以推知涵攝較狹的特殊道理。〔註259〕荀子所說的「類」指各種事物的總原則，而「一」指一貫的原理，即禮義，「類」與「一」在荀子思想系統中，居於指導的地位，故總原則與禮義，代表較普遍的道理，「雜」指紛雜的事物，「萬」指萬種的情形，〔註260〕林林總總個別的事物，雖以個別相分別代表較特殊的道理，卻必須由總原則與禮義來貫通。換言之，每種個別的事物都是普遍道理的呈現，此演繹推理猶存在於程頤所稱「理一分殊」、朱熹所喻「月印萬川」的說法中，程朱認為宇宙間有一個最高的理，而萬物各自的理，則是最高的一理的體現，實與「以類行雜」相通。

　　引文第四則，稱聖人「以己度者也」，說明聖人能以自己的經驗去推論衡量古代的事情，這是總說，「度」則是聖人所運用的方法，即推理；接著「以人度人，以情度情，以類度類……」是分項的說指出聖人擅長於自此一人以推知彼一人，或自此一人（此一群人）之情以推知彼一人（彼一群人）之情，或自此一類事物以推知彼一類事物，這是類比推理的運用。〔註261〕然引文第三則中，「欲觀千歲，則數今日；……欲知上世，則審周道；……以近知遠」指自今日的情況以推知古代的情況，或自周朝的治國原則以推知上世先王的治理之方，其方法正如自近世以推知遠古一般，同樣都是類比推理的說法。〔註262〕運用推理時，荀子則認為推理的前提與結論中，必須使用同一的真實概念，即「實名」，才能獲得可靠的結論。

　　荀子雖然認為辯說運用推理或足以說服他人，另方面，或又見識到辯說在現實上遇到的困境，因而又提出下列的說法：

　　凡說之難：以至高遇至卑，以至治接至亂。未可直至也，遠舉則病繆，近舉則病傭。善者於是閒也。亦必遠舉而不繆，近舉而不傭，與時遷徙，與世偃仰，緩急、嬴絀，府然若渠匽、檃括之於己也。曲得所謂焉，然而不折傷。（〈非相篇〉）

〔註259〕同註7，頁113。

〔註260〕此處「類」與「一」，「雜」與「萬」之釋意。參同註8，頁152。

〔註261〕同註7，頁113。

〔註262〕同註7，頁117。

辯說雖然旨在開悟他人，卻由自悟出發，自悟是自己一個人運用思維以認識正理的方式，由自悟到開悟的橋樑能否暢通，問題在於辯說主方所認定之正理，是否圓融毫無偏蔽未可證明，〔註263〕辯說賓方之志意，能否毫不遲疑的認同亦是考驗，既然主賓雙方無法排除主觀認知的差異性，因而現實上的辯說，無庸置疑存在著挑戰性。荀子必然意識到問題的癥結與難處，在設想進而了解主賓落差的可能狀況下，主張不可直來直往的進行辯說，而應力求「遠舉而不繆，近舉而不傭」，懂得通權達變，因勢利導，折衷於雅俗緩急詳略之間，在措辭上發揮「曲得所謂焉，然而不折傷」面面俱到的效果，這是由辯說的難處指引出辯說的善境。這段說辭，視為辯者的軌範固無不可，實亦指出「辯」的要訣，然而辯說的進行亦應有步驟可言，荀子所云：「當時則動，物至而應，事起而辨，治亂可否，昭然明矣。」（〈解蔽篇〉）其中之「動、應、辨」既為處理事物，乃至國政的步驟，化約為辯說之步驟，恰可說明辯說者展現出的理性思維，是智慧之心的流露。

二、名約相應的邏輯觀

在名實之之辯風潮迭起不休的景況下，戰國末期的荀子，承受了比孔孟更為豐富的文化遺產，也進行了更具深度的批判和反省。面對各家學派舊有的學說，荀子在舊學影響與理性自覺中，經由滲透、過濾與沉澱的歷程，進行辯證的綜合，提出了以正名為中心的邏輯體系，其邏輯學說，除了前述分析的各種推理的邏輯規則，雖祇是籠統論述，已給予後人相當寶貴的啟迪。在概念論上，荀子則作了更多的發揮，在傳統學術上挹注了極為可觀的貢獻，被視為是荀子邏輯學著作的〈正名篇〉，便透露了荀子的邏輯是以概念論為中心來展開的。

〔註263〕如蔡英文譯，Herbert Feigl 著，〈二十世紀的實證論〉提到如下的觀點：存在主義式的問題，「為什麼事物是存在而不是不存在？」「為什麼總是有事物存在的途徑？」，像這樣的問題是不可解答的，這不是因為這類的問題相當艱難，或者超出人智能的界限，而是因為所有解釋必然是在一定研究的脈絡中，從某些自身無法解釋的基本前提推衍下來。參蔡英文譯，Herbert Feigl 著，〈二十世紀的實證論〉，收錄於李亦園總審訂，《觀念史大辭典‧哲學與宗教卷》（台北：幼獅文化事業股份有限公司，1991），頁2。筆者按：論辯時，主賓雙方難免因為基本前提的不同，導致不同的認定，如基本前提為先驗性的觀點，通常很難獲得敵對立場一致的認同，反之亦然。陳大齊先生提到：「荀子重視名守，若遇有多義的名言，往往為之作定義，以規定其所指的對象與含義的範圍。」這當有助於論辯時的共識。參同註7，頁150。

1、釐定名約之概念

人類在面對客觀世界事物時，用來描摩事物的名稱或語詞，荀子認爲唯有「約定俗成」的名稱，簡稱之爲「名約」，才是人類溝通交流思想情感，從而達到互相瞭解的有效工具。荀子稱：「名無固宜，約之以命，約定俗成謂之宜，異於約則謂之不宜。名無固實，約之以命實，約定俗成謂之實名。名有固善，徑易而不拂，謂之善名。」（〈正名篇〉）顯然認定唯有約定俗成之名，始可視爲是「宜名」、「實名」或「善名」，「宜、實、善」三個狀詞，點出名約的普遍接受性、眞實性與有效性；「約定俗成」的說法又指出，事物之名由初命名的主觀隨意之或然性，過渡到客觀確定的必然性過程。

名約是「制名以指實」的文化創造活動，亦即必須以「名實相符」爲標的。荀子將制名的工作盡歸爲聖王的責任，由此推衍出制名的原則與目的，確立了「所爲有名」、「所緣以同異」、「制名之樞要」等三標；站在儒家傳統的正名立場上，對十二子加以非議，乃至主張明辨「惑於用名以亂名」、「惑於用實以亂名」、「惑於用名以亂實」等嚴正說辭，莫不彼此環環相扣。荀子探討名實的問題，究其內容係將倫理學、邏輯學、認識論共冶於一爐，[註264]但在以正名爲中心觀念的主導下，荀子明顯的將倫理學列爲首要的訴求，其次則爲認識論的探討，邏輯學是由此二者引申而出者。在思想觀念系統上，邏輯學或非荀子所感興趣的學問，但緣於個人理性與務實的態度，知性的自覺與批判對象的制約，使其在邏輯學上的表現，顯得格外的醒目、出色與可貴。

荀子主張以「約定俗成」之「名」，用來指涉現實世界之「實」，是實先於名的思路，名約自然具有文化符號的獨特意義。荀子對名約的知性自覺，是意圖爲其建立概念或澄清概念，概念是邏輯學的基點，概念亦是知識所具備的要素，荀子認爲應建立正確的知識以免「蔽於一曲」之患，因而釐定「名約」的概念，相形的重要，因爲它同時關涉著邏輯與知識的層面。所謂釐定名約的概念，便是對約定俗成的名稱下個定義，亦即給概念確定的含義，荀子在論述名實思想或建立整體學說時，盡其可能清晰地爲名約的概念作界說，概念含義的確定化，也使荀子的敘說，比之孔孟更加的精確化、條理化、系統化。

對客觀世界以及人文世界事物之名，荀子依據歷史的發展，將「後王之成名」概分爲刑名、爵名、文名與散名四類，並具體溯源「刑名從商、爵名從周、文名從禮」，而「散名」是來自早期諸夏社會「約定俗成」與蠻夷之邦

〔註264〕同註5，頁 157。

「因之而爲通」的語言，荀子對名稱的形成與使用，存在著歷史連鎖的淵源，不僅有所認知，對名所指謂的事實內容，作眞假價值的判斷，試圖爲各種名約下確切的定義。以刑名爲例，荀子駁斥「治古無肉刑而有象刑」（〈正論篇〉）的說法，批判「墨黥；憶嬰；共，艾畢；菲，封屨，殺，赭衣而不純。」（〈正論篇〉）等象刑，「殆非生於治古，並起於亂今」，荀子反對象徵性的刑罰，蓋欲避免「罪至重而刑至輕」，又批評「以族論罪，以世舉賢，雖欲無亂，得乎哉！」（〈君子篇〉）駁斥其不當；這顯示在澄清歷史眞象，進行價值判斷的同時，荀子往往藉由否定的說法，凸顯原有名號的意義。以爵名爲例，荀子反對「以世舉賢」（〈君子篇〉）的時代風潮，則因此舉與「賞功罰過」的原則相抵觸，見證了荀子賞罰分明，謹守嚴格法制的精神。以文名爲例，荀子認爲「三年之喪，何也？曰：稱情而立文，因以飾群，別親疏貴賤之節，而不可益損也。故曰：無適不易之術也。」（〈禮論篇〉）這是對喪禮制度正面價值的肯定。此三類名約之中，荀子在文名部分建立甚多的概念，如針對其思想體系的中心概念，稱「禮者，養也」，是以「養人之欲，給人之求」來定義禮的核心內容；又依據養的概念，描摹關於天子之禮，涵攝了「養體」、「養鼻」、「養目」、「養耳」、「養信」、「養威」、「養安」、「養生」、「養財」、「養情」等（〈禮論篇〉）較爲細目的概念；又如「平衡曰拜」、「下衡曰稽首」、「至地曰稽顙」（〈大略篇〉）則分別定義出古代三種跪拜禮的不同尺度。

　　「名」誠然是人類社會思想交通的媒介，若追溯惠施、公孫龍及墨者後學，群起論名的現象，無不注重散名，荀子亦順應時代思潮，展露理知的能量，對散名的部分，尤其的重視。屬於散名的範疇，是人類理性心靈一切活動所必要的名言，是知識論的礎石，荀子就此一範疇的名約，包括散名之加於萬物者，與散名之在人者，作了深刻的研究，既確立概念的含義，又淋漓盡致的發揮，論其成就，遠遠超乎於孔孟之上。以萬物的散名爲例，「天」是最具代表性的，荀子將「天」的概念，基本上定義爲物質性的自然現象，荀子把天地四時、日月星辰的變化，視爲只是自然規律的呈現，確立「天」的自然義，再本此明確的概念，又進一步提出許多相關的專有名詞，並加以定義如下：

　　天職：不爲而成，不求而得。

　　天功：皆知其所成，莫知其無形。

　　天情：好、惡、喜、怒、哀、樂（臧焉）。

天官：耳、目、口、鼻、形（能各有接，而不相能也）。

天君：心居中虛，以治五官。

天養：裁非其類，以養其類。

天政：順其類者謂之福，逆其類者謂之禍。（〈天論篇〉）

荀子對「天」概念下的定義，未若傳統言天的複雜意涵，如未採取孔孟言「天道」，著重於天的理性道德義，明顯突破老子、孔孟舊有思想的直觀方式，將天還原爲人的經驗直接討論的客體，不但彰顯其思辨方式具有力求客觀證據的特色，而其「制天用天」的主張，更宣揚了「以人爲中心」的進化觀念，關鍵在於能否發揮人的主觀能動性，充分預告著「天生人成」的進步之路。

有關人的散名部分，下引荀子一段相當重要的論述：

散名之在人者：生之所以然者謂之性。性之和所生，精合感應，不事而自然謂之性。性之好、惡、喜、怒、哀、樂謂之情。情然而心爲之擇謂之慮。心慮而能爲之動謂之僞。慮積焉、能習焉而後成謂之僞。正利而爲謂之事，正義而爲謂之行。所以知之在人者謂之知。知有所合謂之智。所以能之在人者謂之能。能有所合謂之能。性傷謂之病。節遇謂之命。是散名之在人者也，是後王之成名也。（〈正名篇〉）

上述引文中，荀子分別對「性」、「情」、「慮」、「僞」、「事」、「行」、「知」、「智」、「能」、「病」、「命」等進行概念的建立。其中「性」、「僞」、「能」則各出現了兩次，依連鎖遞進的形式，意義亦分兩層，如性之第一義指人之身體，性之第二義指人生理上的感官本能欲求等。〔註265〕僞之第一義指人爲的作法，卻有不完美的傾向，僞之第二義指經由教化臻於善境的行爲。能之第一義指人的實踐本能，〔註266〕即今心理學之「潛能」，能之第二義指具體表現於外的各種實作能力。荀子由層遞方式，細緻地區別散名之涵義，足證其審愼客觀的心思。

在《荀子》書中，就後王之成名與成俗曲期之名約，先行釐清其概念，確立其定義後，又大量的建構符合本身思想體系的專有名詞，進而加以界定之，

〔註265〕荀子對「性」的定義：第一義「生之所以然者」的「性」，指人的生物組織和肉體結構而言，「生」即指人的身體；第二義「不事而自然」的「性」，則指人的身體各種生理組織的綜合作用，包括天官和天君的綜合作用。參廖名春，《荀子新探》（台北：文津出版社，1994），頁 95～104。另梁啓雄《荀子柬釋》、徐復觀《荀子經驗主義的人性論》、黃彰健《孟子性論之研究》等。

〔註266〕同註42，頁 122。

如將「儒」加以區分成：「散儒」為「不隆禮，雖察辯」（〈勸學篇〉），意指不遵守禮法的儒生；「腐儒」為「（如）括囊，無咎無譽」（〈非相篇〉），即指陳腐無用的儒生；「溝瞀儒」（〈非十二子篇〉）為「嚾嚾然不知其所非也」（〈非十二子篇〉），意指無知之儒者；「賤儒」中之「子張氏之賤儒」為「弟佗其冠，神襌其辭，禹行而舜趨」（〈非十二子篇〉）指低賤的儒，皆採用較簡潔的定義；然於「陋儒」（〈勸學篇〉）、「俗儒」、「雅儒」、「大儒」（〈儒效篇〉）則以較豐富的內涵定義之。他如將「士」依道德功用上的高低區分成：「通士」、「公士」、「直士」、「愨士」（〈不苟篇〉）、「勁士」（〈儒效篇〉）、「法士」（〈勸學篇〉），亦皆賦予相當的概念內容。此處荀子所敘「概念」之範疇與內容，以政治、倫理、社會領域之事物為主，兼及自然現象與人（類）、身心（狀況）之探索；荀子以概念作為論說的依據，論述時，荀子對邏輯推論法則的運用，或非十分自主的意識到，其效度又或有爭議之處，然釐定名約的概念，不但是對名辭的自覺與反省，且採取經驗式的思辨方法，則符合邏輯學的基本要求，故當正視之。概言之，荀子對概念的釐定，較之孔孟既有不同之處，又有細密審慎勝出的創意，與其他諸子相較亦然。對概念不同的定義，使荀子和孔孟原儒產生些許區隔，同時也蔚為其個人思想的極大特色，相較於當代而言，荀子是後現代的，猶如概念藝術的創作者般，為學術界打造風格殊異的面貌。

2、形式邏輯之類名

由邏輯學來檢視，荀子除了釐定上述各種名約的概念，又在形式邏輯（formal logic）方面，揭示出傳統學術甚少觸及的內容，即「類」概念的提出。邏輯講求形式上的約定，形式邏輯的特色，在於表現揚名棄實，只研究推論形式而不求推論內容的精神，〔註 267〕易言之，這是以文字作為推論工具，對知識方法進行探討的一門學問。

先秦諸子名實之辯所採行的，同樣以文字作為推論的工具，此亦是中國學術界普遍行之的方式。〔註 268〕準此以觀，荀子透過文字進行論述時，前述

〔註 267〕林玉体，《邏輯》（台北：三民書局，2001），頁 2。
〔註 268〕林玉体先生對邏輯學的發展，除提到形式邏輯外，又提及若在進行推論過程中，除了作文字敘述外，盡量設法以符號來代替推論的語句。因為在推論所使用的工具上，符號遠比文字不具感情，因此現代的邏輯又稱為「符號邏輯」（symbolic logic）；如果推論語句徹底以符號來取代，則推論之有效性（validity），大可用數學運算方式加以計算，由此而發展成「數理邏輯」（mathematical logic）。參同註 267，自序頁 1，及第一章頁 2。

釐定名約概念的定義，是其思辨方法上採用的基本原則；此外，荀子又注意
到「類」概念，是區別事物抽象概念之名的另一途徑，乃透過「類」概念以
建立事物的分類系統，作爲思辨方法的第二原則，這相當程度說明了荀子的
知性取向，以及在邏輯學上的卓越貢獻。

「類」概念的發現，雖然以「墨子」居先，荀子則擴大的援用，又十分的
重視「類」，因而「類」概念涵蓋較多層面的含義，如禮義之「統類」係屬於存
有層面「原理」之意義，或「君臣之分類」、「士之分類」、「儒之分類」等是著
眼於政治倫理之意義；〔註269〕而「族類」則具有人類社會之意義，〔註270〕至
於專論事物抽象概念之類名，卻具有形式邏輯分析之意義。在各種不同涵義的
名號中，荀子依事物之抽象概念進行分類，從而提出的「類名」，展現出形式邏
輯的分析手法，即使跨越了綿長的時空，其充沛的生命力，依舊爲荀子的理性
思維作最佳的註腳。茲徵引其相關論述如下：

> 然後隨而命之：同則同之，異則異之；單足以喻則單，單不足以喻
> 則兼；單與兼無所相避則共，雖共，不爲害矣。知異實者之異名也，
> 故使異實者莫不異名也，不可亂也。猶使同實者莫不同名也。故萬
> 物雖眾，有時而欲徧舉之，故謂之物。物也者，大共名也。推而共
> 之，共則有共，至於無共然後止。有時而欲徧舉之，故謂之鳥獸。
> 鳥獸也者，大別名也。推而別之，別則有別，至於無別然後止。名
> 無固宜，約之以命，約定俗成謂之宜，異於約則謂之不宜。名無固
> 實，約之以命實，約定俗成謂之實名。名有固善，徑易而不拂，謂
> 之善名。物有同狀而異所者，有異狀而同所者，可別也。狀同而爲
> 異所者，雖可合，謂之二實。狀變而實無別而爲異者，謂之化；有
> 化而無別，謂之一實。此事之所以稽實定數也，此制名之樞要也。
> 後王之成名，不可不察也。（〈正名篇〉）

上述引文總論「制名之樞要」，探討的是以「同則同之，異則異之」爲制名的
基本原則，即制名的關鍵所在。「同則同之，異則異之」，旨在區別「同名」、
「異名」之實的類別，也隱含著因「異實同名」滋生一名多義，造成思想錯

〔註269〕侯外廬先生曾舉出荀子分類七例：（1）君子小人之分類，（2）士之分類，（3）
　　　　勇之分類，（4）名辯之分類，（5）奸之分類，（6）儒之分類，（7）蔽之分類。
　　　　參侯外廬主編，《中國思想通史・第一卷古代思想》（北京：人民出版社，1957），
　　　　頁 561～562。
〔註270〕同註5，頁 162。

置或論斷紛歧的情形，可予避免的作用。〔註271〕荀子詮釋事物名稱的形式與使用之歷史進程，將其概括爲「約定俗成」的精要觀念，具有文化論述的指標性意義，殆無疑義。

論述之中，尤有醒目深刻的見解，是單名、兼名、大共名、共名、大別名、別名等類名的提出，它探觸了概念的形式，又以概括和限制的方法，作爲區別個體或集合體的概念類別。其中，單名與兼名是就概念形式來分析，單名是單音節的詞，以一個字代表所指的事物，如「馬」，其外延較大而屬性較少；兼名是複音詞、多音詞或詞組，以兩個（含）以上的字稱呼之，如「白馬」，其外延較小而屬性較多；馬與白馬雖爲同類，但彼此既有同一性又相區別，在概念形式上，單名與兼名亦有區分的功能。

區分事物的基本類別，荀子大抵依概念的概括方法或限制方法，先行畫分成共名與別名。概括方法所依據的，是事物的共同性質，如單名的「花」，與兼名的「白花」、「漂亮的白花」，其性質有相同處，即依序由漂亮的白花→白花→花，層層往上概括起來，「花」即概括後的「共名」，共名反映了事物的一般性，代表一類的對象。限制方法則是將概括的過程反轉過來，以突顯事物的特殊性爲主，於是由花→白花，或花→漂亮的花等往下給予限制較多的名號，「白花」（或「漂亮的白花」）即限制後的「別名」，別名反映了事物的特殊性，代表一類中的部分對象。共名和別名是指在概括和限制過程中的相鄰概念，彼此既相區別又有同一性；共名相當於現今邏輯學中的「屬」概念，是爲上位概念，別名相當於「種」概念，亦即下位概念。但共名和別名雖是以反映事物一般性和特殊性的不同性質，而作出名的分類，它們的區分卻是相對的，如對「植物」而言，「花」是別名，對於「白花」（或漂亮的白花）而言，「花」則是共名，顯見上位概念與下位概念是相對的，而非絕對的。

荀子以共名和別名作爲區別一般物類同異的稱謂，這種以簡馭繁的分類方法，不但是建立知識所必須，也富於科學的精神。不過，物類的同異並非固定，可隨觀點而改變，蓋類有大小，大類之中涵攝著許多小的異類，故自小類言之，如「馬」與「牛」，即屬於異類者；自大類言之，「牛、馬」可概括爲「動物」，「牛、馬」因而成了同類。若以共名、別名來區分，「動物」爲

〔註271〕陳大齊先生認爲：「同實同名，異實異名」的制名原則，甚合理則學的期望。但，實際上的語言文字，不論中外，都未能符合荀子的此一理想。參同註7，頁 145〜146。

共名,「馬」或「牛」皆爲別名。

　　事物所屬的類別,其上位概念與下位概念雖可調整變動,荀子又意識到變動的極限性,因而,同樣依概括方法或限制方法,進一步界定大共名與大別名。荀子提及「徧舉」的概括方法,這是往普遍化的方向列舉,其特點是「推而共之,共則有共,至於無共而後止」,意指共名可以依普遍性一直往上推,但概括到最高極限,已沒有上位概念了,如此得到最高的上位概念「物」,是最高的類概念,代表最大的集合體,稱爲「大共名」,其外延最大,「大共名」是「共名」的上位概念。而依「徧舉」的限制方法,則是往特殊化的方向列舉,其特點是「推而別之,別則有別,至於無別然後止」,意指共名可以依特殊性一直往下推,一旦達到限制的極限,已沒有下位概念了,如此得到最低的下位概念,是最低的屬概念,代表單獨的個體,稱爲別名,這是外延最小的概念。若事物之特殊性居於共名與別之間,荀子舉鳥獸爲例,稱爲「大別名」,是指概念系統中的中間概念而言。

　　至於荀子提到「稽實定數」的說法,認爲事物有兩種情況必須嚴予區別,其一是「狀同而異所者,雖可合」(〈正名篇〉),應稱爲「二實」,意指雖爲同類之事物,卻有不同的個體,即應視爲兩個實物,如雙胞胎然。其二是「狀變而實無別而爲異者,謂之化,有化而無別」(〈正名篇〉),應稱爲「一實」,意指同一個體,在不同階段產生變化,改變了性質,但依然是同一個實體,如一個人經歷嬰幼、青少、中壯、老年的人生歷程一般,終究只是單獨的個體。此處論點,兼及類的概念與個體的概念,亦足以見證荀子具有清晰的邏輯思維。

　　綜觀荀子由形式邏輯分析事物之名,從上位概念至下位概念,依序是大共名→共名→大別名→別名,其分類方法與西方邏輯學家「樸爾斐利之數」所列者類似。〔註272〕透過「稽實定數」,來判斷類概念與個體概念的區別,將事物分類得到合宜的類名,須由「概念」出發,通過理性思考來呈現,才能形成適切的分類系統,這正是荀子本著特殊的思辨方法,在邏輯學上作出的貢獻,其成就確乎超越於孔孟之上。

三、知識論的正名說

　　一個社會經濟變遷的世代,必有思想文化方面的變遷與之相應,揆諸戰

〔註272〕同註9,頁180。

國時代學術思潮的興起，與百家學說的蠭出，即是對時局動盪，經濟蛻變的回應，也見證了人類歷史發展的「普遍規律」。〔註273〕戰國末期的荀子，置身在變遷的世局中，固然見識到百家學說散發的文化威力，但對學術思想受縱橫潮流影響，價值取捨偏離儒家人文立場之學說，如發爲怪說琦辭的名家，功利取向的墨家，消極無爲的道家，專致君術刻薄寡恩的法家等，各種學說理論造成是非混淆、知識錯亂、倫理道德敗壞、社會秩序解體等現象，卻備感憂心而關切，因而擎起儒者之大纛，旗幟鮮明地進行批判。

做爲一位篤實又習於用智重理的文化人，〔註274〕荀子不僅以各家爲箭垛，乃至對於儒學同門的孟子，亦視之爲未達思理之明，〔註275〕並予以批判。荀子批評百家，是智心的具體表現，但偏於邏輯思辨的知性層，而於智的直覺之超知性層少有喻解，本著以智識心的思想主體，〔註276〕荀子以總結思想史的姿態，表爲各種論述，雖非純爲論戰需要，〔註277〕卻在辯說論、邏輯學與知識論上俱有出人意表超越的表現。荀子在知識層面上，採取經驗主義與實在論的思想進路，〔註278〕爲百家進行品評與批駁，嚴正地爲各家正名辨惑，著名的破三惑，或非十二子等相關的批判，固然與辯說或邏輯相涉，而純粹從知識論來辨析，特別就知識論原初型式的基型問題來探討，〔註279〕既能釐清其與批判對象雙方論點歧異的主要癥結，依追溯之因，又可瞭解雙方理路觸及的真理層面。

〔註273〕如歐洲近代，與工業革命相應，即有啓蒙運動的興起。而中國明清時期「資本主義」萌芽，思想方面亦有一個「啓蒙」的運動與之相應。參嚴壽澂，《近世中國學術通變論叢》（台北：國立編繹館，2003），頁10。

〔註274〕牟宗三先生即謂：「荀子之心思……，其誠樸篤實之心只表現而爲理智的廣被，而於問題之重要關節處轉不過。誠樸篤實之人常用智而重理，喜秩序，愛穩定，厚重少文，剛強而義，而悱惻之感，超脫之悟，則不足。」參同註21，頁198～199。

〔註275〕同註5，頁30。

〔註276〕牟宗三先生指出，荀子〈解蔽篇〉即在解人之蔽以恢復其清明之智心。清明以「虛一而靜」定。而其〈正名篇〉之所言，則在明此心之表現也。此種智心最易爲人所把握，所了解。……智心有兩層：一是邏輯思辨的，一是智的直覺的。前者爲知性層，後者爲超知性層。雖有兩層，統名爲智心，亦可統名爲認識心。……荀子雖言虛一而靜，然亦只落于知性層。……惟「以智識心」易爲人所把握，而「以仁識心」則不易爲人所喻解。參同註21，頁224～225。

〔註277〕同註5，頁41。

〔註278〕同註21，頁226。

〔註279〕同註9，頁184。

1、認識與知識交涉互通

中國古代沒有「認識論」這個詞，而只是採用「求知」論，或「致知」論，主要由於宗教天命觀還牢牢地緊箍著人們的頭腦，人世間的一切都用「受天命」來解釋，因而沒有什麼認識論可言。生產的發展，科學與技術的進步，在天人關係問題上，人事作爲的地位日益增高，哲學逐漸掙脫宗教天命觀的束縛，催化著認識論的產生，春秋末期即具備了認識論產生的成熟條件。

透過認識活動，即可以得到知識，在孔子一系列學術主張中，其於認識論的探究觸及層面頗廣，卻又有所偏重，孔子的認識論觀點表現出一系列矛盾和調和的傾向；如關於認識能力的來源，雖分「生而知之」與「學而知之」兩者，「生而知之」雖懸爲最高的一格，究竟承認先驗知識的存在，〔註280〕然「學而知之」始備受其倚重，故云：「我非生而知之者，好古，敏以求之者也。」（〈述而19〉）對於學習的對象或認識內容，孔子強調「博學於文」（〈顏淵15〉）、「見賢思齊」（〈里仁17〉）、「學無常師」，這是以典籍或他人經驗等間接知識作爲學習的對象，此外，當然亦兼括了帶領弟子周遊列國時聞見、力行時，廣大直接經驗彙集成的知識。而於學習的方法和途徑，則提出較全面又具啓示意義的見解，如「多聞，擇其善者而從之；多見而識之，知之次也。」（〈述而27〉）、「眾惡之，必察焉；眾好之，必察焉。」（〈衛靈公 27〉）提示了「聞、見」之外，必須加以明察辨別；孔子主張：「學而不思則罔，思而不學則殆。」（〈爲政15〉），強調「學思並重」的「思」，相當於「理性思維」的運用，則深具啓示的意義。孔子在認識論上的核心觀念，揭示以「以知求仁」的理念，即將道德列爲學習的首要目標，更以「君子欲訥於言而敏於行」（〈里仁 24〉）、「君子無終食之間違仁」（〈里仁5〉），強調知行合一的重要，以彰顯仁德可貴之價值。

孔子所論認識過程的一系列環節之主張，扼要地說，是以認識之活動，作爲通往知識界域的橋樑，客觀存在的直接或間接知識，則爲認識活動期待獲得的結果；易言之，認識與知識兩者之間，容許存在著互通的徑路，亦須藉助認識之鑰來開啓知識的寶庫。在認識活動尚未啓動時，認識與知識或互不干涉，一旦啓動且完成整個認識過程，兩者便有了關聯。以認識論原理而言，孔子環繞著名實問題所倡議的正名主張，本以政治之名的政治倫理議題爲主，而又將關涉到一般事物之名的知識問題，納入倫理的範疇來處理。在孔子的認識論基礎上，先秦各大學派又針對某些環節展開深度的討論，其中

〔註280〕同註16，頁26。

墨家對知識問題亦詳加討論過，如《墨經》謂：「知，材也」，「知」指認識的能力；「知，接也」，指出人的認識能力與外物相接觸，即爲認識的活動；「知，聞、說、親……」，說明知識的來源包括：（1）聞知，由傳授得來的知識。（2）說知，由推論得來的知識。（3）親知，由親身經歷和觀察得來的知識。〔註281〕

　　在釐定名實關係的問題時，荀子對「認識」與「知識」進行了理性的探討，又作了總結性的批判及創造性的論述。關於認識活動，荀子揚棄孔孟「生而知之」、「良知」、「良能」的先驗論，力倡「學而知之」的經驗論路線，荀了與孔子一樣，特別注重學的重要性，因而稱：「學不可以已。……，君子博學而日參省乎己，則知明而行無過矣。」（〈勸學篇〉）說明學習始爲獲得知識的正確途徑。對於認識的能力，荀子稱：「所以知之在人者謂之知」（〈正名篇〉），認爲人具備固有的認識客觀事物的能力，這與墨家「知，材也」的觀點相似。但有認識能力，並不代表等同於認識事物或擁有知識，故針對認識的活動，荀子主張：「所以知之在人者謂之知。知有所合謂之智。所以能之在人者謂之能。能有所合謂之能。」（〈正名篇〉）所謂「知有所合」或「能有所合」，指出認識的能力必與外物接觸，才能辨識外物的形貌，亦如墨家「知，接也」的看法，同樣是經驗論的取向。

　　但荀子對認識活動進行了較細緻的分析，如「心有徵知。徵知，則緣耳而知聲可也，緣目而知形可也；然而徵知必將待天官之當簿其類然後可也。」（〈正名篇〉）的說辭，將得到知識的途徑，分成由感覺與思想兩階段的認識活動，即把感覺器官接觸的印象，進一步提昇到運用理性思維來辨析，強調經驗與理性綜合的正確認識途徑，意味著知識的獲得非直截的攫取，而要依循按部就班的程序，是進步的見解。然針對理性思維的功能，荀子在〈解蔽篇〉中提出「虛、壹、靜」的觀念，作爲突破「藏、兩、動」的思維方式造成的囿限，透過對立面矛盾概念的辯證關係，強調遵照「虛、壹、靜」的工夫以肯定「大清明」之心的效度，則爲認識過程作出更詳盡的分析，其宗旨乃在爲「人心之公患，在蔽於一曲」的現象，提供「解蔽」的方針。荀子又指出以「兼權」爲利害取捨、辨別是非的決斷方式，使「解蔽」與「兼權」同時成爲探索知識的明燈。荀子對人類知性主體之心，具有意識、記憶、聯想、分類和判斷等各種作用與能力，〔註282〕顯然有著較全面而深刻的了解，

〔註281〕同註206，頁7。
〔註282〕魏元珪，《荀子哲學思想》（台北：谷風出版社，1987），頁17～18。

但由於著重心的清明狀態，因而指出對心的特質必須瞭解、取捨且掌握之，心若能由「知道」而「可道」進而「守道」，始是理性思維的高度表現。這種主張，是荀子對傳統理論進行批判，或承或棄，從而形塑自己創見的表徵。

綜而言之，在認識與知識交涉互通的徑路上，荀子雖以經驗論爲基礎，復加上理性因素的考量，他以肯定人的認識來源爲起點，將「學」列爲認識的必要條件，本乎「善學者盡其理」（〈大略篇〉）的理念，指引感覺經驗與理性推理綜合運用的方式，又提出「虛、壹、靜」或「兼權」的問學作事工夫，以期獲得正確知識的結果。在荀子構設獲得的知識論成果中，荀子對名的論述既精采又格外的重要，〔註283〕本著孔子「正名」主張的主體精神，荀子除緊守著政治倫理的目標，又因緣際會地涉入邏輯領域，展現亮麗的邏輯學成就，乃至社會學的發現；在多重路線的運思中，荀子對先秦諸子展開「正名辨惑」的聲討行動，即是依多重路線交叉地進行著批判，究其批判之理據，若回歸知識論原初型式的基型問題，對荀子知識理論或有豁然開朗的新視野。

2、由能知所知正名辨惑

在名實問題的基礎上，荀子構建了十分嚴謹的認識論體系，其識見又涉及了知識論的問題，就其提出的系列主張，與先秦諸子相較，實兼具了或同或異之論點，不容否認是經由傳承、揚棄、發揮、創新鎔鑄過程形成的；而對傳統理論總結性的批判，與提出進步見解的鮮明立場，荀子儼然像就於靶位上的射手，左右開弓地議論古今鍼砭學者，眾聲喧嘩情況下，荀子意圖扮演整體思潮的中流砥石，欲挽狂瀾的決心，又使他不免高倡儒者的議論，其議論爲哲學史寫下光輝的扉頁，亦無庸置疑。

荀子認爲諸子百家必須正名辨惑，但，猶如辯說的道理一般，論辯主賓雙方透過辯說術，期望達成「立敵共許」的結果，或可能止於理想，歧思異見的相對立場，使彼此難以拉近距離，此爲辯說現象的困境；荀子與問難批駁的百家之間，正如辯說現象之投影，彼此的歧異亦難以彌合，因而由傳統知識論的特徵來理解，其立論的理由、意義與限度，〔註284〕乃至諸家各抒其

〔註283〕同註237，頁425。
〔註284〕韋政通先生指出：「（荀子）既明三標與三惑，知荀子論名固有其對治之作用，然在此中，卻不難發現他在知識問題上確透露了一些重要理論，我們不妨對這些理論在知識論上的意義及其限度作一省察。」便是說明荀子探觸到知識論有獨立自足的意義，又難免存在著限度。參同註9，頁184。

理、觀點歧異的眞相，可隨之得到澄清。

　　關於傳統知識論，在西方哲學史發展中，以亞里斯多德爲代表，其基本特徵爲：（1）直截了當地把求知理解爲人類的本性，（2）把求知理解爲人類對外部世界的靜觀，（3）將理性的知識理解爲主觀認識與客觀物件相符合的結果。〔註285〕以此爲準，衡諸荀子對認識與知識的論述，相當程度映現了傳統知識論的特徵。西方知識論在歷史發展中，出現了各種的界說，唐君毅先生曾說：「人之求知識，亦自覺是以未知之關於事物之理，爲吾人求知識之對象。此中即有明顯爲屬於主觀之求知識之了別心，與所欲知欲了別之事物之理之距離。」〔註286〕又作出扼要的解說：「知識論，即求知我們之能知如何關聯於所知，以構成知識的學問。」唐先生所謂「能知」關聯於「所知」，點出了知識形成的原初型式，〔註287〕知識的原初型式，是促使人類邁向文明的步履，唐先生的界說，則體現了荀子認識論中主要概念的成分，查察荀子所稱：「所以知之在人者謂之知。知有所合謂之智。」（〈正名篇〉）其中「所以知之在人者謂之知」，即指人「能知」的特質；「知有所合」，則言人「所知」的對象。荀子又稱：「凡以知，人之性也；可以知，物之理也。以所以知人之性，求可以知物之理。」（〈解蔽篇〉）都說明了「能知」與「所知」之間的關聯。這些言論，足以證明荀子對知識的原初型式已有明確的認知，對照傳統知識論的特徵，同樣反映了知識原初型式的道理。

〔註285〕如俞吾金先生在〈從傳統知識論到生存實踐論〉一文所稱：「本文深入地反思了，以亞里斯多德爲代表的傳統知識論的基本特徵，指出了它向現代的生存實踐論轉化的必然趨勢，從而揭示了知識與人類生存實踐活動之間的內在聯繫。」文中又提到：「如果我們把從古希臘哲學家泰利士到德國哲學家的學說稱之爲『傳統知識論』，那麼，也可以把以叔本華爲代表的唯意志主義、以馬克斯爲代表的歷史唯物主義、以詹姆士爲代表的實用主義和以海德格（爾）爲代表的存在主義等相關的思潮統稱爲『生存實踐論』。」這是對前後期哲學家大致的區分。俞文又特別指出：「傳統的知識論，依亞里斯多德的論述，人們經常以非實用或超實用的方式來使用他們的感官，各種感官之中，視覺最爲重要，而視覺則是以觀看的方式，亦即在很大程度上是以靜觀的方式加以觀看，……而沒有深入地探究人類的生存實踐活動與他們對外部世界的感官之間的內在聯繫。亞氏所忽略的內在聯繫，卻正是後期哲學家強調知識不可與人們的生存實踐活動和實用目的相分離的意義。」參俞吾金，〈從傳統知識論到生存實踐論〉，《文史哲》（濟南市：文史哲編輯部，2004年2期），頁12～13。
〔註286〕唐君毅，《中國哲學原論》（香港九龍：人生出版社，1966），頁344。
〔註287〕韋政通先生把涉及知識原初型式的論題，稱爲是一個「基型問題」。參同註9，頁184。

不過，荀子與亞里斯多德在知識原初型式的內容上，則存在著某些不同的觀點。首先，針對「能知」的部分，荀子認為人的主觀認識兼括感覺器官與理性思維兩階段的運用，然並未特別強調五官之中何者重要，亞里斯多德提出：「在諸感覺中，視覺（the sense of sight）最為重要，……與其他感覺比起來，我們更喜歡觀看（seeing），這是因為能使我們認識事物並洞見它們之間的差異，絕大部分感覺來自視覺。」〔註288〕亞氏首重視覺的論點，形成傳統知識論認為「求知」是人類對外部世界的「靜觀」之特徵，此為亞氏與荀子歧異處之一。再進一步追問，「能知」與「所知」關聯起來的目的何在，亞氏認為：「無論是古代還是今天，人們的哲學思索都起源於他們的驚奇；……所以他們從事哲學思索是為了擺脫無知，顯然，他們並不是為了任何實用的目的，而是為求知而追求科學。」〔註289〕亞氏所謂非實用的目的說，顯然指生活需求而言，求知雖然不是為了滿足生活所需，卻能滿足知性層面，即探討物理世界獲得科學的知識，亞氏的「科學目的論」，或難免停留在經驗層面的觀照上，但蘊含著以理性思維對外物變化加以思索的方式，推論出因果關係的目的論，卻啟發了牛頓的「機械論」主張，雖然目的論的因果關係與機械論的因果關係是不一樣的。〔註290〕

反之，荀子的求知則傾向實用的目的，知識探索的包括對大自然的觀察和對社會自身規律的省思，雖然對自然奧秘的原理，荀子主張「唯聖人不求知天」，但對自然簡單的規律則要求適度的理解與掌握，〈天論篇〉云：

> 所志於天者，已其見象之可以期者矣；所志於地者，已其見宜之可以息者矣；所志於四時者，已其見數之可以事者矣；所志於陰陽者，已其見和之可以治者矣。官人守天，而自為守道也。

> 大天而思之，孰與物畜而制之！從天而頌之，孰與制天命而用之！望時而待之，孰與應時而使之！因物而多之，孰與騁能而化之！思物而物之，孰與理物而勿失之也！願於物之所以生，孰與有物之所以成！故錯人而思天，則失萬物之情。

由上述引文，可知其實用性的求知取向非常的顯著，荀子強調「上察於天，

〔註288〕同註285，頁12。
〔註289〕同註285，頁12。
〔註290〕劉君燦，〈關聯與和諧——影響科技發展的思想因素〉，載於洪萬生主編，《格物與成器——中國文化新論（科技篇）》（台北：聯經出版事業公司，1991），頁518。

下錯於地，塞備天地之間，加施萬物之上」（〈王制篇〉），將「制天用天」視為人類生存的正確途徑，這種利用厚生的觀念，道出了知識的來源乃在於實踐，求知的動機因是為了生存，既充溢著實用性的目的，當然離不開對物質力量的重視，而得自經驗世界的觀察，又涵蓋某種程度的科學實踐精神。然而，荀子對知識求知更為關切的是，將滿足現實生活需求，提昇為對社會自身規律的反思，對社會自身規律的反思依然是「能知」與「所知」的關聯結果，反思所以比需求重要，蓋前者只是位於求知的初階價值，後者才能臻於求知的高階價值。荀子一再強調禮義教化之重要，所謂「君臣之義，父子之親，夫婦之別，則日切瑳而不舍也。」、「在人者莫明於禮義」（〈天論篇〉），求知以反思社會自身的規律，既為了更新社會道德倫理的面貌，重新界定禮義規範的地位，更是營造政治秩序的必要措施，這樣的構思，已將道德的理想境界、倫理的規範要求和政治的現實目的融冶一爐。

　　上述的分析，清楚顯示荀子的知識論，提出由「能知」接觸「所知」，使兩者產生關聯的認識方式，是屬於經驗論的觀點，經驗論的觀點與實用目的必緊密地扣合；而他指出認識過程，分為感覺認識與思維辨析兩個不同階段的理論，則為科學理性的觀點，理性主義的思維，促使荀子探觸了邏輯學的領域；以繼承孔子志業的儒者立場，又使他將理性觀點延伸到政治倫理的領域，視道德倫理為終極的目標。

　　準此以觀，不論在名實問題或各門學派的主張上，荀子對各家發出的詰難，是循著知識論的原初型式，即以能知關聯於所知的維度來反思，其立論之理由，莫不以此為基礎來展開，他把問題攤在知識經驗論、邏輯學、倫理學的鏡頭下逐一的檢視，以實用性目的過濾著異彩紛呈的學說。在著名的「三惑」問題中，荀子所評「見侮不辱」、「聖人不愛己」、「殺盜非殺人」等「用名以亂名」的現象，是站在制名以指實的立場上來立論。如「見侮不辱」，荀子認為侮與辱之名雖不同，侮之名的內容已寓有恥辱的意義，宋鈃卻認為恥辱是引起鬥爭的主因，主張「見侮不辱」，則鬥爭不起，不但名實不相應，又與鬥與不鬥，關鍵「在於惡或不惡，而非辱或不辱」的事實認知有出入，〔註291〕易言之，宋子之言違背了經驗與概念。而「殺盜非殺人」，以邏輯概念而言，人是共名，盜是別名，故

〔註291〕荀子〈正論篇〉針對子宋子：「明見侮之不辱，使人不鬥。人皆以見侮為辱，故鬥也；知見侮之為不辱，則不鬥矣」的論述，所下的批判為：「然則鬥與不鬥邪，亡於辱之與不辱也，乃在於惡之與不惡也。」參同註8，頁361～362

盜攝屬於人的大類之中，荀子因而駁斥墨子所言「殺盜非殺人」，是犯了名不指實，同異不分的毛病，僅就所引「殺盜非殺人」一句，荀子的批評足以成立，但若回溯墨子整段言論：「盜人，人也，多盜非多人也。奚以明之，惡多盜非惡多人也，世相與共是之。若是，則雖盜人人也，愛盜非愛人也，不愛盜非不愛人也，殺盜非殺人也。」（〈小取〉）則又知墨子是由價值層面論斷「殺盜」，並非對盜、人的概念無法區分。上述亂名之例，荀子統歸為違反「所為有名」而引發的過失。

至於荀子批評「山淵平」、「情欲寡」、「芻豢不加甘，大鍾不加樂」皆「用實以亂名」之現象。依序來說，蓋山高淵低，本是正常的官能知覺，亦是一般的經驗常識，其概念已然確定，惠施以個別的特殊事實提出「山淵平」的論點，便違背了經驗論立場；人情皆有欲亦是普遍事實，宋鈃以少數個體特殊情況提出「情欲寡」的論調，同樣悖逆了經驗與概念定義；至於「芻豢不加甘，大鍾不加樂」，此特殊情形或有之，但更大成分，墨子當是為「節用」、「非樂」的論說而發，無論何種情況，依然有違普遍的經驗事實，荀子統歸此類亂名為違逆「所緣以同異」激起的過失。

另外，荀子又批評「非而謂」、「盈有牛」、「馬非馬也」，是「用名以亂實」的現象。以上依楊倞之斷句，前兩例楊倞注曰：「未詳所出」；至於「馬非馬也」，梁啓超認為句首奪「白」字，即為公孫龍主張的「白馬非馬」。〔註292〕就此說來分析，馬是單名，白馬是兼名，兩者在攝屬關係上，馬是共名，白馬是別名；依名約的說法，「白馬是馬」始符合常識與民眾的立場，荀子因而駁斥公孫龍「白馬非馬」的說法。荀子認為名約應當遵守，雖是以普通的習慣來衡量是非，固有其理據。反觀公孫龍的立場，是將代表形體名稱的「馬」，和代表顏色名稱的「白」，看待成是兩件不相關的事，形體的名與顏色的名，亦各具不同的意義。公孫龍注意到馬的顏色可以析離出來，又了解「白馬異於馬」的道理，但卻設置語言陷阱，乘人不備，偷偷地把「異於」換成「非」，〔註293〕「非」的基本含義為「不是」，「異於」的含義應為次要之義蘊，一般人對流傳的公孫龍之故事，即是依「不是」的第一義項，將「白馬非馬」理解成「白馬不是馬」。〔註294〕

〔註292〕梁啓雄，《荀子柬釋》（台北：臺灣商務印書館，1993），頁317。

〔註293〕孫中原先生詳細對照〈白馬論〉和〈迹府〉二篇文章，指出公孫龍將「異於」換成「非」是偷換概念的手法。參孫中原，《詭辯與邏輯名篇賞析》（台北：水牛圖書出版事業有限公司，1998），頁21～28。

〔註294〕同註293，頁26～27。

後世亦有從寬地認定「非」為「異於」的論點，否定公孫龍的議論是詭辯。

　　公孫龍著重於分析，特別強調白馬與馬之異，不能否認有抽象思維的存在，蓋依其「白馬異於馬」的思路，「異於」著眼於分別性，「白馬」有兩種概念，「馬」僅一種概念，兩種概念與一種概念有別，故「白馬」不能同等於「馬」，亦可成立。牟宗三先生即認為，其「非」字之意，蓋只是明兩概念之不同，但公孫龍將其轉說成「白馬非馬」，成為否定命題，〔註295〕卻易生混淆。正如公孫龍另外提出「離堅白」的論點，也以抽象思維進行分析，他將觸覺所得「堅」的概念與視覺所得「白」的概念，強行割裂，稱「堅白石為二」，公孫龍認為概念可以「自藏」；但「石」為一實體，「堅」與「白」皆為「石」之屬性，一個實體可有多種屬性，一般人透過感官知覺來認識實體，不同的感官與理性思維會自然地將各種屬性綜合起來，從而的得到較整體的印象。公孫龍偏重分析而忽視綜合，似乎指引了一條在靜默中與獨立概念交會的方式，雖稱獨特，那卻是一般人較不易體會或接受的，這也形成了他和荀子的殊異處。荀子對「白馬非馬」的論難，主要以常識經驗為基礎，並結合共名或別名，即上位概念與下位概念的攝屬關係，從而判斷「白馬非馬」是錯誤的，是違反了「制名之樞要」所激起的過失，這也是理性的判斷，卻以不違離具體經驗為前提。

　　知識的獲得，誠然是能知與所知聯結的結果，知識又必須託諸語言文字，以語言文字符號傳達認識觀念，此符號即是名，名是構建知識的基本元素，荀子對名相當注意，謹慎地為各種類名建立正確的概念，則成為其知識論中極為重要的成果。上述針對「三惑」來正名，旨在釐清概念並進行判斷，便是由經驗論出發，荀子又作出鏈條式的構思，荀子毫不留情抨擊名家的論點為詭辯，認為「不法先王，不是禮義，而好治怪說，玩琦辭，甚察而不急，辯而無用，多事而寡功，不可以為治綱紀；然而其持之有故，其言之成理，足以欺惑愚眾。是惠施鄧析也。」（〈非十二子篇〉）主張「無用之辯，不急之察，棄而不治。」（〈天論篇〉）怪說琦辭必須摒棄因為既違離常識經驗，又不符實用性之目的，且悖逆政治倫理、道德倫理的訴求，這些在荀子的觀念中都是環環相扣的目標。荀子廣泛地把矛頭指向各家的學說，認為「墨子蔽於用而不知文，宋子蔽於欲而不知得，慎子蔽於法而不知賢，申子蔽於勢而不知知，惠子蔽於辭而不知實，莊子蔽於天而不知人。」（〈解蔽篇〉）進一步評

〔註295〕同註21，頁271。

論道：「愼子有見於後，無見於先。老子有見於詘，無見於信。墨子有見於齊，無見於畸。宋子有見於少，無見於多。有後而無先，則群眾無門。有詘而無信，則貴賤不分。有齊而無畸，則政令不施。有少而無多，則群眾不化。」（〈天論篇〉）荀子堅決肯定人類主體的實踐力量，冷靜理知而又樂觀積極的精神，〔註296〕究其批評的立場，亦無不以普遍經驗爲準，以政治實用目的與倫理道德爲歸趨。

荀子由經驗論來建立名的概念，在散名中一些具代表性的觀念，更足以證明其知性主體的表露，又顯然與孟子的道德主體有別。荀子所論列的散名，擇要來說，如「天」指具有規律的自然現象，是物質性的存在；「心」是人的理性思維；「性」指人的感官本能、欲望需求；「僞」指可學而能可事而成，是人爲的表現；「禮義」是客觀外在的規範；「命」指節遇，是偶然的遭遇等。荀子皆賦予名號相當明確的意義，確切的概念又形成了荀子以客體禮義爲基礎，建構其「天生人成」的客觀系統，由「天生人成」的原則，推擴爲「制天用天」的主張，既具強烈的經驗基礎，又富於某一程度的科學思想，其實用性目的更是旗幟鮮明；尤其言「性、天」之意義，採取經驗性的概念，與客觀實用的路徑，彰顯出荀子主知的性格及獨特的創見，這與孟子由主體入的構思，肯定心性皆善，強調天道之義理內在於人心的先驗性主張，則又大異其趣矣。

荀子認爲：「道者，古今之正權也；離道而內自擇，則不知禍福之所託。」（〈正名篇〉）道是一種客觀的標準，也是認知的外在對象，對荀子而言是極明確的，孟子言道卻內在於心性，這種「離道而內自擇」的先驗性論點，正是荀子加以非議的理由。然而，值得注意的是，儘管孟、荀在概念的認知上存在著歧異之處，對政治倫理、文化秩序、道德踐履卻同樣有所堅持，雖堅持相同的目標，採行的手段卻又殊別，從而形成孟子高揚「內聖」，荀子側重「外王」學術重心的區隔，執行手段殊別，主要來自思維方式的差異，思維方式的落差，造成極度的不相容，使荀子咄咄地非議思孟學派：「略法先王而不知其統，然而猶材劇志大，聞見雜博。案往舊造說，謂之五行，甚僻違而無類，幽隱而無說，閉約而無解。案飾其辭而祇敬之曰：此眞先君子之言也。」（〈非十二子篇〉）嚴厲的批判與質疑的口吻，指涉的是荀子批評孟子的兩個顯著標準；其一是要求思想具有知識性的、邏輯的清晰度與準確度，其二是

〔註296〕同註46，頁120。

要求思想具有經驗的、實踐的可行性與功效性。〔註297〕在思想方法上，荀子所執持不拔的，與孟子所信守不渝的，壁壘分明的態勢，就人類理性思維表現而言，其實不外乎「橫看成嶺側成峰」的道理；在思維路向上，荀子主知性格重視客體的精神，將使道德主體因而隱伏，孟子內省性格重視主體的精神，則使客觀精神受到限囿，孟荀在知識論層面各有發現、彼此互補的論述，依然是後人深切關注的。

〔註297〕同註5，頁32。

第八章　先秦儒家名實思想之價值

　　在傳統學術地位上，先秦儒家雖有主流或非主流之分，若放置到文化的天秤上，實各有千秋，亦各自展現不同的特色，在歷史洪流中則發揮不同程度的影響，甚至在不同世代，呈現出彼此消長的情況。文化大抵涵蓋三個層面，其一是器物技術的發明，直接而明顯地改進了人的物質生活，其二是各種制度的制定，普遍而全面地形塑了人的生活方式，其三是思想觀念的提出，則長久而深遠地影響著人的言行舉止。〔註1〕理想的制度，往往能營造人類較為幸福的生活，而思想觀念對人的引導之功與影響之深誠不容否認，當它內化為人類內在心靈的一部分，又逐漸外顯為人類外在行為的表現時，便意味著這思想觀念已與人的生命緊密相合而不可二分。名實之辯由孔子的「正名說」發端，主要針對倫理政治提出針砭之見，既關涉到道德倫理與一般事物，又涵蓋政治制度的層面；諸子涉足其間，立說分派的結果，又使名實問題擴展至知識論、邏輯學等領域。

　　孔子因名實問題率先提出的「正名」觀念，本是儒家極具開創性的思想之一，孟子繼之加以闡揚，荀子作出總結，探觸的範疇兼括了諸子討論的各類議題。就整體的名實問題而言，儒家以倫理政治為導向的正名思想，已根

〔註1〕　關於文化一辭的意涵，學者之見各有歧異，諸家意見，參見金耀基，《從傳統到現代》（台北：時報文化出版公司，1990），頁195～197。本文提及文化，將其略分器物技能、制度、思想觀念三個層次，則是參考近代學者論述中國現代化的三個遞變層次之說法，其中第三個層次原為「思想行為」，參閱金耀基，《從傳統到現代》，頁161～167。如此區分，雖是方便說法，立意卻在於強調思想觀念一旦融入某一文化的信仰系統或價值系統，勢必進一步衍化為社會習俗，終而使思想行為如膠漆相投般密不可分。

深蒂固地烙入華夏民族的心中，並轉化為具體可見的行為，其影響之深遠甚且綿延至今，此一思想所表彰的意識觀念，探討的人際法則，對維護社會秩序，促進社會和諧的作用，皆具有其正面意義與價值。對政治制度的構設，孔孟荀在理念上兼具相通與歧異之處，孟子由孔子「為政以德」的主張，發展為「仁政王道」的理想，至荀子轉為「務重現實」的設計，勾勒出理想與現實的雙幅規模，成為後代施政理念抉擇的焦點，無不在歷史上刻鏤著深重的印痕。而在孔子開創的認識論基礎上，孟荀各以特有的思辨方式，分別開闢「唯心」與「唯物」的認識路線，從而對價值作出不同的判別。另外，荀子因個人理性特質，因緣際會旁收諸子，〔註2〕匯流激發出邏輯學方面的相關理論，可謂彌足珍貴。雖然正名思想論述的對象，界定的標準並非周浹無瑕，由名實問題延伸出的知性觸角，難免因哲人縱橫馳騁的思維，而各顯大開大闔的向度，孔孟荀皆有令人矚目之見，當然也不免有囿限之處。但，就文化發展的立場而言，孔孟荀在名實之辯的議題上，既本著承傳與創發的態度，霙費苦心地為其族類規畫人群往來的路徑，教導人們扮演稱職角色的要領，為政治規劃具體的方略，指示主觀或客觀認識的途徑，展露理性思維的光輝，以期人人自在自如的走在人生大道上，此番提攜之用心，不唯吾人應予深刻的體會，亦宜深入了解此一思想價值之所在。底下即略分數端以言。

第一節　就倫理學層面

倫理學旨在探討做人的學問，而以「行為」為中心內涵，「善」的價值和意義亦為探討的對象。〔註3〕倫理一辭，指人倫道德及其群己實踐，包括行為規範、社會禮俗、道德教化、人格涵養，乃至廣泛的人倫文化。〔註4〕有人說傳統中國是一個以倫理為本位的社會，〔註5〕中國社會之所以重視倫理，則是受儒家思想之影響所致。傳統儒家所強調的倫理，以五倫關係為主，五倫的說法至漢代三綱說提出後，即漸為五常的觀念取代。五倫說注意人對人的相互關係，

〔註 2〕 李澤厚先生提到：「荀子可說上承孔孟，下接易庸，旁收諸子，開啟漢儒，是中國思想史從先秦到漢代的一個關鍵。」參李澤厚，《中國古代思想史論》（台北：漢京文化事業有限公司，1987），頁 101。

〔註 3〕 鄔昆如，《倫理學》（台北：五南圖書出版公司，1994），緒論及頁 307～308。

〔註 4〕 此係根據傅偉勳先生對「倫理」一詞的界說，參傅偉勳，《從創造的詮釋學到大乘佛學》（台北：東大圖書公司，1990），頁 73。

〔註 5〕 梁漱溟，《中國文化要義》（香港：三聯書店，1994），頁 77。

五常則轉變為人對理、對位分、對常德的片面絕對關係，〔註6〕此說不但成為五倫說最高最後的發展，也幾乎成為世俗對五倫意義的認知。倫理思想的提倡則始自孔子，孔子所以強調倫理的重要，是緣於當時社會變革太大，形成綱紀廢弛的現象，因而對社會秩序極度的關注，易言之，孔子因為處在一個「無序」與「失範」的時代，見到了社會由巨大變遷帶來的危機，於是提出「如何重建規範秩序」的問題，作為對當時社會亂象造成挑戰的回應。因此，孔子一心一意，投身於重建社會秩序的事業，提倡循禮正名，作為重建社會秩序的手段，孟子進一步發揮孔子的正名思想，正式提到五倫的觀念，荀子繼之於後，於五倫之外，特別挹注「群道」的觀念。倫理的本質，是要求人自覺主動地表現「理、義」，理之所當然，義之所當為，就應自動自發地去實踐，以表現生活的意義，創造人生的價值。〔註7〕由倫理的本質來看，一個社會之所以重視倫理，即緣於倫理有其存在的意義與價值。儒家對倫理之關切，同樣涵蓋著對道德的關注，究其流變，則可看出由孔孟動機論轉變為荀子行為論的趨向。

一、孔孟的識見

1、確立責任義務觀念肯定道德理性的自主表現

　　浩渺的宇宙，雖然生存著各形各色的生命，卻因人與生俱有的思考能力，不斷開發創造的思維能力，使人類成為立足地球，稱雄四方的「萬物之靈」。人類思索的對象很廣，不論是外在的任何事物，或自身的一切問題，由於好奇心使然，終免不了要窮究到底以窺其究竟真相一番。就中國人的思想進化過程而言，其思想的突破性發展可遠溯自周初宗教中人文精神的躍動，周初已有將宗教由原始的崇拜神祇，導向人底自覺精神路徑的趨勢，所謂人底自覺，即是人對自己的行動，憑著自己的意志、理性加以導引，對行動後果亦應自行加以負責；這種對事物發生責任感的態度，不但是人底自覺精神的表現，亦是人道精神的顯露；周初對人文精神的進一步反省，所衍生的憂患意識、敬、命哲等觀念，非但奠定中國精神文化之基型，〔註8〕也導引了後來文

〔註6〕　韋政通，《倫理思想的突破》（台北：水牛圖書出版事業有限公司，1990），頁13。

〔註7〕　蔡仁厚，《孔孟荀哲學》（台北：學生書局，1984），頁299。

〔註8〕　徐復觀，〈周初宗教中人文精神的躍動〉，《中國人性論史》（台北：商務印書館，1975），頁15～33。

化側重道德特質的發展路向。

　　人文精神是以人為中心，以人為本位的思維模式，當人文精神從周初開始躍動，隨著時代的推移，人文精神即跟著展露出日漸蓬勃的生機。由於思想的核心落在人自身，人們自然而然地深思著人生林林總總的問題，諸如：人的概念是什麼？人性的本質如何？人生的意義何在？生命的目的如何取捨？生死的究竟真相....等問題，凡是屬於人主體生命本身的課題，甚至由主體生命推擴而出的：如人與動物的差別，人與他人的關係，人與自然的關聯，或如政治、制度、經濟、軍事等種種環繞著個人而牽連衍生的課題，亦無一不是人們費心思量的主題，〔註9〕上述的問題比起人們基於自然生命的需求，而用心計議如何取得衣食所需等現實問題，非唯有其現實性與理想性，畢竟又較為嚴肅而深刻。由於養成教育的不同，思索這一類嚴肅問題的，終究是以知識分子為主，這並不是說，一般群眾對此問題從未加以思索過，群眾自有其不同程度的看法，但，知識分子敏銳的心思，對變動的現象或永恆性的論題卻能更加用心思考，其想法，「在某些程度上，當能反應社會的整體思想，雖難免與群眾有相當程度的疏離」，〔註10〕然而，日久之後，其思想勢將引起群眾的矚目，繼而掀起討論的熱潮，終至成為約整群眾的普遍觀念，可謂是水到渠成之事矣。

　　作為原始儒家代表的孔孟，既身為知識分子，又扮演著思想家的角色，循著人文精神的思考模式，兩位哲人對主體生命自身的問題，與環繞著個人而牽連引伸的課題，即不可避免地加以費心思量。人的主體生命值得探究的層面雖廣，但在儒家的眼裡，終究應以切近可親的現實人生為主，現實人生又並非止於人的自然生命而已，而應著重於人的道德生命始可，由於認為人立足於世間，應以道德生命為主，道德生命必須經由道德的實踐，才得以彰顯生命的價值，因此，道德即成為儒家所認可的生命意義之所在。同樣的，環繞著個人而牽連引伸值得探勘的課題雖亦繁多，儒家則不可避免地專注於自許為萬物之靈的人類自身，雖然各種活動的生命與人類也有不容斷裂的關聯，人以外的生物畢竟只是供人役使，只屬供養人類的產物，因而自然地被貶抑為低等的族類以襯托出人類的高貴；至於寂然邈遠的自然，由於人類尚

〔註9〕 筆者按：人生的問題很廣，可由各個不同角度切入深談。

〔註10〕 段國昌、劉紉尼、張永堂譯《中國思想與制度論集》（台北：聯經出版事業公司，1981），頁19。

未費其智慧探測究竟，以揭開自然神秘的面紗，遂使自然成為高懸不可測知，與人若即若離，又值得人類取法的一種超然存在。儒家所關注的是人自身，及人與人間的往來，因為從人文的觀點來看，世間的一切繁華榮枯，都必須因人類的存在才顯得有其意義，沒有人類的存在，繁華榮枯都不過是兀自的花開花落；更何況，人類的存在，不但為世間的消長更迭營造各種大異其趣的景觀，人群往來交際的情況，亦將深深影響整個社會發展的安定性。然不論是主體生命本身，抑或不同個體之間的交互往來，孔孟所強調的都是道德精神的表現。

　　儒學的最大特色，誠然在於以人的生命為對象，儒學亦因而稱為「生命的學問」。儒學之所以稱為「生命的學問」，便是基於人是為道德而存在的嚴正理由。然而，道德並非止於認知，非止於概念而已，而應化為具體的行動，因而，對每一個主體生命而言，所謂人是道德的存在，其真義應指人必須能切實地實踐道德。人類又何以能實踐道德呢？須知，道德行為必須由道德意識加以判斷，人之所以有道德意識，則由於人具有理性的特質，理性可說是人生而具有的一種能力，一種發現什麼是真理的能力。〔註11〕嚴格來講，真理必須在思維方法上藉助於清晰明瞭的概念分析與層層嚴密的邏輯思考，在實際檢證上有賴經驗事實的符合，如自然科學即屬之；儒家所強調的道德則屬合情合理，共識共認的道理，道理是思想家開創性的慧見洞識，脫離不了主體性的肯認或體認，也不違反經驗事實，此雖與自然科學之客觀真理有別，亦可謂之為「相互主體性真理」，〔註12〕或稱為「內容真理」，〔註13〕儒家既然視道德為真理的呈現，又道德既屬共識共認，合情合理的觀念，自然宜為大家所體認，另為大家所接受。儒家所以一再主張道德實踐始為生命的根本意義，乃因透過理性的評估，體認出道德的價值在於，道德行為不僅帶給人快樂，表達了人善意的動機，是人類理性行為的表現，最重要的則是使人的自我得以完全實現。〔註14〕道德的價值既然不容抹煞，則道德的行為當然值得鼓勵與肯定。

〔註11〕 林毓生，〈什麼是理性〉，《思想與人物》（台北，聯經出版事業公司，1990），頁 63。

〔註12〕 傅偉勳，〈儒家心性論的現代化課題（上）〉，《從西方哲學到禪佛教》（台北：東大圖書公司，1986），頁 228。

〔註13〕 牟宗三，《中國哲學十九講》（台北：學生書局，1983），頁 26。

〔註14〕 謝幼偉，《哲學講話》（台北：中國文化大學出版部，1988），頁 128～130。

　　事實上，人類道德行爲的表現，理當是人類的自主行動，是人經由思考
而後自願的行動，〔註15〕這種思考與自主選擇的能力，非但是人判定道德價
值的憑藉，亦是人與其他生物或無生物的最大差別所在。人具有選擇道德行
爲的自主能力，對道德能作正確而理性的判斷，這種理性的存在，所根據的
即是孔子所謂的仁，憑藉的是孟子所謂的四端之心。孔子一再強調人人皆具
有仁心仁德，亦主張人人應毫無保留淋漓盡致地表現其仁心仁德，「仁」證明
了人類是理性存在的事實，也肯定了人類爲道德存在的意義，孔子這種對道
德主體的肯認不容置疑的是，它提供了人類從事道德行爲更多自主性的機會
與空間。四端之心即本心，亦即仁義之心，孟子認爲仁義具內在於人心，仁
義之心是人內在的道德心性，亦即是人的道德主體，人的道德主體是實現自
律道德重要的根據，〔註16〕也是人禽最主要的分際所在。因此，人若要認清
自己的面貌，便不能不直探孟子所謂的四端之心，四端之心不但證明人是理
性的存在，也提供了人成就道德行爲的潛在機會，然而，從潛在機會到具體
事實之間，孟子則強調擴充力行的功夫。由此以觀，孔孟皆認同人具有道德
理性的自主表現能力。

　　從整體的向度來思索，人生的層面其實很廣，世俗的功名利祿、理想的
價值實現、欲望的滿足、精神的提昇、天賦權利的爭取、責任義務的擔負等，
無一不是人所要面臨的問題。由價值層面而言，儒家因以道德作爲人生追求
的目標，認爲人唯有實踐道德始能彰顯生命的價值，自然而然地，對責任義
務的觀念也就特別的強烈。

　　客觀而言，人的一生本與責任相終始，人盡其應盡的職責即是盡其義務
的表現，責任義務原是二而一之事。〔註17〕人一生所負之責任，不但隨著年
齡的增長而日益擴大，更因人所擔負角色之不同，所接觸對象之不同，而有

〔註15〕項退結，《中國哲學之路》（台北：東大圖書公司，1991），頁 232。

〔註16〕同註 7，頁 93。

〔註17〕責任與義務概念是法律哲學與道德哲學的核心範疇，在英美哲學中，責任與
　　　　義務是兩個既相關聯又相區別的術語，如英國法理學家哈特（H. L. A. Hart）
　　　　在〈法律的與道德的義務〉和〈有自然權利嗎？〉兩篇論文中對責任與義務
　　　　作過區分，而在《法律的概念》一書中，儘管也提到過兩者的區分，但他經
　　　　常將兩者等同。參 R. B. Brandt, "The Concepts of Obligation and Duty", Mind,
　　　　73（1964），pp. 374～375. 並參德沃金（Ronald Dworkin）著，信春鷹、吳玉
　　　　章譯，《認真對待權利》（Taking Rights Seriously）（北京：中國大百科全書出
　　　　版社，1998），頁 113 註 9。

著性質各異，範圍有別的責任。大體來說，人在未成年以前，由於尚在學習，備受保護的階段，又因以家庭為主要的生活圈子，自然必須經由訓練始能確立應盡的責任觀念，培養正確的負責態度，此時，初步所要認識的，即是自身在家庭成員中所處的角色地位，以及如何盡其本分的問題；未成年的人所扮演的是人子的角色，依據長幼尊卑的傳統觀念，其地位自然是從屬於尊長之下的，而在父權社會的時代，由於父親一向擁有絕對的權威，又父系子孫所建構之家庭，往往四、五世同居，彼此聯屬為一大家庭組織，因此，身為子女者，對家庭應盡的責任即包括：協助家務、服從家規、力行孝弟、崇拜祖先、重視宗族關係……等，〔註18〕這些責任觀念，非但都是環繞著「孝道」的核心而展開的，亦必然是透過家族中的大家長訓誨其子弟而建立的。在這個以父子關係為主軸的家庭或家族結構中，孝道實可視為是一切責任的核心觀念，為人子女事親必須盡孝，雖然是上古文化的傳統，但經由孔孟的闡揚後，即益發成為牢不可破的重要觀念。〔註19〕迨人到了成年的時期，上述的責任非但必須加以承續，加重其付出的程度，而且隨著成家立業帶來身分的遞增，乃衍生了更多的責任，諸如：謀求家庭生計、夫婦相待、子女教養、朋友交際、仕宦之道……等，莫不是成年人必須面對的責任問題。成年人由於已有能力在社會謀生，所要盡的責任顯然已由家庭逐次擴大到社會、國家的層面了，但三者之中，家庭終究是後二者的基礎所在，亦即後二者是由家庭推擴出去的。〔註20〕就社會階級分為勞心者與勞力者的現象來看，其人雖

〔註18〕 何啟民先生提到「梁啟超先生認為家庭組織，及其相互間權利義務關係，遠古之情形已深不可考；自周至今，原則上似無劇烈變化。父之在一家，位尊無比，父母對於子女，在古代，始純認為所有品，不承認其獨立人格。父母擅奪子女生命，固非鮮見。一般平等原則，並不適用。」轉錄自何啟民〈鼎食之家──世家大族〉一文，載於《吾土吾民──中國文化新論（社會篇）》（台北：聯經出版事業公司，1989），頁40。另朱岑樓先生在〈中國家庭組織的演變〉一文中提到，根據我國社會學家孫本文氏的研究，論及我國家族制度的演變，分為宗法時代及現代社會兩大階段，孫氏指出宗法時代有六大特點：（1）父系承襲，男女不平等。（2）嫡長繼承，兄弟不平等。（3）父權統制，家長總握治家之權。（4）外婚制，同姓不婚。（5）重視宗族關係，五世之內，無異一家。（6）尊重孝弟，崇拜祖先。參朱岑樓，《我國社會的變遷與發展》（台北：東大圖書公司，1986），頁264～265。筆者按：上述之說法，可推斷出父權統制下的子女，既不可有違時代特質的行為，自然必須以合於時代特點的行為以克盡家庭成員的責任。
〔註19〕 韋政通，《倫理思想的突破》（台北：水牛出版社，1990），頁63。
〔註20〕 〈離婁上5〉：「天下之本在國，國之本在家。」即視家為國之縮影，國為家之

因職業上的差異，各須擔負不同工作性質的責任，然而，個人對家庭、社會以迄國家所擔負的一般性責任，則是普遍一致的。

誠然，人的一生免不了要承擔許多的責任義務，責任義務的託付肇端於家庭教育，繼之則爲學校與社會的教育，當整個生活的大環境如此教化著人們，責任義務的觀念即自然地深化於人的生命中。做爲教育先鋒的孔子，其正名思想所強調爲政當求「名實相符」，或家庭孝友之事亦當「名實相符」的論述，即對責任義務的問題作了正面而嚴肅的探討，至於對一般事物之用名務求「名實相符」的主張，則透顯了孔子對道德理性行爲一貫堅持的理念。事實上，正名思想所觸及的是「權分」的制定，亦即是權利與義務的分配問題，〔註21〕然而，由於儒家強烈的道德意識，係將修己成德視爲人生第一志業，又強調以自覺爲起點，以反求諸己的自省方式作爲進德修業的首要工夫，因此，不論是政治思想或倫理思想，總是從規定自己對於對方所應盡的義務著眼，〔註22〕亦即把「義務」擺在第一序的概念，〔註23〕是以正名思想雖然對權利義務雙方均曾觸及，卻明顯的偏重了義務的概念。人生世間，必須盡其責任義務，此一觀念勿寧是合理的，蓋以家庭而言，如果家中成員各圖享受，一味我行我素，絲毫不肯爲家庭奉獻一己之力，其家庭勢必渙散崩離，甚而貽害社會，成爲社會的負擔，若果全面蔚爲社會風氣，勢將使社會資源消磨殆盡，終至擾攘動盪不安，斯時，則國危矣；因而，唯有家中每一成員切實負起責任，不唯各務正業，共謀生產，尤須同心協力以鞏固其家庭，唯其如此，社會才能得到安定，進而才能使國家長治久安。準此可知，強調責任義務，對社會當能產生積極正面而合理的功能，實不容分說。

孔子之所以強調人必須盡其責任義務，乃因盡其責任非唯是理性的行爲，更是道德行爲的表現。孔子對於家庭孝友之事，雖僅提出「父父，子子」

擴充。余英時先生提到：「古代的『封建』本是從家庭關係中延伸出來的。」封建侯國，即後代的國家，封建侯國的關聯猶如家族成員般，兩者既相貫通，前者且係後者的延伸。參余英時，《中國思想傳統的現代詮釋》（台北：聯經出版事業公司，1990），頁33。

〔註21〕 勞思光，《新編中國哲學史（一）》（台北：三民書局，1986），頁123～124。

〔註22〕 徐復觀先生認爲：「儒家的倫理思想，政治思想，是從規定自己對於對方所應盡的義務著眼，而非如西方是從規定自己所應得的權利著眼。」參徐復觀，《學術與政治之間》（台北：學生書局，1988），頁57。

〔註23〕 余英時先生提到：「在人倫關係中，『義務』是第一序的概念。」參同註20，頁35。

的大原則，至於父子應有之作爲，則可參照孔子其他言論找出線索來，孔子
嘗引《尙書‧君陳篇》：「孝乎！惟孝友于兄弟」（〈爲政 21〉），又云：「弟子入
則孝，出則弟，謹而信，汎愛眾，而親仁。」（〈學而 6〉）即是對人子示以應
行孝悌之道的訓誨，孔子又嘗爲弟子時人多次闡述爲人子者對父母應有之種
種孝行，如「無違於禮」（〈爲政 5〉），使「父母唯其疾之憂」（〈爲政 6〉），「以
敬孝養」（〈爲政 7〉），「色難」（〈爲政 8〉），「事父母幾諫」（〈里仁 19〉），「三
年無改於父之道」（〈里仁 20〉），「父母之年，不可不知也」（〈里仁 21〉），皆
爲孔子指示人子應行的責任義務。然則孝行即是道德理性行爲的表現嗎？孔
子之門人有子嘗云：「君子務本，本立而道生。孝弟也者，其爲仁之本與？」
（〈學而 2〉）此言明白的指出孝弟是行仁的根本，孝弟既是仁道的表現，仁則
是孔子將著重外來感化力量的禮儀，深入挖掘，直指生命內在眞誠情感與眞
實理性的存在，仁因爲是理性的，是以依據仁道而行的作爲當是自主的理性
行爲，亦即是自律的道德行爲，準此而言，孝弟之行當然是道德理性的行爲
了，孔子將孝弟列爲人子應盡之責任義務，非但肯定盡其責任義務是道德理
性行爲的具體表現，更有勸勉世人應勇於從事道德理性行爲的用意。此外孔
子曾針對葉公所云：「吾黨有直躬者，其父攘羊而子證之。」一事，答以：「吾
黨之直者異於是，父爲子隱，子爲父隱，直在其中矣。」（〈子路 18〉）以表明
父子相隱，是天理人情之至的表現，蓋父子之間由於愛親之心使然，必思盡
力保護對方，遂致無暇顧慮其他，〔註 24〕足見發揮親情之愛是父子雙方的責
任義務，親情之愛，由於是人的仁心表現，故而亦是道德理性的行爲，孔子
對此表現「親情之愛」是絕對肯定的。

　　孔子對於爲政之事，提出「君君，臣臣」的大原則，基本上，孔子認爲
有德者始可爲君王，強力主張道德的政治，因而有「爲政以德，譬如北辰，
居其所，而眾星共之。」（〈爲政 1〉）的說法，道德並非空泛的口號，而應化
爲具體可見的義行，孔子深信有了具體可見的道德行爲，必能形成無可抵禦
的感召力量。君王的道德行爲，不唯對臣下而已，對百姓亦然，孔子以爲君
王不惟應體認本身的德性，更應恪遵道德標準以行事，實施德政即是君王應
盡的責任義務，比如對臣下，君王非但要能憑其智慧來「知人」（〈顏淵 22〉）
以「舉直錯諸枉」（〈顏淵 22〉），能「使人也，器之」（〈子路 25〉），能「使臣
以禮」（〈八佾 19〉），亦要依其仁心，力避「居上不寬」（〈八佾 26〉），而以寬

〔註 24〕 朱熹，《四書集註》（台北：學海出版社，1989），頁 145。

厚代替苟求或挑剔，要能「養士以惠」；〔註25〕對於百姓，君王則要能盡其「養民」、「教民」、「治民」之責任，養民不外裕民生、輕賦稅、惜力役、節財用等事；〔註26〕教民必將修身立德之事循著「己立立人，己達達人」的原則，先求「以身作則」，再求「以道誨人」，〔註27〕治民則據「道之以德，齊之以禮」的大方向，務期擴大教化的功能，俾能達到天下歸仁之理想。整體來看，德政之施行，不能不賴君王的仁心與智慧來成全，仁心智慧本指人的道德理性，若是君王真能完全兌現德政的理想，克盡其責任義務，以使舉國上下廣被恩澤，無疑是將道德理性做了最徹底的發揮了。

為政之事，身為臣屬者本是君王最為得力的左右手，臣下所應盡之責任義務，在孔子提示「所謂大臣者，以道事君，不可則止。」（〈先進 23〉）「臣事君以忠」（〈八佾 19〉）的理念下，舉凡君王對百姓所應負之養民、教民、治民之事，為人臣者理當義不容辭，而應傾其全力協助君王完成其任務，君臣雙方必須站在同一陣線上，亦即同以仁心智慧並力推展治國之大業，共謀天下蒼生之福祉。臣下猶如君王一般，必須立足於道德的根砥上，竭心協助推動德政之施行，若是君王有悖離道德之行徑，孔子說的很清楚，大臣不必戀棧官位，而應罷官求去。總之，為人臣者，欲將道德理性作淋漓盡致的表現，實無其他繆巧，只要堅守立場，履行其應盡的責任義務也就夠了。

至於孔子對一般事物的用名要求「名實相符」，其用心亦是容易體會的，蓋「名」的制定本屬約定俗成之事，某一事物命之以某名，既然是人類族群經由反覆思索之後，一致獲得的共識，則用名的習慣即不應隨意打破，名物的公共說法，既是賴以溝通情意的主要媒介，則人自然應遵循彼此屬意的溝通方式，名物必須加以理性的認知，由理性的認知到理性的表現，乍看之下，似乎非關道德，然而，只要思及用名習慣的一致，可以避開不必要的誤會與爭執，使彼此在詳和氣氛中安然相處，則用名一事求其名實相符，自然又可以視為是道德理性的表現了。

再說到孟子的正名思想，孟子係將孔子「君君，臣臣，父父，子子」（〈顏淵 11〉）正名思想作進一步的發揮，其所論述的五倫觀念，對於個人與個人之間的關係，不但涵蓋了父子、夫婦、兄弟等親戚關係，也包括了君臣、朋友

〔註25〕高明，《高明孔學論叢》（台北：黎明文化事業股份有限公司，1978），頁 121。
〔註26〕蕭公權，《中國政治思想史（上）》（台北：聯經出版事業公司，1990），頁 65。
〔註27〕同註 26，頁 65。

等社會關係，在這些人際關係中，透過孟子對地位界定、角色扮演與規範遵循的主張，便可清楚的認識到各種不同身分的人物所應盡的責任義務。大抵而言，孟子亦如孔子一般，認為父子之間最為可貴的在於親情，因而示以「父子有親」的道理，雖僅言父子，實意指父母子女，就父母的立場，由於子女是親生摯愛的骨肉，基於天性之愛，自然必須加以撫養、化育，栽培子女成為有用之人才，必使男有分，女有歸，〔註28〕此乃不待言即知的天賦責任，故孟子雖未詳論，而為人父母的責任義務則絲毫未可遞減。孟子嘗云：「中也養不中，才也養不才，故人樂有賢父兄。」（〈離婁下　7〉）即是提醒父母應竭力扮演賢者的角色，方能將璞玉般，甚或並不出色的子女教養成中規中矩的人才；孟子又云：「古者易子而教之，父子之間不責善。」（〈離婁上　18〉）則是強調為期收到教誨子女的正面成效，應當善用透過他人力量的方式，引導子女走向正道，如此則可避免「教者必以正；以正不行，繼之以怒；繼之以怒，則反夷矣。」（〈離婁上 18〉）的缺憾。為人父母必須盡到上述責任義務，非但是人本心善性的驅使，也是理智行徑的表現，這種道德理性的行為，無論如何，終將伴隨為人父母的一生。

至於為人子女者，孟子強調子女應盡的是「孝道」，孝道以「事親」（〈離婁上 19〉）「順乎親」（〈離婁上 11〉）為要，大體在子女尚未成年之前，由於尚無經濟能力，自以體貼親心，不違親意為原則，迨至成年以後，由於已有謀生能力，有朝一日，甚至將升格為家庭經濟的主要來源，即當負起養親之責，養親首在「心志之養」（〈離婁上 19〉），其次始為「口體之養」（〈離婁上 19〉），然孟子之意，非謂「口體之養」可有可無，而是強調人子應永保「敬順」雙親的心意，唯其如此，方可使父母在劬勞一生之後，得以怡然安享其餘年，是以「心志之養」與「口體之養」實宜兩者兼備。孝親，是子女一輩子不可廢止之大事，孝行不外乎以合禮為度，人子不惟對父母要「生事之以禮」，亦要「死葬之以禮，祭之以禮。」孟子所云：「不亦善乎！親喪，固所自盡也。」（〈滕文公上　2〉）便是對人子能有始有終曲盡事親之禮的正面肯定。孟子所述人子應盡之孝道，即是人子應盡之責任義務，推動人子盡其責任的動源何在，孟子說得很清楚「為人子者，懷仁義以事其父。」（〈告子下 4〉）子女之待父母，既是出自本心善性，則其必為道德理性行為之表現，乃無庸置疑矣。

〔註28〕　孟子嘗云：「丈夫生而願為之有室，女子生而願為之有家，父母之心，人皆有之。」（〈滕文公下 3〉）讀此文，即知孟子之意。

　　孟子對於夫婦之間，出示「夫婦有別」的道理，由於傳統社會結構以父權爲中心，加上「男主外，女主內」的觀念使然，孟子所謂的「必使養足以事父母，俯足以畜妻子」（〈梁惠王上 7〉），便是說明丈夫的責任義務在於畜養妻子。事實上，由於男女體質的差異，丈夫宜以強壯的身體維護妻室的安全，基於禮教的要求，丈夫亦宜以互敬、互愛、互諒的態度善待伴其一生的妻子，乃理之當然耳，唯因古人對婚姻意義的認識，偏向「將合二姓之好，上以事宗廟，而下以繼後世也，故君子重之」〔註 29〕的看法，結婚既然是家族中一件莊重的事，而非個人的美事，〔註 30〕則家族的和諧自然列爲優先的考量，甚且凌駕於夫妻關係之上，身爲丈夫的一旦面臨家族關係惡化時，特別是與生養自己的父母有所抵觸時，便必須與妻子畫清界線，孟子曾謂世俗所謂不孝者有五，「好貨財，私妻子，不顧父母之養」（〈離婁下 30〉）即爲其中之一，置父母不顧乃犯了孝道之大忌，於理當然不容，孟子即據世俗之標準，爲全國皆稱不孝的匡章申辯道：「夫章子，豈不欲有夫妻子母之屬哉？爲得罪於父，不得近；出妻，屏子，終身不養焉。其設心以爲不若是，是則罪之大者。是則章子已矣。」（〈離婁下 30〉）夫妻的匹配求其幸福和樂，乃人情之常，如今匡章卻因得罪父親，不得奉養父親而心生罪惡感，遂致選擇與妻兒絕決，以求得心安，匡章非不欲孝養雙親，故無世俗所謂不孝，孟子乃以至公至仁之心，爲匡章作如此申辯，楊時稱：「章子之行，孟子非取之也，特哀其志而不與之絕耳。」〔註 31〕善哉！推測楊氏之意，或指孟子雖不認同匡章之作法，卻同情地了解匡章在傳統孝道未得成全情況下，不得不與妻兒決裂的痛苦心境，故仍「與之遊，又從而禮貌之。」（〈離婁下 30〉）這隱含了孟子對丈夫應以敬、愛、諒的心境來厚待其妻子的立場，可視爲是傳統父權思想壓抑女性的一股正義呼聲，然而，容或孟子有此想法，卻隱微而不彰，孟子畢竟未曾由平權的角度，正面而嚴肅地規勸匡章勇於接納無辜的妻兒，以克盡其應盡保護妻兒的責任義務，並以委婉技巧的方式，重新求得父母的諒解；若丈夫能克盡畜養妻子之責任，又能盡其全力保護妻室之安全，無疑是道德理性行爲的最佳表現了。

〔註29〕　參禮記注疏卷，〈昏義第四十四〉，《十三經注疏（5）》（台北：藝文出版社，1989），頁 999。

〔註30〕　楊伯峻等著，《經書淺談》（台北：國文天地，1989），頁 75。

〔註31〕　同註 24，頁 319。

　　至於妻子，孟子提到：「必敬必戒，無違夫子。以順爲正者，妾婦之道也。」
（〈滕文公下 2〉）依照職責畫分的傳統習慣，「主內」既是女性的權責範圍，
則掌理中饋，勤儉持家，相夫教子，莫不是妻子之職責，至於家事之外所謂
的社交、參政，卻不是妻子所應過問的事。〔註 32〕而由於禮教漸重之後，世
俗要求女子極端柔順的生活標準，爲人妻者，便須要將未嫁前所學作爲媳婦
的訓練，絲毫不差的表現出來，〔註 33〕因而，順隨夫意，遵循禮教侍奉舅姑，
以扮演一個稱職的媳婦，並博得闔家的歡心，當是舊時代一般女子別無選擇
的責任義務。尤須一提的是，在傳統強烈的子嗣觀念要求下，爲人妻者往往
須要負起傳宗接代的責任，未有子嗣之婦女，不幸者可能遭到被休的命運，
較幸運者，雖然得以繼續扮演正妻的角色，卻得容忍丈夫納妾之作法，納妾
之舉，也不盡然由於無子，女子可能由於色衰愛弛，或其他理由而必須接受
其夫納妾之舉。〔註 34〕孟子嘗舉齊人有一妻一妾而處室者，其妻目睹良人雖
昏夜乞哀以求食，卻驕人於白日，如此行徑可鄙之良人，其妻雖與妾痛罵之，
又相泣於中庭，卻也只能無奈地表明：「良人者，所仰望而終身也。今若此！」
（〈離婁下 33〉）孟子曾云：「食前方丈，侍妾數百人，我得志弗爲也。……在
我者，皆古之制也。」（〈盡心下 34〉）雖然孟子表明不欲畜妾的想法，也推崇
古聖先賢的法制，然而，卻未見任何批判體制不當，或爲女權伸張，立場明
確的說辭，在「以順爲正」的傳統思維模式下，由於禮教的束縛，知識的貧
乏，加上經濟權利的喪失，〔註 35〕女子在地位低落，從屬於男性的情況下，
便只能一味地聽任男性所賦予的責任觀念，忍辱負重地盡其應盡的義務。在
舊時代裡，爲人妻者能克盡操持家務的責任，能扮演稱職的媳婦角色，能容
忍丈夫的一切作爲，這樣的付出，今人看來，實存在著諸多不道德不合理的
地方，但在整個社會風潮不變的情況下，卻都大體地被認定是道德理性行爲
的表現，此蓋由於禮既被視爲是道德行爲的客觀標準，又代表傳統文化的理
想思維，則女子依循禮教的作法，自然被視爲是道德理性行爲的表現了；再
者，古人亦且認爲，女子如此之作爲，不僅捨棄了計較一己之利的私心，又
能體恤家族成員共同的想法，猶如以公心爲念，無乃人類善良本性最佳的表

〔註 32〕李又寧、張玉法編，《中國婦女史論文集》（台北：商務印書館，1981），頁 281。
〔註 33〕陳東原，《中國婦女生活史》（台北：商務印書館，1986），頁 38。
〔註 34〕同註 33，頁 33～36。
〔註 35〕同註 32，頁 278。

露，儒家既認可其價值，則夫婦主從之地位遂千古不容移異矣。

對於長幼之間，孟子提出「長幼有序」之道，就長者而言，由於年齡、學識、經驗都要比幼者佔優勢，因而，若是血緣關係的兄長，不但有義務協助忙碌的雙親，以愛心來照顧正在成長的昆仲，即至成年以後，亦仍需相互扶持提攜；而年幼的弟妹，則有義務以敬重的態度來對待兄長，以歡愉的心情來接納兄長的指點，一個家庭的繁華榮枯，聲名好壞，莫不攸關著每一成員的表現，家族猶如亭亭如蓋的大樹，兄弟雖僅爲其枝椏，枝椏若是受到斷傷，又焉能不傷及大樹之元氣？是知，兄弟所以應彼此發揮手足之愛，切不可有鬩牆之爭，乃是爲了家族的和諧發展，因而必須對家庭盡其應盡的責任，兄弟之間，則必須「懷仁義以相接」（〈告子下 4〉），這種本乎仁義的責任付出，誠足以視爲是道德理性行爲的表現。若說到非血緣關係的年長者與年幼者，雙方則須推擴私我之情，在其能力所及範圍之內，盡到「老者安之，少者懷之」（〈公冶長 26〉），「老吾老以及人之老，幼吾幼以及人之幼」（〈梁惠王上 7〉）的責任義務，蓋人類本是互利共生的團體，人我之間如任令冷漠滋生漫延，不唯弱勢者將即早遭到淘汰，即強勢者最終亦將因孤立無援而難以立足，因而，將私我之愛，推擴爲同胞大愛，不僅在於發揮人的本心善性，且將人類的理性作了積極正面的呈現，故當可逕視爲是道德理性的表現。而年幼者對年長者，猶如對待至親兄台一般，既敬重年長者，又以謙抑的心，學習其人寶貴的經驗，同樣亦可視爲是道德理性行爲的表現。

對於君臣之間，孟子所論「君臣有義」之道，就君王而言，由於臣下是不可或缺的輔政人選，君王一旦延攬其人入內，便應謹守「貴德而尊士」（〈公孫丑上 4〉）的原則，蓋臣下特具讀書人應有的操守與專業能力，國君除了敬佩之外，尚須辨識其人才能之不同，而賦予臣下各得其所之職位；爲了確保臣下能夠傾其全力爲國效命，國君更應該發揮「視臣如手足」（〈離婁下 3〉）的用心，手足相待必須本乎仁義之心，而以互愛互敬的態度善待彼此，是知，所謂視臣如手足，即是君王應本仁義之心來禮待臣下，諸如給予臣下合理寬厚的待遇，對臣下個人健康、家庭生活的適度關懷，甚而當臣下輔政而力有未逮之時的寬大爲懷，都可視爲是君王應盡的責任義務；又君之待臣，切忌以「姑舍女所學而從我」（〈梁惠王下 9〉）的威權心態，強行蔑視臣下的專業素養，拗折臣下的骨氣，而宜給臣下應有的尊重與信任，亦是君王應負起的責任。此外，若論君王對百姓肩負的責任則更巨大無比，孟子所主張的王道

仁政思想，明確的提到君王必須採行「保民」、「養民」、「教民」等政策，透過「保民」的政治措施，以使百姓免受水旱天災之苦，山川阻絕之困，戰亂人禍之害，經由「養民」的具體措施，爲民置產，使百姓能養生喪生無憾，怡然安樂生存在農村建設的伊甸園中，並且有效推行「教民」的重要政策，使百姓確實認知人倫之分際，養成講究禮義之習俗，督促百姓向善之心志，以蔚成整體社會良善之風俗，凡此，皆爲君王不可推諉的重責大任，這樣龐雜艱鉅的任務；若非憑恃君王的智慧與存心，又何以致之？是以，當君王能確實本其仁義之心，透過官僚組織理性的力量，強力有效的運作，以使人民得享永世之休，從而一肩挑起化育大卜人的責任，若然，吾人能不肯認這是道德理性的表現嗎？

若就臣下而言，其人既以輔佐君王實施王道仁政爲終極目標，爲了貫徹此一政治理想，臣下除須依其官位，克盡職守外，更須爲君王的存心與作爲盡到嚴予把關的責任，是以對於君王任何建設性的意念作爲，臣下當義不容辭，全力促成之，反之，君王任一殘虐性的思慮作爲，臣下則務須全力加以勸諫，勸諫不成，臣下即必須掛冠他去。此蓋由於，正面良善的政策，足以造就幸福的人生，負面殘暴的政策，卻只能塗炭眾多的生靈，在世襲政治制度下，爲人臣者所以必須對握有大權的君主，適時助其一臂之力以推動國家機器的運轉，並隨時監測以防止國家機器的出軌，推其究竟，無非是士人順著「尚志」、「道仕」的路向，所培蘊而成獨特的「道統感」，亦即是君子儒「以天下爲己任」的胸懷，使其毫不遲疑地選擇了本仁義之心，傾其智力投入福國利民的大業中，這樣的用心，乃使其無怨無悔地樂與仁義之君並轡同行，同時肩挑起「保民」、「養民」、「教民」的重擔，又使其堅毅不拔地誓與非仁義之君畫清界線，寧可固守著「以道統感制衡君權」的防線。爲人臣者，果能克盡孟子所勾繪之責任義務，其所表現崇高的道德理性行爲，實足資後人致意再三。

最後，關於朋友之間，孟子所示「朋友有信」之道，則很清楚地指出，交互往來的朋友，最重要的責任在責求對方行善道，孟子云：「責善，朋友之道也。」（〈離婁下30〉）善道是推動社會進步，維繫人群情誼的不二法門，行善道，始足以彰顯人的德性生命，德性生命則是人生的價值所在，爲了達成這崇高的價值，孟子鄭重地提醒所有的友人，必須樹立「不挾長，不挾貴，不挾兄弟」（〈萬章下3〉）的正確觀念，徹底擺脫外在身分的牢籠，將社會成就暫時擺開，完完

全全站在平權的地位，為砥礪彼此德性，增進彼此德行而付出關懷，以期克盡朋友之職責。孟子嘗云：「誠者，天之道也，思誠者，人之道也。至誠而不動者，未之有也。」（〈離婁上 12〉）誠實既是做人的根本道理，則朋友之交，自然必須開誠布公地，對友人合宜的言行予以嘉勉，對友人放浪之舉止加以規諫，因為動機是良善的，目標是積極明確時，態度又是謙誠的，如此這般對友人誠懇真摯的付出，就常理來看，當能使朋友深受感動，從而使其揚善棄惡，回歸到正途才對。當然，朋友交往，免不了會有一番學問切磋、情誼交流的現象，等而下之者，則有彼此利用互取所需的情形，然而在儒家以道德為最高訴求的理念下，舉凡知識之充實，情意之交流，利益之獲取，都必須退居其次，而以德性之增進為首要目標；友人能如此一絲不苟地互相要求對方達成首要之目標，非但有助仁義之心徹底的發露，又能使世人肯定其作為，這樣勇於挑起責任義務的朋友，寧非是道德理性行為的表現嗎？

總之，人類不論扮演任何角色，都必須認清各種角色所負之責任義務，責任義務的界定雖是人類進化過程中逐漸累積形成的共識，卻也是起源於人類自覺的選擇，自覺不能不由人的仁義之心或四端之心來發皇，仁義之心則是主導人類道德理性行為的根本所在，是以，當人們本著仁義之心，順其本心善性，義無反顧，全神投入地履行其應盡的責任義務時，其蘊含的道德理性成分，實值得吾人予以正面的肯定。

2、側重初級團體建構以父子為主軸的倫理規範

人生在世，單打獨鬥求得生存的機會可謂微乎其微。人不能自外於賴以維生的家庭，亦不能脫節於時有往來的社會，任何獨立的個體，對家庭與社會的仰賴容或在程度上深淺有別，卻始終不容抹煞其存在的真實性。

關於社會一詞的意義，最廣義的用法，是指社會關係的整個組織或整個複雜系統；另一種則將社會解釋為人類團體，它是「互相聯繫與重疊之團體的一個組織，它們一塊兒構成一個較大的團體，共享一共同文化和一特殊的制度體系」，這意味著社會是指個人所屬的最大團體，而這個最大團體，實涵蓋了各種社會團體在內；也有主張「社會一詞的正當用法是指社會關係的體系」，〔註36〕著重於人類彼此互動的社會關係層面。綜參上述說法，當可說明社會實存在著各式各樣的社會團體，任一團體的組成分子則必憑藉相互往

〔註36〕龍冠海，《社會學》（台北：三民書局，1993），頁 78～79。

來、互動頻仍的方式，以建立其彼此認同的社會關係。整體而言，社會亦屬人類生存的直接環境，在這個大環境中，人類由於天生的基本欲望與需要須賴合群始能獲得滿足，又由於人口自然不斷的生長，加上爲了應付環境的變遷，乃衍生各種的社會團體，〔註37〕彼此交錯地進行各種複雜的關係。誠然，人是隸屬於社會的整個大環境，但群居的人類，往往因爲團體分子人數及體質特徵不同，因其組織程序有別，因參與團體分子之意志互異，因各個團體功能歧異，或因團體分子關係程度深淺有別，乃使人又分別隸屬於各形各色的社會團體，〔註38〕其所屬社會團體則無可避免有著交集重疊的現象。然而，社會學家認爲，並非只要兩個人以上相聚一起的聚群（或類群）即可稱之爲社會團體，必須具備三項基本條件之聚群，包括團體分子彼此之間有著互動、交互往來的行爲，願意接受社會規範的約束，對團體有認同感，具備這樣特質的聚群始可稱之爲社會團體。〔註39〕這可眞是一語道出了社會進化的關鍵，蓋人類之進化，不能不歸功於群居的習性，群居的人類，亦不能不藉助頻仍繁複的往復，以溝通情意、交換經驗、激盪智慧，從而訂定一套可資依循的規範，彼此相濡以沫地相互依存。因而，群居人類關係的良窳，對早期人類的發展，理應佔有舉足輕重的地位。

　　若將人類的組合比擬爲一部龐人的機器，人際關係便猶如各個零件的榫孔接合點，唯有精準密合的接榫，始不至令機器解體而無法運轉，也唯有適度合理的人際關係，方可避免人類團體的瓦解，致厄阻了文明的進展。良好的人際關係足以推動人間之事務，因而，儘管人人可以隸屬於許多不同的社會團體，其中，則以強調團體分子親密關係的「初級團體」，是社會發展與人類進化過程中最爲初有，最爲重要的社會團體，〔註40〕相對於初級團體的則是關係較爲疏遠的次級團體。初級團體與次級團體（或直接團體與間接團體）是美國社會學家顧里（Charles H. Cooley）對於人類結合方式的畫分，初級團體的成員具有面對面的關係，由於常易碰頭，因此個人之間的關係是親密的，如家庭、遊伴、鄰里等即是；次級團體的成員則不靠面對面的接觸，而是藉

〔註37〕同註36，頁81。
〔註38〕人類團體之繁複，乃預期中事，此處陳述團體分類所依據的條件，是採用近代社會學上比較流行的說法。至若依不同條件可分那些類別的團體，參同註36，頁96〜101。
〔註39〕蔡文輝、李紹嶸，《社會學概要》（台北：五南圖書出版公司，1991），頁45。
〔註40〕同註36，頁100。

傳達工具為媒介，或為了達成某些特定目的，而使彼此有著商業行為般的互動關係，因此個人之間的關係顯得不太親密，如國家、都市、政黨、教會、工會及其他各種專門職業或學術團體的組織即是。〔註41〕從社會發展過程來看，在日益複雜的工業化社會裡，人們參加次級團體的機會要比參加初級團體來得多，人們日常的互動關係也是次級關係多於初級關係，〔註42〕然而，不論在任何時代，人們總不能自絕於初級團體之外，家庭、遊伴、鄰里本是個人成長過程中長相伴隨的團體，人們參與初級團體的機會當是普遍而永恆的，只不過，相形之下，在生活較為單純的傳統社會裡，人們對初級團體倚重的情形往往更甚於爾後遞變的工業化社會。在人類進化的過程中，人類群居的習性理應始終未曾改易，但由於生活形態的變易，人際往來的互動關係，則顯著地出現了或以初級團體為主，或以次級團體為主，各有所偏的現象。唯互動的對象，容或不免隨時遞嬗，卻終究必須面對團體成員間互動的一定規則，規則的制定，則是著眼於團體成員彼此的期望與需要，一般總以為，人們能夠遵照規則，即依照團體或社會的期望而行事，〔註43〕非但有助於鞏固人類團體的關係，對維護社會和諧與秩序有其正面之效益，即對人類文明之進展亦有不可抹滅之意義。

誠然，一個社會的文明，絕不可能在綱紀廢弛、爾虞我詐的情況下得以長足的進展，一個社會高度文化的形成和發展，必與其人群智識的培育和情操的陶冶齊頭並進。〔註44〕人群智識的培育和情操的陶冶，則須經由設教興學的方式始得以化民成俗，在所有的教化工作中，儒家明顯地把道德倫理列為第一優位的項目，儒家所以強調道德倫理的重要，一則在於凸顯人是理性存在的生命本質，一則在於宣明人必遵循社會規範的存在事實，從孔孟二儒所揭示的正名觀念中，吾人實可以深切的體認到其人對道德倫理擇善固執的態度。就儒家所論之道德層面來看，道德不但是人生的意義所在，亦是人類理性的最高表現，

〔註41〕美國芝加哥社會學家顧里（Charles H. Cooley）在《社會組織》（Social Organization）一書中，將社會團體分成初級團體與次級團體兩類，此兩類團體之特色，請參閱鄭正博〈兩種文化設計—談傅偉勳教授的五對倫理學名詞〉一文，載於傅偉勳《從創造的詮釋學到大乘佛學》（台北：東大圖書公司，1990），頁91；或龍冠海《社會學》，頁100；抑或蔡文輝、李紹嶸《社會學概要》，頁54～55。

〔註42〕同註39，頁55。

〔註43〕同註39，頁57。

〔註44〕《不廢江河萬古流—中國文化新論（序論篇）》（台北：聯經出版事業公司，1990），頁58。

理性則代表人類深沉思考與自主選擇的能力，是人類自覺精神的表徵，孔孟的正名思想，特別從責任義務的觀念入手，要求人們必克盡其職，始足以表現道德理性的行為，彰顯道德理性行為的價值，因此，正名所要求的名實相符之標準，絕不可捨責任義務而不顧。倫理總離不開人我之間交互往來的人際關係，人際關係的接觸與學習，伊始於家庭與家族，其次乃漸進為遊伴、鄰里，再推而擴大至廣大社會各形各色的團體，人終其一生都必須經歷這樣一場由親及疏的人際關係之洗禮，也就是從初級團體遞進為次級團體的一場人情歷練，縱令物換星移，任憑時移世易，人絕不可能跳脫其間，無視於這些團體與其主體生命千纏百繞的關係，而兀自逍遙於其外。確然，人怎麼可能和相與為伍的周遭人群斬斷一切關係呢？然而，在這些層層疊疊的關係中，人們又當如何善處呢？孔孟的正名思想所強調的倫理觀念，究竟是要人們恪遵何種層面的社會規範呢？從社會進化的過程，與文化設計的方向來探討，吾人當可以清楚的發現，個體生命所從出的家庭，與親屬體系所結合成的整個家族，所獲孔孟的青睞與關注，較諸其他團體可謂無出其右者。

　　人類的群居習性，勢必令人必須面對與人相處的問題，然而，何以孔孟特別費心於家庭或家族間人際關係的建立呢？就一個人的成長歷程而言，從生命初始，到成家立業，甚至到生命終了，人總離不開具有血緣關係的家庭成員，由父母子女組織而成的家庭基本單位，正如一個小型的社會，在這個小型社會裡，父母鞠養子女，除了口體之養外，更不可忽略教其應對進退的禮節，由於交接的對象是以至親的一家人為核心，而核心成員必須朝夕相處的經驗事實，以及親子之間永遠存在的臍帶感情，再加上「家庭的主要目標是強調其穩定和團結，延續和擴展，並透過世代的傳承而留於永遠」的觀念使然，〔註45〕自然使家庭成員塑造出彼此包容，相互認同，相濡以沫的心態與人格，甚而為了家庭整體利益甚或生命，若與其發生衝突之際，個別成員亦可以做出犧牲的抉擇。〔註46〕因而家庭對個人的人格之發展不僅有顯著的影響，其影響甚且深遠而永久。然而，家庭雖然是個人所屬的最基本單位，其組合畢竟細小，結構亦是單薄，故難以發揮絕大的功能，〔註47〕為了強化家庭成員的力量，在自然發展的

〔註45〕黃暉明〈家庭〉一文對於「社會結構」的探討。參李明堃、黃紹倫主編，《社會學新論》（台北：商務印書館，1993），頁134。
〔註46〕同註45，頁132。
〔註47〕同註45，頁136。

情勢下，由家庭延伸出去的親屬體系，便順勢形成了大家族與宗族的聯屬組織，整體的親屬包括父親、母親與妻子所屬的親戚三類，其中則以父親所屬的親戚一系最爲重要也最爲親密。〔註48〕父系親屬以內圈的家庭單位最爲至親，其次則爲家族單位，再次才是較爲疏遠的宗族組織，家族單位是合一父所產之子孫所形成的，宗族組織則涵蓋了五服以外的同姓。〔註49〕家庭和家族的結構雖然不同，卻同樣存在著血緣的連繫，任何人置身在自己所屬的家庭或家族中，由於共同的生活空間，與特殊的親屬關係使然，乃使彼此在常易碰頭、互動頻繁的情況下，產生了親密而深刻的感情，這個伴隨著人們一生的家庭與家族，正屬於社會學上所謂的初級團體，在中國傳統社會中，家庭或家族非但是人們最初接觸到的社會組織，也是與人們關係最爲密切的社會組織，此一初級團體，若相較於社會上其他次級團體，實稱得上是人們普遍而少有例外的具體經驗，在它羽翼的呵護下，人們生於斯而又長於斯，那來自周遭血緣親人綿密殷切的關注，就如磁力一般，使人終其一生吸附其上而難以擺脫，在這個自成天地的磁場裡，人們必須依照它的軌則來運行，任何出軌的念頭，都將立即被扭轉。因此，傳統中國人對家庭或家族此一初級團體的倚重程度，絕對是超乎其他次級團體之上的。

誠然，不論從人類的生長歷程，或從中國特有的文化背景來看，人人都不能自外於家庭或家族而單獨存在，因爲它提供一個精心設計的生活空間，又以團結和諧爲主要訴求，立意透過合作無間的方式，締造足以光宗耀祖的輝煌事蹟，在這個族群裡，個人的利益是其次的，它必以整體利益爲優先的考量，整體族群努力付出掙得的優勢，對於族群中任何乖舛、福樂之事宜，都必須傾其全力給予襄助，以克盡庇護每一成員之責任，準此而言，家庭或家族無異是傳統中國人最安全的庇護所了。但，權利義務是相互並存的，個人雖有權享受族人的照撫，卻絕無坐享族人付出的道理，因而，在個人成長的過程中，人人亦都必須學習如何對家庭或家族有所付出，這種相互性的往來，逐漸形成了血親之間互打交道的慣用方式，進而約定俗成爲不可更改的規矩範式，倫理的觀念與規範乃於爲產生。

傳統社會強調人與人相處，必須遵循倫理的規範，尤其是朝夕相處的血

〔註48〕同註45，頁136～137。
〔註49〕同註45，頁138。或參《吾土吾民—中國文化新論（社會篇）》（台北：聯經出版事業公司，1989），頁40。

緣親人，更不可不謹慎從之，唯在眾多的親屬當中，由於「中國的社會是典型的父系、隨父居與父權的社會」結構，〔註50〕再加上傳統宗法制度特重世系延續與香煙傳承的觀念使然，遂使位尊無比的父親與延續命脈的子嗣成爲家庭中最爲舉足輕重的人物，父子係分別扮演交棒與接棒的角色，負有傳承家族特有經驗之重任，兩者之間自須有一套應行遵循的交棒之禮，循此交棒之禮所形成的父子關係，長久以來則被視爲兼具合理形式與精神的雙重存在。實則父子關係理應包含父母與子女的關係，奈因父權與傳宗接代思想之影響，致母女常淪爲隱微不彰的角色。父子之間必須講究倫理關係，孔孟皆無殊異立場，孔子提出父子之間必謹守禮之分際，以盡其本分，始合於名實相符之要求，禮雖爲儀文節目，行爲規範等外在形式，卻兼具指導與節制人類行爲之作用，禮又是根源於仁義之心而制定的軌範儀式，如此發自人類至誠愛人的本性，而出以合宜適度的行爲表現，顯見父子相處之道，確實不容否認並存著合理的外在形式與內在精神；至於孟子則指出父子之間必不可破壞彌足珍貴的親情，子女應善盡事親之禮以盡其孝道，亦即應本仁義之心以事父母，而父母亦須克盡教養子女之職責，孟子同時強調良知良能，本心善性是推動人類一切禮教德業的動源，此亦足見父子之間的關係實並存著合理的形式與精神。在任一家庭或家族之內，由各路親屬維織而成的複雜關係，就如一張巨大的網，大綱的形成，則是以父子關係爲主軸，逐次逐步往外展開出去而得的，〔註51〕父子關係所以居於各種人倫關係的核心，乃因父系親屬較母系、妻系親屬更爲重要與親密所致，亦是出於家族無窮盡之生命，需要個人的生命來延續的觀念使然，〔註52〕這種現象，若推本溯源又當與社會生活型態和價值觀念息息相關，試想，身爲母親或妻子者，一輩子置身在由男性主導，且極端重男輕女的父權社會中，既無由得到啓導其良知覺醒與人格獨立的教育機會，復無經濟自主能力，與娘家的連繫亦幾近藕斷絲蓮，她又如何不倚重夫家？如何不委居卑微順從的地位呢？而一個家族生命的綿延

〔註50〕李亦園，《文化與行爲》（台北：臺灣商務印書館，1966），頁 64。並參同註1，頁 72。

〔註51〕同註1，頁 72。

〔註52〕黃暉明先生提到，整體的親屬可分三類，包括父親的、母親的和妻子的，三類之中，以父親的爲最重要和最親密。參黃暉明，〈家庭〉一文對於「社會結構」的探討，載於李明堃、黃紹倫主編，《社會學新論》（台北：臺灣商務印書館，1993），頁 136～137。

不斷，如無子嗣的相以為繼，又如何能遂所心願呢？

在父系親屬中，緊跟著父子關係而受到側重的是夫婦與長幼的關係，父子、夫婦、長幼的關係並列為五倫之中最基本的三種關係，此三者雖各有其特殊的價值和規範，卻同樣受到重視，且在嚴密的督促下普遍的推行著。〔註53〕深入來看，父子、夫婦、長幼的關係，是以仁為核心，以本心善性為總根源的呈現與流露；個別地說，父子關係則是依據「孝」的觀念來維繫的，孝是儒家價值系統中所提出的中心價值觀念，〔註54〕儒家認為父母之深恩最值得感念，是以特重孝道，為人子女對父母侍奉得極其週到，對父母態度極為恭謹，都是克盡孝道的方式，相對於子女的盡孝，為人父母亦應對子女表達慈愛之情，給予子女妥善的呵護與照顧。孝與慈同屬人的天性，但慈是順的流注，是自然而然的表現，孝卻是逆的回溯，有待於反省自覺，故須加以提醒，〔註55〕這種差異性的認知，反映在孔孟思想中，即出現了偏重要求人子盡其孝道的傾向，對人子應有的孝行也有多重層面的描寫，而對父母卻只作原則性的提示而已。〔註56〕據孔孟開示的道理，子女對父母除了天生的情感外，更重要的是尊敬之心，孔子云：「事父母，幾諫，見志不從，又敬不違，勞而不怨。」（〈里仁18〉）便道出孝敬之心不可稍減的看法，孟子也一再強調「事親盡孝」，「順乎親」，「養心甚於口體」的看法，子女必須敬順父母，固因傳統認為父母是高出子女一等的，〔註57〕而無論就體力、智力、經驗言，盛年以前的父母亦皆超越其子女，自足以擔負啓蒙引導子女之責任。要求子女敬順父母，若是從協助子女步上人生坦途的角度來看，實不失正面積極的意義，然而，世間難免有不成熟的父母，或擅用威權，或強以己意加諸子女，或殘暴凌虐子女，致毀掉子女一生的例子，

〔註53〕 同註52，頁137。

〔註54〕 同註1，頁72。

〔註55〕 同註7，頁85。

〔註56〕 筆者按：孔子論及人子應盡之孝道，見諸論語的，如「無違於禮」（〈為政5〉），「父母唯其疾之憂」（〈為政6〉），「為孝必敬」（〈為政7〉），「色難」（〈為政8〉），「事父母幾諫」（里仁18〉），「遊必有方」（〈里仁19〉），「三年無改於父之道」（〈里仁20〉），「父母之年，不可不知」（里仁21〉）等；孟子論及子待父之道，如「事親」兼重「心志之養」與「口體之養」（〈離婁上19〉），「順乎親」（〈離婁上11〉），「事親盡孝」（滕文公上2〉），「懷仁義以事其父」（〈告子下4〉）等，亦莫不詳盡。

〔註57〕 耿立群，〈禮法、秩序與親情——中國傳統的長幼之倫〉，收錄於藍吉富、劉增貴主編，《敬天與親人——中國文化新論（宗教禮俗篇）》（台北：聯經出版事業公司，1991），頁489。

則是不容否認的事實，但，異乎常態的特例是不被列入考慮的，普遍而言，在注重「孝道」的傳統下，父子之間的關係，必以親情爲基礎，再籠罩上厚厚的禮教與規矩，〔註58〕即令禮教規矩的聲勢壓過了注入的親情，而使父子之間可能引發緊張的張力，但幾千年下來，這套沿用已久的規範，仍未作出多少的讓步。

其次說到夫婦之間的關係，夫婦相處之道，理想上是應相敬如賓，然中國社會既以男子爲中心，自古即有男尊女卑的觀念，因此夫婦關係並不平等。〔註59〕在體力上，絕大多數女性的確比男性爲弱，體力上的弱勢並不代表智能上必然的劣勢，智慧的增進則有賴教育的啓迪，但對絕大多數失去教育機會的女性而言，她所認知的層面除了家庭瑣事之外，實無緣也無力攀上知識更新的列車，對社會的變動雖能察覺，卻無分辨剖析的能力，因此，傳統的女子是非常宿命的，她只能隨著丈夫起落浮沉，就像乘坐舟子的乘客，把此番人生的安危際遇通通託付給駕馭船隻的舵手——丈夫。在角色定位上，由於男尊女卑的價值觀念，男主外女主內的分工觀念使然，女子是從屬於丈夫的，因爲從屬的關係，她必須事奉丈夫周到而恭謹，她所接受的禮教，必須如孟子所云：「以順爲正者，妾婦之道也」般，處處依從，百依百順於丈夫，除了敬夫從夫，尚須盡人子媳之孝，料理家中大小瑣事，協助丈夫管教子女，而這一些，亦皆不能悖離禮教的尺度，唯有按著「男主女從」的傳統禮教，女子才能安穩的渡過此生，即令受到百般委屈（如丈夫納妾，公婆刁難，姑叔告狀等），而不能安穩渡日，她亦必須隱忍到底。傳統規範加諸女子身心方面雙重的桎梏，是難以言諭的，這外來的桎梏，雖練就了女性堅忍強毅的生命意志力，也襯託出女性推動家庭和諧興旺的功勞，但，相對於女子因傳統規範帶來的壓力，使其必須心交力瘁地應付種種非理性的人情世故，造成對個人或家庭正面貢獻的無謂損失，能不令人深思再三嗎？

再說到長幼之間的關係，不僅涵蓋了兄弟（姊妹）相處之道，也包括尊長與年幼者的相處之道。就兄弟而言，孔子是以孝悌爲行仁的根本入手處，悌即兄弟之間相待之道，兄弟之間講求兄友弟恭，由於是手足，輩分又相同，相伴成長的濃烈情分，理當爲外人所不及，但，傳統宗法社會特別看重嫡長子，嫡長子被視爲主要延續世系和繼承香煙的人，在父親過世後，長子又常

〔註58〕同註57，頁492～493。
〔註59〕同註57，頁498。

繼爲家長，主持家政，因此，長子與眾子有很大的差別，長兄也倍受諸弟的敬禮有加。〔註60〕宗法社會對嫡長子的重視，直接影響到兄弟排行不同的地位，孟子所云：「長幼有序」便說明了兄弟的大小之別是永遠不可更改的，兄弟之間，不僅大者必爲小者的榜樣，小者亦必向大者學習，一個家族之中，主持家政之大權在一家之長過世後，只能循序而交替，絕不可越級而權代之。兄弟之間必須遵禮教而行的，除須謹記大小排行的差異外，在各自成家生子後，亦絕不可因夫妻私情而損害手足之愛，雖然在情感上，夫妻已較兄弟更爲親密，然在禮法上，卻要求應先兄弟而後夫妻，這種情感與禮法形成不相吻合的現象，〔註61〕已然造成了兄弟間要持續維持濃密情感與悌道的困難，但，儘管在現實上存在著這種無法消解的困擾，傳統禮教對兄弟關係的界定與要求，仍舊長期發揮著它有形無形的影響力。若就年長者與年幼者之間，凡是親屬中輩分較高者，幼輩都要對長輩表示恭敬之禮，即使沒有任何血親或姻親關係的年長者，年幼者一樣要秉持恭敬之心以待其長者。一般來說，傳統鄉里社會的長幼之倫，不但要崇敬長者，亦須尊師重道，長者當中，尤以年高德邵的讀書人，最受人尊敬，雖然他們可能未任官，但卻對公共事物或鄉里生活有絕大影響力，因此倍受地方人士的尊崇與禮遇。而老師自古即與天、地、君、親並列齊稱，地位既尊崇，又被視爲是「道」的化身，是以更加的受到崇敬，〔註62〕這一切的敬意，都必須遵照禮教而行，絕不容絲毫的馬虎。儒家原本主張長幼相處之道，必須是相對的，因此，在禮法上，猶如兄長必須友愛仲弟一般，年長者亦必須對年幼者付出適度的關懷。只不過，由於著重彼此年齡、輩分的差異，使長幼尊卑存在著不可跨躍的層級阻隔，這嚴明的分際，在時移日異的情況下，遂演變成尊長對幼輩片面而嚴格的要求，亦即幼輩必須嚴守著倫理規範，循著禮法的要求，絲毫不苟地對待其長輩；至於長輩，則在居高臨下的心態下，竟至逐漸淡忘了自身應謹守的規範，這樣的疏失所帶給社會負面的影響，實值得後人探其究竟一番。

　　大抵而言，傳統的中國人，只要有所屬的家庭或家族，都不能不遵奉父子、夫婦、長幼之間的倫理規範，唯有奉行規範，才能使其在親屬交織而成的網路間，游走自如地安立其身。誠然，在自給自足的有限空間裡，人人無不扮演著

〔註60〕同註57，頁 498。

〔註61〕同註57，頁 498～499。

〔註62〕同註57，頁 506～507。

家庭人的角色，然而，只要邁出這樣精心設計的有限空間，縱身躍入人潮，人人又都搖身一變而爲社會人了。廣大的社會，提供了人們與其他人群接觸的機會，廣漠的人群雖然是畫分在親屬之外的，卻因事業或生活上的需要而有著或深或淺的接觸，其中，則以君王和朋友較爲受到矚目。仕宦本是絕大多數中國人的夢想，因爲它是攀登富貴的終南捷徑，但對儒家的理想而言，仕宦卻是士人伸展抱負的舞台，是成就全人格的另一試煉所，由於懷抱著修己治人，任重道遠的高遠理想，又由於強調君臣之職守在達成淑世濟民之理想，因而對於同爲官僚組織的核心人物——君臣，便格外的留神費心。孔孟對於君臣之間的關係，基本上，是主張彼此相對的，因此君臣宜各有應行遵循的規範，孔子即主張「君使臣以禮，臣事君以忠」（〈八佾 19〉）又云：「事君敬其事而後其食。」（〈衛靈公 37〉）盡禮是君王待臣之道，而臣子之事君職在盡忠，唯效忠是沒有附加條件的，亦即無需以「君使臣以禮」爲條件，孔子嘗云：「所謂大臣者，以道事君，不可則止。」（〈先進 23〉）一旦君王有無道的表現，爲人臣者雖可以隱而不仕，但卻不可絲毫減損盡忠的心意。〔註63〕孟子同樣主張「賢君必恭儉禮下」（〈滕文公上 3〉），其所正告齊宣王能行「三有禮……，則（〈臣子〉）爲之服矣。」（〈離婁下 3〉）的話，便是重申禮即爲君王規範的道理，至於人臣待君之道，在「以道事君」的大前提下，臣子亦必須善盡言責，規諫君王向善，絕不可背棄禮義，而與君王沆瀣一氣地作惡多端。孟子論及臣子待君之禮顯然要比君王待臣之禮更爲詳盡，然觀其曉告齊宣王：「君之視臣如手足，則臣視君如腹心；君之視臣如犬馬，則臣視君如國人；君之視臣如土芥，則臣視君如寇讎」（〈離婁下 3〉）之說辭，則知君臣間的禮行當可隨其關係的改變而調整升降，〔註64〕這同時證明了君臣之間存在著雙向的關係。

　　但雙向的關係卻未必等同於平列的關係，仔細深究孔孟所論君臣相待之禮，實亦存在著上下尊卑的分野，此則深受傳統文化特質之影響而產生的，雖說這種文化特質有違於孔孟勾繪君臣角色的初意，卻無法遏止其內化爲孔孟思想的深層意識。大抵來說，在中國古代的封建制度下，凡是身爲天下侯國的統治者，他們的統治理念仍然只是把天下侯國當作皇族的家產在管理，臣子也只具家臣的心態，只向統治者效忠而已，他們的內心並未把天下侯國當作一個超

〔註63〕陳大齊，《論語臆解》（台北：臺灣商務印書館，1969），頁 66。
〔註64〕王邦雄、曾昭旭、楊祖漢編著，《孟子義理疏解》（台北：中華文化復興運動推行委員會，1982），頁 199。

脫於家庭之外的獨立社會，〔註65〕因此，家既然是各層社會集合中最重要最基本的一環，則「諸侯國」與「天下」也都必須以「家」為範本，君臣關係即連帶的被視為是從家庭關係中延伸出來的，君臣因而被比擬為父子，〔註66〕彼此之間也不可避免地承續了家庭關係注重長幼尊卑的觀念，孟子的「天下之本在國，國之本在家，家之本在身。」（〈離婁上5〉）便透露了「天下國家」整體不可分的觀念。君臣既有上下尊卑之分，遂使禮賢下士的觀念，與根深蒂固的忠君觀念，呈現出明顯的消長現象，準此可知，規範之於君臣的作用，當然是前者弱於後者了。這延續數千年的社會傳統，即使到了高唱民主的現代，依然發揮著它驚人的媚力，這難道不是值得深思的問題嗎？

至於朋友之間的相處，孔子曾述及「損者三友，益者三友」（〈季氏4〉）說明慎選朋友的重要，又提及「朋友信之」（〈公冶長26〉）的信實原則；孟子強調朋友之間屬平行關係，不能依恃「長」、「貴」、「兄弟」等外在身分之高低，而影響其對等性，即令是君王，與朋友相待時，仍應平等往來。結交朋友，旨在砥礪彼此的德性，增進你我的德行，因此，朋友必須以誠信來規範自己，誠信必出自內在的真誠，誠信亦必不違逆禮法才是。但孟子雖認為朋友之間必須拋開兄弟的身分，以免高下之分，事實上，一般俗眾卻不乏將朋友視為是兄弟關係的延長之觀念，朋友比擬為兄弟，〔註67〕朋友互相稱兄道弟，是中國社會特有的現象，歷史上不乏見到情同手足的金蘭結義之交，即在在說明了家庭關係對一般社會關係實發揮了莫大的凝聚力量。

綜觀孔孟所論述的人倫觀念，可知其所界定的父子、夫婦、兄弟三種基本人倫的規範，即是要按著性別、年齡，輩分的清楚原則去規定親屬之間各人相對的行為和態度，而親屬之間長幼尊卑相待的關係，也被延伸運用到社會人群間，同時成為君臣、朋友二種社會倫理的規範，這些規範的共通形式是「禮」，其共通精神則是「仁義之心」，群居社會的人類不能毫無規範的存在，倫理思想為群居社會所建構的規範，使人們在嚴謹而細密的網路中，依

〔註65〕 鄭正博，〈兩種文化設計──談傅偉勳教授的五對倫理學名詞〉，收錄於傅偉勳，《從創造的詮釋學到大乘佛學》（台北：東大圖書公司，1990），頁92。

〔註66〕 同註20，頁27、30。並參杜正勝，〈編戶齊民──傳統的家族與家庭〉，收錄於劉岱總主編，《吾土與吾民──中國文化新論（社會篇）》（台北：聯經出版事業公司，1989），頁9。

〔註67〕 杜正勝，〈編戶齊民──傳統的家族與家庭〉，收錄於劉岱總主編，《吾土吾民──中國文化新論（社會篇）》（台北：聯經出版事業公司，1989），頁9。

序地魚貫而行，從不敢有任何越軌的念頭，幾千年來，人們循著規範所烙下的生命軌跡，便這樣千篇一律地循環著。

就人類歷史軌跡來看，生命的繁衍總是與日俱增，與時俱進的，縱然因為大變動一時造成人口的劇減，只要假以時日，必將儘速的彌平，轉眼又將快速的遞增，人口的成長是自然的，人群越聚越多，彼此相處時也就更需費一番功夫。小農時代的社會，人口雖然較為簡單，又屬聚落型態，但也屬群居的社會型態，既是群居的社會，便不能不觸及人際往來的問題，儒家所以要提倡倫理觀念，據以制定人倫的規範，可謂是正視了群居人類現實生活的需要。就如綿密的交通網路，要保持暢通無阻的情況下，即不能不設定交通規則俾供行人遵循一般，人倫規範之於人群亦是不可或缺的。

孔孟的正名思想，是對人類的地位界定、角色扮演與規範遵循的宣告。人從出生以迄成家立業後，其地位、角色便已逐漸的確立不移，而規範則緊隨著地位、角色的確定制約著人的言行態度。規範是必須遵循的，亦絕不容許任何的例外，儒家深信，只要人人能恪遵規範，必然能收到促進社會的和諧與秩序的最大效益。但，這樣的信念又如何能取信於人呢？吾人不妨再細加探究一番。

首先，吾人已知，在中國小農經濟環境下，人倫關係是以家庭家族為起點，家庭家族本是初級團體的組織，在初級團體的人際關係裡，人與人之間的關係單純而穩定，每一人在聚落中其他人眼裡可說都是透明的，由於常常見面，更由於關係長期而穩定，若遇有什麼恩怨瓜葛，往往寧可不予追究，以免彼此難堪。以父子、夫婦、兄弟之自然關係而言，人與人相結合所依靠的是自然而然的親密之情，並不是清楚而可以計算的利益，即令是為了利益的考量，在面對家庭或家族時，個人私欲私利都必須泯除，唯有公益公利才值得大夥兒掛心，家庭或家族成員這種基於彼此情份而緊密結合的事實，以及以族群利益為優先考量的要求，便塑造成不計較、多忍讓、和為貴的人際關係，若追根究底，「情」的力量畢竟勝過族群利益的考量。〔註68〕至於君臣、朋友之社會關係，雖然不屬於血緣宗親，但由於被視為是家庭關係的延伸，照理亦不能作出違背情分蔑視公利，而以私利為先的作法。「情」可說是維繫人際關係最為重要的力量，情份不但足以激發人類合群團結的念頭，更重要的，則是使人無可抗拒的接受規範的要求。

〔註68〕同註65，頁92。

其次，吾人亦應了解，在人口不多的小農社會，習俗通常是單一的，除了共認的一套規範外，再沒有其他的行為準則，人生下來，就只能接觸到一種生活成法，這種生活成法亦即是傳統的生活規範。在小農社會裡，由於習俗的單一，使人覺得這套生活成法具有不可爭議的正確性，又由於傳統的靈驗使人產生敬畏感，於是就令人主動服膺於社會存在的規範。事實上，傳統習俗能對行為產生節制的作用，除了主動服膺外，還包括非形式控制的社會壓力，在小農社會裡，人們可能承受到的社會壓力包括：來自熟人的評價，無所遁形的生活環境，群體成員的一致看法，以及割斷親屬聯繫即失去社會存在基礎的現實顧慮等，這些來自各方的壓力，使生活在狹小人群社會裡的人，往往能夠在相當程度上消彌越軌的行動，並儘快回歸到社會規範，遵循社會規範，以避免被孤立排斥的厄運。〔註 69〕孔孟正名思想所立下的規範，即在這種特殊的社會結構裡，循著主動服膺與社會壓力的雙重管道，發揮它制約人們行為態度的功效。

亞里斯多德曾說：「能不在社會裡生存的人，不是禽獸就是神明。」對常人而言，只要是社會人，凡人都要經歷群居生活的洗禮，原始社會如此，現代的社會亦復如此。群居生活足以塑造人的人格，亦足以創制人類的文明，當然更少不了人際關係的存在，孔孟二哲深曉家庭是人類群居生活的起點，又以慧眼識得中國社會特重家庭與家族此一社會單位的特殊文化背景，因而提揭了探討人際關係的正名觀念，人際關係是不分古今中外，永恒不變的話題，這種切入現實人生的務實態度，與對人類族群生活型態的高度關懷，毋寧是值得肯定的。蓋人們因為情份的關係而奉行著人倫的規範，又在主動服膺與社會壓力的籠罩下而遵循著規範，試問，人們的爭執將從何而生？這規範使得人人踩著節奏相同，不疾不徐的步履，就如一支訓練有素，紀律嚴整的隊伍，四平八穩，安然自如地遊走著大街，人們必然要為它的團隊精神而喝采，因為它表現了前後一致的和諧與秩序。客觀而言，把家族當成社會的核心，提倡人倫之教，誠可使家族的自治更為穩固安定，而教民尊親敬長，亦可使民性較為恭謹順從，又進一步將家國、天下連為一氣，陶融人民由對父之孝敬發而為對君之忠誠，如此，當更有利於政治統治的容易推行。透過倫理觀念嚴格的規範著人們的一言一

〔註69〕張德勝，《儒家倫理與秩序情結—中國思想的社會學詮釋》（台北：巨流圖書公司，1990），頁 56～58。

行，不僅可能消除了人們我行我素的機會，也可能使人們別無選擇的採取一致的行動，這樣的社會倒真是呈現一片安詳和諧的氣氛，與無紛無擾的秩序矣。吾人如對歷史作一番回顧，則不能否認倫理規範對於促進社會和諧與秩序的正面功效，然而，在和諧與秩序的表象下，從來就不曾存在任何洶湧的暗潮嗎？這倒是另一個值得追究的問題了。

二、荀子的觀點

1、以實效制約方式達成後天的道德修養

　　論及道德的修養與實踐，荀子的思考向度與孔孟大有區別，結合了對人之特質的認知，就社會環境的觀察及從文化進行省思的結果，荀子排除了道德主體的觀念，否決道德自主表現的可能，轉從人的特質及文化設計的向度，提出道德是後天涵養而成的主張。孔子由「仁」認識人性，孟子由「四端之心」道人性，是先驗天賦的觀點，荀子迥異於孔孟的觀點，而由「生而有耳目之欲，又好聲色焉」（〈性惡篇〉）的角度，對人性作深切的觀察，以「性」為人的本能欲念，此符合現代行為科學的看法，亦符合心理學的說法。本能欲念既為天性，若「順是」（〈性惡篇〉）即絲毫不加節制，將導致「今人之性，生而有好利焉，順是，故爭奪生而辭讓亡焉；生而有疾惡焉，順是，故殘賊生而忠信亡焉，生而有耳目之欲，有好聲色焉，順是，故淫亂生而禮義文理亡焉。然則從人之性，順人之情，必出於爭奪，合於犯分亂理，而歸於暴。」（〈性惡篇〉）這種可以徵驗的性惡現象，依荀子所謂：「凡古今天下之所謂善者，正理平治也；所謂惡者，偏險悖亂也：是善惡之分也矣。」（〈性惡篇〉）是對行為結果的判定。

　　人類的惡劣行為，在社會上引爆混亂的問題，荀子不僅將其溯因於抽象人性的無所節制，也兼括對上古以迄當代社會環境與文化的省察，荀子所云：「古者聖人以人之性惡，以為偏險而不正，悖亂而不治，故為之立君上之勢以臨之，明禮義以化之。」（〈性惡篇〉）即是指明上古社會充滿紛亂戰爭的狀態，既缺平治又乏禮義教化，其觀感猶如十七世紀英國哲學家霍布士（Thomas Hobbes）認為古代的「荒原狀態」（the state of nature），那是個暴力橫行、沒有秩序、沒有安寧、沒有公平的世代，因而以「人類對人類是豺狼」 〔註70〕

〔註70〕 侯外廬主編，《中國思想通史·第一卷古代思想》（北京：人民出版社，1957），頁 573～574。

來刻畫人性的面貌。荀子所處的時代環境更是「上無賢主，下遇暴秦」的局面，捐棄仁義，道德淪亡，人心狡詐，社會動盪，杌隉不安的亂世，〔註71〕諸多錯綜的因素，使道德的實踐似乎難於見到天日。其實，視人性為人的本能欲念，只是初步的照察，荀子對人性作了更深層的挖掘，提出「今人之性，固無禮義，故彊學而求有之也；性不知禮義，故思慮而求知之也。」（〈性惡篇〉）這是抨擊孟子性善說而作出的反響，荀子認為人性不存在禮義，又不知禮義，否定人性內部有善的成分，根本排除了道德主體存在的先天性。

但與孔孟相同，荀子將道德的踐履視為人生的理想，就必須為道德的彼岸尋找可行的通路，至於邁向通路的門徑，荀子開設了注重外在客觀現實人為改造的路程，即張起「師法之化，禮義之道」（〈性惡篇〉）之綱目，作為人際之矩矱；並結合人的特質之優勢，即人所特具的「有義、有辨、能群」之能力，以「義、辨」為助力，以「群」為試煉的場所，用來推動促成人際法則順暢的運轉，以期兌現道德道德踐履的聖業。荀子擷取孔子表彰周禮的精神，但對孔子「攝禮歸仁」的體悟，即將禮文與個體生命自覺地尋求主客之體再度和諧的反省，〔註72〕重新析離定位，使禮還原為客觀的規範，仁義回歸為後天的修養。如此一來，客觀的禮制不但成為個體修養、仁義孝悌的起點，又推進為整體統治所需的社會規範，李澤厚先生因而認為作為荀子思想重心的禮義，無疑是傳統的舊瓶裝上了時代的新酒。〔註73〕荀子否認天生的聖哲，主張人性固無禮義又不知禮義的價值，卻又強調「禮義者，聖人之所生也。」（〈性惡篇〉）「古者聖王以人之性惡，以為偏險而不正，悖亂而不治，是以為之起禮義、制法度，以矯飾人之情性而正之，以擾化人之情性而導之也。」（〈性惡篇〉）似乎使「聖人制禮義」之創制活動淪為掛空的說法，或陷入矛盾的境地。但，禮義之人為規律的產生，荀子嘗作了淺顯易解的比喻，而謂：「聖人之於禮義也，辟則陶埏而生之也。」（〈性惡篇〉）猶如陶人埏埴而生瓦一般，說明禮義是知性的產物，是聖人憑藉其巧思，即用「可以知之

〔註71〕姜尚賢，《荀子思想體系》（高雄：復文圖書出版社，1990），頁68。
〔註72〕韋政通，《荀子與古代哲學》（台北：臺灣商務印書館，1992），頁3。
〔註73〕李澤厚先生提到，荀子對氏族血緣傳統的「禮」賦予了歷史的解釋，「禮」的傳統舊瓶裝上了時代的新酒。所謂「舊瓶」，是說荀子依然如孔子那樣，突出「禮」的基礎地位，仍然重視個人的修身、齊家等。所謂「新酒」，是說這一切都具有了新的內容和含義，它實際已不是從氏族貴族或首領們的個體修養立場出發，而是從進行社會規範的整體統治立場出發。參同註2，頁107。

質」（〈性惡篇〉）的聰明才智，又以人性爲材料，通過甄審選擇，訂定的行爲
善惡標準，進行智巧的改造；人性必須納入禮義來規範，恰是溯因於性惡的
現象，是歸結於現實的歷史，因而勢必採行此一再造的途徑，才能獲致有效
的改善，此即荀子「化性起僞」的主張。

　　禮義既是人爲的，其功能在於「矯飾」或「擾化」，顯示不論其作爲個
體修養或群體規範之標準，基於實際效益的考量，都不離強制約束的方式，
採用「實效制約」的禮義教化方式，才是使性惡轉向善境的法門，即是荀子
一再說明：「善者，僞也」的道理。荀子嘗說：「可以爲堯禹，可以爲桀跖，
可以爲工匠，可以爲農賈，在注錯習俗之所積耳。」（〈榮辱篇〉）指出長期
累積的舉止和風俗習慣，可以造就出類別不同的人，「譬之越人安越，楚人
安楚，君子安雅。是非知能材性然也，是注錯習俗之節異也。」（〈榮辱篇〉）
習俗的養成，不僅因區域而不同，甚或有好壞之別，好壞之判定卻難以訂定
絕對客觀的標準，文明的認定也存在落差，米歇爾德蒙田（Michel De
Montaigne）甚至認爲文明不能改善道德。〔註74〕但，荀子顯然深信文明是
改善道德的可行途徑，他所強調的是「慮積焉，能習焉，而後成謂之僞。」
（〈正名篇〉）即由習慣進一步推向思慮的層次，指出透過心理層次的理性思
考，尋找文明的標竿，這文明的標竿無庸置疑的即是禮義，發現者便是「聖
人」或「聖王」。荀子每稱「聖人積思慮、習僞故，以生禮義而起法度。」
（〈性惡篇〉）積是屬於心理的，習是屬於行爲的，點出了起僞進善必須內外
因素並重，應當均衡發展，不可稍有偏廢。〔註75〕禮義屬制約的規範，荀
子特別注重環境與教育的薰陶，不但說明以人爲力量打造，提供適合道德滋
長的外在環境，更意圖透過制約的方式，把混亂的現象作一番統合，藉由禮
義將人類的行徑導向秩序的妥貼畫面，但，井然有序的社會圖像，還必須借
助人類內在因素的功能，即發揮理性的判斷抉擇能力或能竟其功。然而，荀
子又深深的瞭解「化性起僞」並非全然能夠奏效，道德踐履終究受到個體意
志恆久或斷裂所左右。美國心理分析家弗洛姆（Erich Fromm）認爲，傳統

〔註74〕各地習俗之好壞，難有絕對客觀的標準，正如法國思想家米歇爾德蒙田
　　　　（Michel De Montaigne，1533～1592）在 On the Cannibals（Book Ⅰ, 31）一
　　　　文中所提及的，一切美洲原住民中的野蠻，只是他們的奇異陌生，因爲我們
　　　　通常認爲奇異陌生是野蠻的。參李亦園總審訂，《觀念史大辭典・哲學與宗教
　　　　卷》（台北：幼獅文化事業股份有限公司，1991），頁 468。
〔註75〕同註71，頁 66。

哲學裡有關人性善惡的爭論，只是一個起點，並不能解答我們心理和倫理上的問題，〔註76〕其說甚是；在人性認知的基礎上，古今中外學者，試圖以人性為基石，搭蓋倫理道德的殿堂，而依然處於未竟完成的階段，或以人性為胠篋，探索人類生命的奧妙，也仍舊存在明暗交錯的區塊，儘管如此，學者的努力是值得肯定的，在事態未能完全明朗之前，努力終將持續的進行，現代行為科學即是其中的一環。

　　荀子的性惡主張，雖然在歷代受到嚴厲的批判，〔註77〕但其構思通過禮義的制約以改善行為，某種程度上具有科學的實證精神，猶如現代行為科學進行方法的革新，在確認人具有無比複雜和機能的結構下，科學的實驗結果傾向於，人性只不過是一種反應模式（pattern of response），由「刺激到反應」的行為制約理論，或為當前較能為大眾接受的科學方法與知識，雖然科學方法與知識也可能充滿了曖昧性。〔註78〕然而，禮義是否為最好的制約方式，以現代觀點而言，仍可針對禮義的內涵來加以評估；此外，又值得注意的是，行為科學的研究，以行為的制約為目的，荀子的制約想法，卻有意地將行為約束導向道德的最終目標。

2、為人倫關係挹注群道暨人格平等觀念

　　基本上，荀子對倫理的問題，依然關注著傳統的五倫關係，但於人倫之規範，則著眼於外在客觀的禮義，禮義作為倫理的標準，不僅人們必須經由學習來瞭解，即達到「知」的層面，還必須親身力「行」，進一步建立社會的秩序，這種思想進路，類似傳統倫理學要求由「知」到「行」的目的論，〔註79〕其間

〔註76〕 Erich Fromm ,Man for himself :an inquiry into the psychology of ethics"An Owl Book, Henry Holt and Company, Inc., New York ,1990. pp.216. 並參韋政通，《先秦七大哲學家》（台北：水牛圖書出版事業有限公司，1987），頁57。

〔註77〕 筆者按：古今之人評議荀子，褒貶不一，茲引數則供參，如（1）唐韓愈〈讀荀子〉稱：「荀與揚，大醇而小疵。」（2）楊倞《荀子序》稱：「昔周公稽古三五之道，……故仲尼定禮樂，作春秋，……孟軻闡其前，荀卿振其後，觀其立言指事，根極理要，敷陳往古，倚挈當世，撥亂興理，易於反掌，真名世之士。」（3）蘇軾〈荀卿論〉曰：「荀卿者喜為異說而不讓，敢為高論而不顧者也；其言，愚人之所驚，小人之所喜也。」（4）朱熹稱曰：「其書龐，失其大本。」（5）紀昀《四庫總目·子部儒家類》曰：「韓愈大醇而小疵之說，要為定論，餘皆好惡之詞也。」

〔註78〕 筆者按：如羅素（B. Russell）有名的「雞場的故事」，或英國物理學家史蒂芬·霍金（Stephen Hawking）的「黑洞理論」到「黑洞悖論」，顯示科學方法推演出的規律或理論，沒有必然的真假。

〔註79〕 同註3，頁297。

的差異，則是荀子並無傳統倫理學以形上學爲依據的觀念，即把人的善性解釋爲來自天命，並以天命作爲倫理規範合理化的根據。〔註80〕在倫理觀念上，孔子以仁爲成德之依據，孟子之特色卻是本良知以達於成聖的境界，這與傳統倫理學甚爲吻合，故以目的言，荀子與孔孟無別，以形上學根據言，則出現了差別。荀子的倫理規範是經驗路線的，結合了對人性的考察，禮義的產生方式，以及化性起僞的教化途徑，其經驗色彩相當的顯著，不只否定先天存在的良知，又以「善」爲社會關係所積習之經驗範疇。〔註81〕在方法論上，荀子主要採行經驗路線的特徵，在某種程度上，已具有科學倫理學的特性，但卻與孟子強調「猛醒自覺」、「存養推擴」、「養心寡欲」、「反求諸己」等內在的修養工夫，大有不同。在五倫關係之外，荀子更突出的是，注意到社會領域中，存在著不可忽略社會道德的培育，即「能群」、「善群」（〈王制篇〉）之道，荀子揭櫫「群道」的觀念，無異於爲傳統人倫關係挹注了進步的思想，使個人修己爲基礎向外輻射交會的範圍得以擴大，不再局限於五倫原來圈子的對象，這不但是孔孟未曾觸及的觀念，以現代而言，仍有時代的意義。

　　處在社會變革的時代，荀子思索人倫的問題，並未離開儒家的基本立場，但爲社會倫常秩序作出了理論貢獻，其中最重要的是把「禮」作爲倫理價值的評判標準。荀子云：「請問爲人君？曰：以禮分施，均遍而不偏。請問爲人臣？曰：以禮侍君，忠順而不懈。請問爲人父？曰：寬惠而有禮。請問爲人子？曰：敬愛而致恭。請問爲人兄？曰：慈愛而見友。請問爲人弟？曰：敬詘而不苟。請問爲人夫？曰：致和而不流，致臨而有辨。請問爲人妻？曰：夫有禮則柔從聽侍，夫無禮則恐懼而自竦也。此道也，偏立而亂，俱立而治，其足以稽矣。」（〈君道篇〉）荀子以「禮」作爲親屬關係與社會關係的準則，強調「俱立」而不是「偏立」，即是主張應全面實行而非片面的實行，才能確立社會倫理的秩序，是可「稽」的，這對當時社會動亂，周禮已失墜威信的時代而言，則具有積極的意義。從歷史淵源來看，荀子所構思的，猶如當年孔子提倡循禮正名的用心一般，孔子主張「循禮」，兼括廣義與狹義之禮；廣義之禮等同於社會學所說的規範，即行爲的準則，典禮儀式爲狹義之禮，〔註82〕此兩者同爲孔子所重視，孔子更強調發自內心之仁而非徒

〔註80〕 韋政通，《中國的智慧》（台北：水牛圖書出版事業有限公司，1985），頁 19。
〔註81〕 同註 70，頁 574。
〔註82〕 同註 69，頁 74。

具形式之禮文；荀子同樣擷取廣義與狹義之禮義，與孔子所不同的，是孔子以發自內心之仁爲禮的最高價值，荀子則視禮爲聖人理性的至高表現。禮是倫理的規範準則，荀子認爲此規範準則必須透過教化，以使人們普遍的認識，而爲行爲的依據，故云「立大學，設庠序，修六禮，明七教，所以道之也。」（〈大略篇〉）七教即是父子、兄弟、夫婦、君臣、長幼、朋友和賓客七方面的教育，〔註83〕顯見荀子對人倫之教的重視。爲了確立倫常之秩序，荀子又特別強化各種人倫關係中，對應雙方的尊卑等級次序，此種觀點其實亦是有所承繼而來，〔註84〕但又不能排除此種尊卑等級觀念是強烈的。

在親屬關係中，對夫婦之道，荀子認爲：「《易》之〈咸〉，見夫婦。夫婦之道，不可不正也，君臣父子之本也。咸，感也，以高下下，以男下女，柔上而剛下。」（〈大略篇〉）此處揭示了兩大重點，其一是夫婦之間爲主從的關係，其二是雙方生活行事間的剛柔相濟；〔註85〕更指出夫婦之道是「君臣父子」二倫之所本。夫婦有所區別，孟子已作出定論，荀子指出應由禮義來規範，故云：「男女之合，夫婦之分，婚姻娉內送逆無禮；如是，則人有失合之憂，而有爭色之禍矣。故知者爲之分也。」（〈富國篇〉）「人無禮不生，事無禮不成，國家無禮不寧。君臣不得不尊，父子不得不親，兄弟不得不順，夫婦不得不歡。」（〈大略篇〉）禮義之準則必須遵從，違逆之則後果不堪，因而荀子又主張：「夫婦之別，則日切瑳而不舍也。」（〈天論篇〉）透過普及的教育，使夫婦之道在庶民、菁英份子間普遍地奉行，是荀子一貫的用心。

關於父子之間，荀子謹守傳統「父子有親」的理念，乃言：「夫禽獸有父子，而無父子之親，有牝牡而無男女之別。故人道莫不有辨。」（〈非相篇〉）父子一倫必須嚴于辨別，分辨的依據則是：「君子養心莫善於誠，致誠則無它事矣，惟仁之爲守，惟義之爲行。誠心守仁則形，形則神，神則能化矣；誠心行義則理，理則明，明則能變矣。變化代興，謂之天德。……父子爲親矣，不誠則疏。」（〈不苟篇〉）荀子提揭「誠心」爲守仁行義的重要功夫，此處之誠心，有別於孟子強調「道德」的天心，而是認識與思辨之心。荀子特重道德的外在實踐義，主張成聖成賢須借助他力，故所言誠心並無形上之哲理，〔註86〕但強調誠心之

〔註83〕北京大學哲學系注，《荀子新注》（台北：里仁書局，1983），頁537註（3）。

〔註84〕郭沫若著作編輯出版委員會，《郭沫若全集—歷史編》（北京市：人民出版社，1982），第2卷，頁227。

〔註85〕吳復生，《荀子思想新探》（台北：文史哲出版社，1998），頁129。

〔註86〕魏元珪，《荀子哲學思想》（台北：谷風出版社，1987），頁125。

功夫與重要性而已，是知父子親情之相互表露，須以眞誠無欺的心來奉行。就單方面而言，荀子又示以「父嚴子孝」的道理，先提爲父之道，所謂：「君子之於子，愛之而勿面，使之而勿貌，導之以道而勿彊。」（〈大略篇〉）此處強調爲父，不但愛子不能喜形於色，生活教育上必以嚴正態度來使喚其子，對禮義之教導採漸進間接的誘導，整體以觀，刻畫人父傾向於「嚴父」角色的扮演，凸顯父子之倫的絕對性特色，即蔚爲中國倫理的傳統。至於爲子之道，荀子承繼孔子「孝」的觀念，而謂：「曾子曰：『孝子言爲可聞，行爲可見。言爲可聞，所以說遠也；行爲可見，所以說近也。近者說則親，遠者說則附。親近而附遠，孝子之道也。』」（〈大略篇〉）這是按傳統指示孝子本著「大孝尊親」的理念，藉由中規中矩的言行，以博得世人的美譽，孝子的信譽，來自長期堅持去僞存誠的行爲，其行爲不外乎恪守禮義的規範，唯其如此，才能樹立光明磊落的人格。若禮義的要求是合理的，這種構思自有積極正面的意義。荀子對孝道的原則格外重視，在恪遵傳統觀念之外，又特別提到：

> 入孝出弟，人之小行也。上順下篤，人之中行也。從道不從君，從義不從父，人之大行也。若夫志以禮安，言以類使，則儒道畢矣；雖舜不能加毫末於是矣。孝子所以不從命有二：從命則親危，不從命則親安，孝子不從命乃衷；從命則親辱，不從命則親榮，孝子不從命乃義；從命則禽獸，不從命則脩飾，孝子不從命乃敬。故可以從而不從，是不子也；未可以從而從，是不衷也。明於從不從之義，而能致恭敬、忠信、端愨以愼行之，則可謂大孝矣。《傳》曰：「從道不從君，從義不從父。」此之謂也。故勞苦彫萃而能無失其敬，災禍患難而能無失其義，則不幸不順見惡而能無失其愛，非仁人莫能行。《詩》曰：『孝子不匱。』此之謂也。（〈子道篇〉）

這段說辭，標示出荀子以「道義」作爲孝道的最高標準，又特立人子三不從的準則，在乃忠、乃義、乃敬三者，人子應盡之職責，特別由服從的正當性來判斷，透顯出荀子另一理性思考向度。禮義爲一切人倫總規範，故荀子云：「然而孝子之道，禮義之文理也。」（〈性惡篇〉）「人無禮不生，事無禮不成，……父子不得不親。」（〈大略篇〉）荀子又謂：「坐視膝，立視足，應對言語視面。」（〈大略篇〉）這是論子對父的基本禮節，概略而言，是指示人子與父互動，不論坐、立、應對與進言，目光皆不得隨意游離，由目視的定點規定，說明子輩敬謹的態度，同時又襯托出父輩的威嚴，實爲「嚴父」的身段作一註腳。就父

子一倫而言，父尊子卑的上下階級是嚴明的，在古代，這樣的禮義之教被視爲是天經地義自然之事，以今日觀之，卻未免覺得拘謹，淹沒了親情的流露。然而，即令挑戰十足，亦當如〈大略篇〉載孔子對子貢的教諭：「事親難，事親焉可息哉！」歷史上，不息不止於孝道的，荀子曾大力加以表揚：「然而曾、騫、孝己獨厚於孝之實，而全於孝之名者，何也？以綦於禮義故也。」（〈性惡篇〉）

至於兄弟之間，依據現實經驗的考察，荀子認爲「假之人有弟兄資財而分者，且順情性，好利而欲得，若是則兄弟相拂奪矣。」（〈性惡篇〉）兄弟可能依天性未能節制而引爆爭奪，但人間畫面也可能改易，荀子云：「夫子之讓乎父，弟之讓乎兄；子之代乎父，弟之代乎兄；此二行者，皆反於性而悖於情也。」（〈性惡篇〉）荀子認爲爲人子弟代讓父兄之行爲，並非天性的表露，使拂奪轉變爲代讓場景的力量，當然得歸諸人倫規範的依據。荀子云：「人無禮不生，事無禮不成，⋯⋯兄弟不得不順。」（〈大略篇〉）禮義既適用於規範夫婦、父子，亦是促使兄弟和氣相待的教化手段，孝悌之道誠然非普遍，然「禮義積僞」絲毫不可怠慢，〈大略篇〉載孔子引《詩》：「刑于寡妻，至于兄弟，以御於家邦。」以教示子貢，亦足以說明荀子對「兄友弟恭」之道，必不離「化性起僞」的路向，即必以禮義爲教的思路，是師承孔子肯定禮義價值的基本立場。

另外，有關社會關係的部分，其中對君臣一倫，荀子論述甚多。荀子主張：「以類行雜，以一行萬：始則終，終則始，若環之無端也，舍是而天下以衰矣。⋯⋯君臣、父子、兄弟、夫婦，始則終，終則始，與天地同理，與萬世同久，夫是之謂大本。故喪祭、朝聘、師旅一也。貴賤、殺生、與奪一也。君君、臣臣、父父、子子、兄兄、弟弟一也；農農、士士、工工、商商一也。」（〈王制篇〉）這是由天尊地卑的自然現象，設想社會組織結構猶如天地之理一般，亦即人倫秩序依禮而有上下尊卑的趨勢，嚴格來說，是將社會的不平等用來附會物性的不齊，〔註87〕這種不平等的階級觀念，甚至演變到絕對化的地步，〔註88〕出現在荀子「維齊非齊」的論述中；學者認爲這是儒家思想的限界，也是荀子禮論發展將不可避免受到的限制。在尊卑高下的概念下，荀子以禮義作爲政治哲學的基準，亦爲君臣必須共守之準則。政治組合以聖君賢相爲最佳拍檔，爲達成此目標，人君所遵行的道，首要在「知人」，即在

〔註87〕同註70，頁575～576。
〔註88〕張豈之，《中國儒學思想史》（台北：水牛圖書出版事業有限公司，1996），頁119。

覓得人才，荀子云：「主道知人，臣道知事。故舜之治天下，不以事詔而萬物成。」（〈大略篇〉）「無土則人不安居，無人則土不守，無道法則人不至，無君子則道不舉。故土之與人也，道之與法也者，國家之本作也。君子也者，道法之總要也，不可少頃曠也。得之則治，失之則亂。」（〈致士篇〉）良好的統治秩序，需要君子來推動道法，因為君子是一統道法的總綱，〔註89〕故人君必須確切認識所用之人之才具。既認得人才，進一步還要能「用人」，荀子云：「至道大形，隆禮至法則國有常，尚賢使能則民知方，纂論公察則民不疑，賞克罰偷則民不怠，兼聽齊明則天下歸之；然後明分職，序事業，材技官能，莫不治理，則公道達而私門塞矣，公義明而私事息矣。」（〈君道篇〉）「馬駭輿，則莫若靜之；庶人駭政，則莫若惠之。選賢良，舉篤敬，興孝弟，收孤寡，補貧窮。如是，則庶人安政矣。」（〈王制篇〉）荀子崇尚實用的政治思維，對行政效率必不至漠視，而「尚賢使能」、「選賢能舉篤敬」，使有技能者各任相稱的職位，正是由觀念化為行動的具體作法。然而，荀子對政治生態每有深入的觀察，其云：「今人主有大患：使賢者為之，則與不肖者規之；使知者慮之，則與愚者論之；使脩士行之，則與污邪之人疑之。雖欲成功得乎哉！……故古之人為之不然：其取人有道，其用人有法。取人之道，參之以禮；用人之法，禁之以等。……是以萬舉而不過也。」（〈君道篇〉）由於洞悉人主往往不免於隨「不肖者、愚者、姦人」起舞，以致阻礙「賢者、智者、端人」推動正當之政務，又瞭解人主之患，常在於「言用賢者，口也，卻賢者，行也。」（〈致士篇〉），亦即口行相反，表裡不一，這將造成政治上的負面效應。因此，荀子強調人主必須戒絕其弊，回歸到以「禮」為判準的取人標準，謹守著「等級」制度的用人方法，這種觀點，在一定程度上是具體驗證之所得，如再參照其提出：「衡聽、顯幽、重明、退奸、進良之術」（〈致士篇〉）作為選人用才的標準，更足見荀子在思慮上的縝密度。

與人君相對的，可以相臣為代表，相臣是「卿相輔佐之材」，為大用之才，其概括的職掌在「助人君」。荀子對於人臣之事君，仍然堅守儒家的基本立場，即「從道不從君」（〈子道篇〉），固守此一原則之外，又必須「以禮侍君，忠順而不懈。」（〈君道篇〉）大臣依循禮義來表現，首要在於「臣道知事」，即須知分內之事，其應知之事，包括「知隆禮義之為尊君也，知好士之為美名也，知愛民之為安國也，知有常法之為一俗也，知尚賢使能之為長功也，知

〔註89〕同註85，頁 222。

務本禁末之爲多材也，知無與下爭小利之爲便於事也，知明制度，權物稱用之爲不泥也，是卿相輔佐之材也。」（〈君道篇〉）將「隆禮義」列爲所知的首項，是爲了君位必須高尊於一切，肇因於君王爲國家之象徵，統治高權之所寄，則人君位尊權高於一切的階級意識亦顯透無遺。其餘相臣所知之事，「好士」、「愛民」、「常法」俱與治國理念相貫通，「尚賢使能」以覓得高等人才，「務本禁末」以掌握經濟運作方針，「無與下爭小利」即不與民爭小利以興天下之同利，「明制度權物稱用」則堅持制度的絕對貫徹。

以奉行禮義與否爲評審標準，荀子將人臣類分爲多種，包括「態臣、篡臣、功臣、聖臣」（〈臣道篇〉）或「下臣、中臣、上臣」（〈大略篇〉），足以稱道的是「內足使以一民，外足使以距難；民親之，士信之；上忠乎君，下愛百姓而不倦，是功臣者也。上則能尊君，下則能愛民；政令教化，刑下如影；應卒遇變，齊給如響；推類接譽，以待無方，曲成制象，是聖臣者也。故用聖臣者王，用功臣者彊，用篡臣者危，用態臣者亡。」（〈臣道篇〉）其中「聖臣」的最大成就在「尊君安國」，蓋其品德才幹雙修，故能榮膺「輔君」之大功。同樣值得稱許的是「上臣事君以人」，上臣延攬賢能人才，既展現顯豁的心胸，又兼具長遠的眼光，以團隊合力締造政治績效，確切掌握政治的重心，允爲稱職之表現。荀子深曉現實政治多挑戰，又爲人臣提出警戒，所謂：「從命而利君謂之順，從命而不利君謂之諂；逆命而利君謂之忠，逆命而不利君謂之篡；不恤君之榮辱，不恤國之臧否，偷合苟容以持祿養交而已耳，謂之國賊。」（〈臣道篇〉）雖然是結合人臣的態度與事功來評論，人臣有「順、諂、忠、篡、國賊」之別，但可以確定「命」或「利」勢須與國家治平、社稷安寧相契合，這與荀子所稱「諫、爭、輔、拂之人，社稷之臣也，國君之寶也，⋯⋯正義之臣設，則朝廷不頗；諫、爭、輔、拂之人信，則君過不遠。」（〈臣道篇〉）道理都是一致的。

關於朋友一倫，在相關的論述裡，荀子提出：「匹夫不可以不愼取友，友者，所以相有也。道不同，何以相有也？均薪施火，火就燥；平地注水，水流濕。夫類之相從也如此之著也，以友觀人，焉所疑？取友善人，不可不愼，是德之基也。」（〈大略篇〉）友人以具備互相鼓勵、彼此切磋的功能爲要，選擇善人作朋友是培養道德的基礎，其理易明，亦爲普世的價值觀念之一。依據「物以類聚」的道理，荀子又云：「夫人雖有性質美而心辯知，必將求賢師而事之，擇良友而友之。得賢師而事之，則所聞者堯、舜、禹、湯之道也；

得良友而友之，則所見者忠信敬讓之行也。」（〈性惡篇〉）「士有妒友，則賢交不親。」（〈大略篇〉）友人可以扮演淬礪自己德行的角色，也可以化身誘使自己墮落的撒旦，任何個體能否趨善避惡，不能不慎加抉擇結伴同行的友人，當然，更不能不發揮「心辯知」的理性功能。此一觀點，猶如孔子提及「益者三友，損者三友：友直、友諒、友多聞，益矣；友便辟，友善柔，友便佞，損矣。」（〈季氏 4〉）戒人擇友的用心一般。子貢曾表明：「然則賜願息於朋友矣。」孔子即示以：「《詩》云：『朋友攸攝，攝以威儀。』朋友難，朋友焉可息哉！」（〈大略篇〉）的說辭，足資證明在進德的志業上，朋友亦具有正反兩面的影響力，故不能不慎選可靠的夥伴。

　　然而，為求建構社會秩序，維持社會和諧，荀子除仔細思索並界定五倫的關係外，尤為特別的，是注意到人的能群之特質，進而推重群與群間的相處之道，「群」概念的提出，擴大了傳統人倫關係的光譜，顯示出荀子對人類社會發生學的歷史主義的思考，由於著眼於人類整體，荀子在先秦思想家中第一個突出地強調了「人」作為「類」的存在，［註90］對社會學而言，既符合進化的理論，也具有相當的意義。而就倫理學言，「群道」的推出，擴大了傳統人倫關係的光譜，稱得上是人類理性思維與文明視野的擴展，梁啓超曾慨言：「我國民所最缺者，公德其一端也，公德者何，人群之所以為群，國家之所以為國家，賴此德焉以成立者也。……吾中國道德之發達，不可謂不早，雖然偏於私德，而公德殆闕如。」［註91］梁氏慨言依然發人深省，公德為現代人所強調，又尤為注重者，而公德必牽涉群己關係，群己較君臣、朋友的社會關係，範圍更大更廣，梁氏之慨言誠然值得省思。準此以觀，荀子揭櫫群道，倡導群體倫理，確然別具振聾發瞶之意義，亦足以榮膺傳統倫理學之先導。

　　荀子以其慧眼觀照到群道的重要性，固有相當的意義，其構思則將「群」納入「禮義」的軌範，禮義具有制約的力量，群為被制約的對象，群和禮義統一結果，促使社會秩序的達成，秩序可免社會成本的浪費，足以肯定。但細究群道所構設的社會倫理內容，則兼括了合理與值得省思的成分，值得省思的部分，又當緣於五倫之中，存在著牢不可破的上下等差觀念，在群道的光譜中依然複製著同樣的觀念，甚而複製出更強大的功能來，這使荀子原本可貴的群道觀念，產生了令人困惑，蓋人們依然必須面對難以翻轉的身分印

〔註90〕趙士林，《荀子》（台北：東大圖書股份有限公司，1999），頁 114。
〔註91〕梁啓超，《飲冰室全集》（台南：大孚書局，1990），頁 10。

記，難免抵消了可能開啟對人權重新思考的一線曙光。回顧荀子對禮之功能的看法：「禮者，貴賤有等，長幼有差，貧富輕重皆有稱者也。」（〈富國篇〉）顯而易見，「禮」就是一種等級制度，五倫必須恪守禮義，其階級意識相當的鮮明；再參照荀子對「群」的看法：「人何以能群？曰：分。分何以能行？曰：義。故義以分則和，和則一，一則多力，多力則彊，彊則勝物；故宮室可得而居也。故序四時，裁萬物，兼利天下，無它故焉，得之分義也。」（〈王制篇〉）「人道莫不有辨。辨莫大於分，分莫大於禮。」（〈非相篇〉）「人之生不能無群，群而無分則爭，爭則亂，亂則窮矣。」（〈富國篇〉）荀子認為「分」是人能「群」的基礎，「分」則以「禮義」爲標準，人群如不分將導致亂象。「分」指涉的是人類社會的組織結構和組織原則，〔註92〕由人類社會組織結構言，「分」是分工分職的關係，即「農分田而耕，賈分貨而販，百工分事而勸，士大夫分職而聽，建國諸侯之君分土而守，三公總方而議；則天子共己而已矣！」（〈王霸篇〉）分工分職原則上是合理的，也合乎社會的歷史事實。人類生活需要有諸多層面，然而每個人專精的技能、從事的工作終有限制，因而不能不透過自身、他人相互供需的管道，以體現每個人存在的價值，並藉此達成社會經濟的機制，荀子意識到分工分職的必要性，與孟子殊無二致，其合理性不容置疑。

　　不過，以組織原則而言，「分」則是指尊卑貴賤的等級畫分，荀子云：「故先王案爲之制禮義以分之，使有貴賤之等，長幼之差，知愚、能不能之分，皆使人載其事而各得其宜，然後使穀祿多少厚薄之稱，是夫群居和一之道也。故仁人在上，則農以力盡田，賈以察盡財，百工以巧盡械器。士大夫以上至於公侯，莫不以仁厚知能盡官職，夫是之謂至平。」（〈榮辱篇〉）即說明等級之分，是營造社會上下協調一致的方法，這種等級制度，是依禮義標準來區分，如荀子所稱：「貴賤、殺生、與奪一也。君君、臣臣、父父、子子、兄兄、弟弟一也；農農、士士、工工、商商一也。」（〈王制篇〉）「一」指的是禮義，顯見荀子將等級制度，貫穿在社會的分工分職關係中，又貫穿在封建的社會倫常秩序中，〔註93〕階級社會的分工分職現象，荀子則認爲是「至平」即最爲公平的社會關係，但或有值得深思之處。〔註94〕這種公

〔註92〕廖名春，《荀子新探》（台北：文津出版社，1994），頁139。
〔註93〕同註88，頁119。
〔註94〕同註88，頁118。

平的說法，若只是依據個體主觀所具備的智能與條件，加上生物演化「用進廢退」的道理，從而做出人為區隔尊卑高下的判定，荀子可稱得上是冷靜的出奇。但猶可進一步探討的是，蓋主觀智能或條件低下，來自遺傳的因素是不可抗逆的，而客觀上，醫療教育及其他社會資源的缺乏，或將剝奪生命成長的機會；若客觀條件缺乏，加上主觀上的弱勢，又將連帶造成「用進廢退」更加嚴重的後退現象，人的成就高下問題，即可能因而形成。然而，觀諸荀子的政治方略，尤其論保民、養民、富民、教民等庶民政策，規畫了大量關於軍事、經濟、財政、教育的策略，又顯示對上述問題並非完全置身狀況外，縝密的構思固不免仍存在著缺口，如醫學知識的缺乏，或如教育主張與現代進步的觀念相比，亦有不足之處，但總體而言，當可相當程度面對上述的問題。

　　不過，對於階級意識，荀子所云：「少事長，賤事貴，不肖事賢，是天下之通義也。」（〈仲尼篇〉）則又把君貴臣賤、父尊子卑、兄長弟少、夫主妻從的思維，延展到整個群體社會，將倫常秩序視為是永恆絕對的，不免傾向於因著人為的手段，將人生加以定格，永遠不容許溢出框架，這對絕大多數必須屈從忍受於禮義規範的生命，又不免格外感受到生命的長夜何其漫漫。

　　荀子體認到「群」的可貴，主張「離居不相待則窮，群而無分則爭。窮者患也，爭者禍也。救患除禍，則莫若明分使群矣。」（〈富國篇〉）他以「明分使群」企圖為人類社會找尋秩序的出路，堅信等級制度，強調：「分均則不偏，勢齊則不壹，眾齊則不使。有天有地而上下有差，明王始立而處國有制。夫兩貴之不能相事，兩賤之不能相使，是天數也。勢位齊，而欲惡同，物不能澹則必爭，爭則必亂，亂則窮矣。先王惡其亂也，故制禮義以分之，使有貧、富、貴、賤之等，足以相兼臨者，是養天下之本也。《書》曰：『維齊非齊。』此之謂也。」（〈王制篇〉）荀子認為「分」的觀念符合「維齊非齊」的古訓，即要做到上下齊一，就必須有等級差別，又徵引古書而謂：「斬而齊，枉而順，不同而一。夫是之謂人倫。」（〈榮辱篇〉）以表達人倫差序存在的必要性。荀子特別著眼於社會現象的存在與倫理的功能效應，附會「天地上下存差」的「天數」之理，主張嚴明的等級制度，賦予每一個體身分永遠的印記，其得失自有定評。

　　而依其反對齊頭式的假平等思路，值得追問的是，荀子究竟提供了個體生命何種希望？關於此點，仍然必須回歸倫理學所追求的「善」的目標，顯而易見的，荀子始終鎖定「善」的目標，主張藉由「禮義」規範以淬勵個人

人格的修養，以臻於「善」的境界。荀子依人格高下詳分爲聖人、君子、士、小人與役夫等五級，但大別言之，在知行表現上，只分君子與小人兩種階級，〔註95〕如荀子所謂：「君子博學而日參省乎己，則知明而行無過矣。」（〈勸學篇〉）君子即以「博學參省」方法行之，「省」是自反的功夫，乃能達到知明行修，即人格高尚、道德完美的境界。就修養功夫而言，荀子尚禮偏重外範的制裁，主張化性起僞，長遷而不反其初，與孟子尚仁偏重內省的功夫，主張擴充四端，以恢復本初不同。〔註96〕就荀子所云：「凡用血氣、志意、知慮，由禮則治通，不由禮則勃亂提僈。」（〈修身篇〉）「志意致修，德行致厚，知慮致明，是天子之所以取天下也。」（〈榮辱篇〉）便涵攝了依循禮義的三種重要的修養方法：（1）心氣的涵育，即「治氣養心之術」（〈修身篇〉），透過個人努力調節心氣，進而永遠保持心氣的平衡，以塑成強健的體魄。（2）志意的磨鍊，即「志意修」、「道義重」與「內省」（〈修身篇〉）的功夫，強化個人意志，從而使意氣充沛精神暢旺，本著人類獨有的義辨特質，勇於接受磨鍊，使品德陶鑄得以精進。（3）知慮的清明，知慮是人類藉以認識的工具，又有理解、思索、判斷、選擇等多重的功能，必須涵泳內在的智慮功能，以衡量得失利害，對是非善惡作出正確取捨的判斷。荀子揭示出修養人格的方法，必不離後天禮義教化之途徑，在人格修養的道路上，荀子提出：「涂之人可以爲禹，則然；涂之人能爲禹，則未必然也。雖不能爲禹，無害可以爲禹。」（〈性惡篇〉）充分顯示在人格修養的徑路上，只有竭盡所能，務必砥礪精進，人人才能達於人格平等的地位，荀子認爲人類社會絕對無法達到經濟生活或社會地位上的絕對平頭主義式的平等，因爲這是不可能的。〔註97〕唯這種人格的平等才是眞正的平等，也才是荀子所珍視的，在荀子看來，修鍊美好的人格，人人誠然都有機會，但機會最終只給予努力的人。

第二節　就政治論層面

　　孔子針對倫理政治議題，發爲「正名」說，探觸到相關的政治原則與理想，是儒家王道思想的伊始。王道思想由孔子發軔，至孟子又對王道治術應有的實

〔註95〕同註86，頁131。
〔註96〕同註71，頁80。
〔註97〕同註86，頁130。

際政策施為，反覆地加以論述，將治術與仁義心性緊密地縮結，則使王道思想
發展為不忍人之心的「仁政」模式。但政治事務猶如大型機器，每隨現實環境
與社會型態變遷益增其複雜度，因應時代的需求，荀子在承續孔孟王道理念上，
作出了不盡相同的取舍，既加以引申修正又提出更為詳瞻的看法。儒家的王道
理念，由於未獲時君的採行，在現實政治上的效驗如何，無從評估，但其亟思
為混亂世局尋覓通路，情鎖天下蒼生，意圖打造人間為淨土，為富饒之地，試
圖引渡眾生航向道德的彼岸，在某些程度上，既提供有志之士與暴政抗衡的理
論奧援，是百姓追求生命榮景希望之所繫，在現代進步的政治制度發明之前，
儒家的王道思想，足可視為人類朝向追求進步政治的里程碑。

一、王道思想的發軔

1、德禮為重政刑為輕仁體禮用的教化政策

　　在構思政治問題時，儒家主要是由道德立場來論述，傳統上，權衡道德的
標準在於禮，孔子進而循著「攝禮歸義」、「攝禮歸仁」的路徑，以建立禮的價
值原則，確立禮的自覺基礎。〔註98〕禮在朝代更迭中，歷經夏商周的因革損益，
則蔚成美盛的周禮，孔子對三代聖賢用來治理天下的禮，不但予以肯定，更盛
讚：「周監於二代，郁郁乎文哉！吾從周。」（〈八佾 14〉）便表彰了對周禮的嚮
往。聖賢依據「禮」的客觀制度以治理天下，在政治上呈顯出「禮治主義」的
精神，孔子固然甚為重視，而對禹、湯、文、武、成王、周公等具有仁愛精神、
道德情操、純潔胸懷的領袖特質，又尤其推崇。三代聖賢發揮主觀的特質，兼
採客觀的禮制，營造出歷史上的成功經驗，對孔子別有啟示的意義。

　　處在動亂且經濟匱乏的年代，孔子提出「養」、「教」、「治」三大治術當中，
〔註99〕並不諱言「足食」（〈顏淵 7〉）為養民的重要措施之一，但又以「不患寡
而患不均」（〈季氏 1〉）作為彌平物資缺乏的權宜標準；孔子嘗云：「以不教民
戰，是謂棄之。」（〈子路 30〉）又云：「不教而殺謂之虐」（〈堯曰 2〉），顯示孔
子對教民相當的重視；養民、教民實亦涵攝於治民的範疇中。在關注政治現實，
衡量社會現狀的同時，孔子對歷史的政治經驗作了深度的省思，力圖為當代政
治問題謀求合宜的出路。由於體認禮之功能，在建立政治與社會人間的秩序，

〔註98〕同註 7，頁 52～54。
〔註99〕同註 25，頁 102。

孔子由「禮」延伸出「正名」的觀念，〔註100〕依著「正名」務求「名實相符」的主體精神，孔子對政治的構思，提出關鍵性的系列主張，如「爲政以德」（〈爲政 1〉）、「道之以政，齊之以刑，民免而無恥；道之以德，齊之以禮，有恥且格。」（〈爲政 3〉）等，可以看出孔子是將政治事務的重心，擺在以「德禮」作爲教化的主要政策上，「政刑」只是作爲治民的輔弼手段而已；至於孔子提出「政者，正也」（〈顏淵 17〉）的主張，此一「正」字，即是就道德的價值來立說。〔註101〕孔子依君王之「名」責求其「實」的作法，既強調道德的政治，又未絕對排斥刑罰的作用，但主張將禮教擺在第一位，刑罰置於第二位，運用「寬猛相濟」、「恩威兼施」的方法來治理人民。〔註102〕從功能上來理解，政刑誠爲治國不可缺失之一環，卻以扼止犯罪爲目的，故是消極的；德禮作爲言行之規範，注重誘善啓美，以導化人民能夠自發自覺，使其積仁累德，達於純良的境地，故是積極的。〔註103〕準此以觀，孔子的主張，確實存在著積極的意義。

孔子認爲善良的道德，不但是政治領袖必備的條件，又是教化百姓，蔚爲社會良善風氣的要務，然以德禮爲主，政刑爲輔的治國理念，則必須確立「義」的價值原則，更必須溯源於人的主體精神「仁」，故「仁」當爲推動合於「義」之要求，以「禮治」爲導向的政治事務最根本的憑藉。這種建立在「仁」的觀念基礎上，形成「仁體禮用」關係的政治取向，顯示「仁」概念傳達了孔子超越時代而趨向理想化的意圖，〔註104〕在相當程度上，是承繼了古代聖王「正德、利用、厚生」的一貫精神，且作出了極致的發揮，最重要的，「仁」已明確化身爲儒家道德政治的鮮明標幟。

2、力倡民貴君輕仁禮雙彰的仁政王道理想

孟子繼承了孔子以「道德」掛帥的政治思路，對孔子主張採取禮治主義，作爲推動政治事務、規範社會與思想言行的準則，既予以肯認又加以闡揚。孟子將孔子禮治主義的教化精神，作了充分的補充與擴展，最爲顯著之處是，將孔子「仁」的核心觀念，結合「義」的概念，揭舉「仁義內在」的主張，孟子兼言仁義，極爲頻仍鮮明，將仁義明確地定位爲人性的質素，又由人心

〔註100〕同註7，頁55。
〔註101〕同註25，頁112。
〔註102〕方克立，《中國哲學小史》（台北：木鐸出版社，1986），頁16～17。
〔註103〕同註71，頁189。
〔註104〕同註25，頁103。

以言仁義之存有，循此而確立「性善」的說法，「性善論」即成爲孟子「仁政王道」理想的哲學基礎。〔註105〕就孔子所言禮治，孟子亦時有主張，如「禮義由賢者出」（〈梁惠王下 16〉）、「上無禮，下無學」（〈離婁上 1〉）、「孔子進以禮，退以義」（〈萬章上 8〉）、「所就三，所去三。迎之致敬以有禮，言將行其言也，則就之；禮貌未衰，言弗行也，則去之。其次，雖未行其言也，迎之致敬以有禮，則就之；禮貌衰，則去之。」（〈告子下 14〉）、「無禮義，則上下亂」（〈盡心下 12〉）等，就其所述有注重禮之形式，亦有特重精神而立說者，〔註106〕顯示與孔子禮治主張有相通之處。孟子論禮，與孔子亦有殊別，就孟子所重四端之心言，係以「辭讓之心，禮之端也」（〈公孫丑上 6〉）作爲界說，顯示「禮」實即爲善性的內容之一，亦即「禮」是四性之一，〔註107〕此一殊別之意義尤爲重要。因而，由孟子學說體系觀之，非唯仁義可以並舉，仁禮亦無軒輊之分。

　　在面對政治社會環境較孔子殊爲混亂的戰國時代，孟子提出了以仁義爲指導原則，偏於教化的政治思想，企望加以鍼砭政治社會的亂象。在政治上，孟子構設了以保民、養民、教民爲內涵的政策，更發出了「民貴君輕」的響亮口號。在政治議題內，由於對一般人贍生救死的生存現實的認知，孟子要求主政者要以「養民」爲本，主政者實際的政策施爲，即「明君制民之產，必使仰足以事父母，俯足以畜妻子，樂歲終身飽，凶年免於死亡。然後驅而之善，故民之從之也輕。」（〈梁惠王上 7〉）百姓需要他養，亦需要恆產，蓋「若民則無恆產，因無恆心。」（〈梁惠王上 7〉）而主政者執行如此政策，孟子深信依憑的是，王者有「不忍人之心，斯有不忍人之政」（〈公孫丑上 6〉）以仁心爲王道之憑藉，即充溢著道德政治的意味。孟子責求君王本其不忍人之心，以推動仁政王道，具現於對「君道」與「臣道」的正名觀念中，保民、養民、教民莫不是君王所當克盡之職責，此種淑世濟民理想的達成，即是仁義之心的表露，仁禮雙彰精神的呈現。

　　孟子誠然對一般人的生物需求有深切的認知，但對「恆心」這種文化價值，〔註108〕尤有特別的體認，「恆心」即人所常有之善心，〔註109〕亦即禮義

〔註105〕同註 104，頁 33。
〔註106〕同註 71，頁 192。
〔註107〕陳大齊，《孟子待解錄》（台北：臺灣商務印書館，1981），頁 244。
〔註108〕韋政通，《先秦七大哲學家》（台北：水牛圖書出版事業有限公司，1987），頁 57。

德性之展現，孟子固然認爲「無恆產而有恆心者，惟士爲能。」（〈梁惠王上 7〉）而對士君子修身之道每有嚴厲的要求，又未曾排除使民眾「驅善」的意圖，甚至逕以「性善」說界定人性，爲孔子「仁學」覓得根源處。觀其屢屢以「茅塞其心」（〈盡心下 21〉）、「放其良心」（〈告子上 8〉）、「自暴自棄」（〈離婁上 10〉）、「自作孽」（〈離婁上 8〉）作爲當頭棒喝人之放其良心，提撕人之生命主體失落；強調應以「思」作爲道德自覺的基礎工夫，輔以「猛醒自覺」、「存養推擴」、「養心寡慾」、「反求諸己」等方式，喚醒仁義之心，並接受「環境的試煉」，以激發增強心靈的力量，顯示孟子對人類的道德志業，其實存在著一視同仁的期勉，這種期勉，某種程度上，是思想家面對生產條件不夠完備，試圖化解匱乏經濟引發不安情緒的移轉之道。

在教民的政治事務中，孟子對人倫教化相當注重，道德教化同爲施政的重點，如「君仁莫不仁，君義莫不義，君正莫不正。一正君而國定矣。」（〈離婁上 20〉）「王者之民，皞皞如也。殺之而不怨，利之而不庸，民日遷善而不知爲之者。夫君子，所過者化，所存者神，上下與天地同流，豈曰小補之哉？」（〈盡心上 13〉）皆指出王者應以「身教」方式，即以本身的美德進行道德的感化，感化以潛移默化方式爲佳，正如孟子所謂「以善服人者，未有能服人者也。以善養人，然後能服天下。」（〈離婁下 16〉）其所強調「以善養人」，即是緊扣著君王以其美德來教化百姓，君王之美德，落實在其言行能爲天下人之表率，這種足爲表率的美德，常使百姓不知不覺地望風從之，進而使百姓遷於善境，孟子極力稱許「過化存神」的道德教化，是「與天地同流」的政治事功，隱然使教民更勝一籌於養民，將道德政治推向更高的層峰。

二、王道思想的寖變

1、兼容民意功利務酌古今之宜的政治維度

對政治事務的主張，荀子在原則上，依然以王道爲極致境界、務實的精神，則使他在儒家傳統上，將道德政治延展至實效政制的範圍。荀子一方面承繼孔孟貴民的思想，另方面加入自己的創見，結合著對民意的尊重與對人性欲望的體察，荀子開明地思考義利價值的取捨，論述顯示，他對人性好利的趨向，非一味的否定，而是合理的加以制裁，採取了與孟子殊別的處理模

〔註109〕朱熹，《四書集註》（台北：學海出版社，1989），頁 210。

式，並且總結歷史的經驗，從古今政治發展脈絡中，篩檢出認爲合於實用有效的觀念與原理，進而構設出一套禮治系統的治術。

　　荀子對民意的顧念與體察，俱現於他的愛民、惠民之主張，亦展現在他大一統的思想中。荀子曾以「君者，舟也，庶人者，水也。水則載舟，水則覆舟。」（〈王制篇〉）之喻，比況君民之關係，君民既然相依相存，治國之要，便不能不瞭解民意。荀子云：

> 夫桀、紂，聖王之後子孫也，有天下者之世也，勢籍之所存，天下之宗室也，土地之大，封內千里，人之眾，數以億萬，俄而天下倜然舉去桀、紂而奔湯、武，反然舉惡桀、紂而貴湯、武。是何也？夫桀、紂何失？而湯、武何得也？曰：是無它故焉，桀、紂者善爲人所惡也，而湯、武者善爲人所好也。人之所惡何也？曰：污漫、爭奪、貪利是也。人之所好者何也？曰：禮義、辭讓、忠信是也。……故人莫貴乎生，莫樂乎安；所以養生安樂者，莫大乎禮義。人知貴生樂安而棄禮義，辟之是猶欲壽而殉頸也，愚莫大焉。故君人者，愛民而安，好士而榮，兩者亡一焉而亡。（〈彊國篇〉）

> 君人者，欲安、則莫若平政愛民矣；欲榮、則莫若隆禮敬士矣；欲立功名，則莫若尚賢使能矣；是君人者之大節也。三節者當，則其餘莫不當矣。（〈王制篇〉）

依據歷史經驗，荀子指出桀、紂善爲百姓所惡「污漫、爭奪、貪利」之事，因而失去了民心，湯、武善爲百姓所好「禮義、辭讓、忠信」之事，故而獲得了民心，這是對君王作爲的檢驗。統治者不解民意對領導者的期望，將激化與民眾之間的對立；統治者瞭解民意，則能與民眾同步共存共榮，以百姓本身的需求而論，民意又不外乎「貴乎生」、「樂乎安」，以整個時勢而言，「齊一邊下」更爲民意之所向，因而，統治者契合民意的作法，在於「平政愛民」。政治改善與愛民的具體表現，則要能惠民，亦即在實質生活上給予百姓正面的助益，實質生活攸關於經濟政策，荀子主張加強生產「富民」、「裕民」的經濟政策，其功利導向相當明顯，蓋生產不足將引發暴亂問題，是傳統社會的嚴重問題之一。提高生產力恰爲有效解決此一基本問題的方式，但荀子又主張「禮以節用」，即以禮來規範生產物資的使用與分配，環環相扣的主張，無一不顯示他對人性欲望正面回應又不容人欲橫流的理性態度。

　　就整個時勢而言，荀子體察到的則是「齊一天下」的民意。中國在經歷

春秋戰國顛躓動盪的年代，脆弱生命熱切的渴望，定然是遠離戰爭的火線，荀子云「臣使諸侯，一天下，是又人情之所同欲也。」（〈王霸篇〉）消彌戰亂以換得安寧的生存空間，是人類卑微的希望，終止戰禍以圖謀個體的存活機會，是人群基本的渴求。在各國競技軍事攻戰的大環境下，荀子以儒家思想為內核，又結合大時代的外緣，主張採取富國強兵的政策，但堅守著「本乎仁義」的用兵之道；強調「彼兵者，所以禁暴除害也，非爭奪也。故仁人之兵，所存者神，所過者化，若時雨之降，莫不說喜。」（〈議兵篇〉）是對儒家思想的修正。比起孟子徹底反對軍國主義的侵略，注重仁義道德的化導，荀子「以戰止戰」的方策，並非是鼓勵戰爭，而是不極端反對戰爭，荀子稱「凡用兵攻戰之本，在乎壹民。弓矢不調，則羿不能以中微；六馬不和，則造父不能以致遠；士民不親附，則湯、武不能以必勝也。故善附民者，是乃善用兵者也。故兵要在乎附民而已。」（〈議兵篇〉）百姓願意齊一參與戰事，全國動員起來的關鍵，在於能夠親附人民的心理，「壹民」與「附民」之說法，足可見證荀子對「齊一天下」之民意的體察。荀子主張：「仁人之兵，王者之志也。」（〈議兵篇〉）即揉合了儒家的理想性與對現實的考量。在盱衡現實之際，荀子甚至打破了儒者不入秦的舊例，入秦西訪，對雄踞西方的秦國，即兼予推崇與貶抑地說：「力術止，義術行，曷謂也？曰：秦之謂也。威彊乎湯、武，廣大乎舜、禹，然而憂患不可勝校也。諰諰然常恐天下之一合而軋己也，此所謂力術止也。」（〈彊國篇〉）蓋「秦人其生民陋阸，其使民也酷烈，劫之以勢，隱之以阸，忸之以慶賞，鰌之以刑罰，使天下之民所以要利於上者，非鬥無由也。阸而用之，得而後功之，功賞相長也」（〈議兵篇〉）而且「秦四世有勝，諰諰然常恐天下之一合而軋己也，此所謂末世之兵，未有本統也。」（〈議兵篇〉）荀子批評秦國以「力術止」發動的是「末世之兵」，即亂世的用兵之法，缺乏「本統」，即仁義的根本，故企圖推銷儒術，使秦整飭之「銳士」，得以轉化為湯、武的「仁義之兵」。足見荀子針對齊一天下之民意，論兵用術未嘗使王道之目標失焦。荀子以戰爭這古老的傳統，作為化解慘烈衝突的方式，而又揭示「仁義之心」之法寶，猶如孟子的反戰主張，透露出對人類痴頑天性加以嚴格把關的用心。而以戰爭作為通往和平的手段，又可證明矛盾的對立統一道理，「戰爭」與「和平」本屬相對的情狀，卻可以轉化，轉化則是有條件的，由「戰爭」轉化為「和平」，在荀子看來，其條件即是王者以「仁義之心」來獲得「民心」、「民意」。

　　在構思政治事務時，荀子尤其特出的是，將政治經驗的時間性與空間性，納入取舍標準的參考指數，提出「法先王」與「法後王」的主張，爲君王之治國，指引一條「名實相應」的途徑，這是荀子實證精神的展現，具有相當程度進步的意義。關於「法先王」與「法後王」雖有不同的解讀，〔註110〕但荀子對釐清名言的概念，向來極爲注重又相當審慎，因而，「先王」與「後王」其含義各有一定，無庸混同看待。大抵而言，荀子亦肯定「法先王」，並不以法先王爲非，其云：

　　　　先王之道，仁之隆也，比中而行之。(〈儒效篇〉)

　　　　禮者，謹於治生死者也。……故事生不忠厚、不敬文，謂之野；……

　　　　先王之道，忠臣孝子之極也。(〈禮論篇〉)

　　　　儒者法先王，隆禮義。(〈儒效篇〉)

　　　　凡言不合先王，不順禮義，謂之奸言。(〈非相篇〉)

　　　　勞知而不律先王，謂之奸心。(〈非十二子篇〉)

　　　　不聞先王之遺言，不知學問之大也。(〈勸學篇〉)

荀子描繪先王足以稱道效法的，是「仁之隆」，仁的最高表現，又不離禮義之道，如「事生送死」之禮等，即可作爲道德人格之典範，藉此陶冶一己之品性，而且先王之言論學問可取之處，亦應爲儒者所誦習，先王之特點，就治國立場，同樣足資君王之借鏡。扼要而言，荀子認爲應法先王之人格光輝，及其學統之根源處。〔註111〕但歷史經驗誠然值得爲政之借鏡，亦不可泥於古人之制，從進化的觀點，荀子又主張：

　　　　妄人者，門庭之間，猶誣欺也，而況於千世之上乎！……五帝之外
　　　　無傳人，非無賢人也，久故也。五帝之中無傳政，非無善政也，久

〔註110〕如對「後王」的認知，學術界較流行的三種說法，一是指「近時之王」，又稱「當今之王」。二是指周文王、周武王，因此斷定荀子的「法後王」與孟子的「尊先王」是一回事。三是指有位或無位的聖人、王或素王，是一位虛懸的、期待中的、將來的王天下者。參同註92，頁165。

〔註111〕廖名春先生指出：「荀子提倡『法後王』，儘管主觀上是爲了『法先王』。」筆者以爲，法後王與法先王有其內在關聯意義，但法後王有殊勝於法先王之意義層面，或不宜謂「主觀上是爲了法先王」，因爲如此一來，法先王的價值即凌駕「法後王」之上了。廖名春先生接著又說：「但這在客觀上將『後王』推到了歷史的前臺，將『先王』推到了歷史的後臺，對長期以來的崇古風氣，的確是一個沖擊。」所言甚是。參同註92，頁172。

故也。……傳者久則論略，近則論詳，略則舉大，詳則舉小。……
是以文久而滅，節族久而絕。」（〈非相篇〉）

欲觀聖王之跡，則於其粲然者矣，後王是也。彼後王者，天下之君
也，舍後王而道上古，譬之是猶舍己之君而事人之君也。（〈非相篇〉）

百王之道，後王是也。（〈不苟篇〉）

言道德之求，不二後王。道過三代謂之蕩，法二後王謂之不雅。（〈儒
效篇〉）

法後王，統禮義，一制度。（〈儒效篇〉）

若對歷史加以追溯，荀子認為五帝之前，並非沒有賢人，五帝時期亦非沒有
善政，但上古年代湮遠，傳說之事簡略，不若離當前較近年代詳細，當然難
以全盤理解。年代較近之後王值得考察，即因後王之制「粲然」明備，而其
政治法度變得美善，是歷代聖王運用智慧、累積改進而成，按理當然較值得
取法。荀子從變革更新的道理，推崇法後王的可靠性、可信度與實用性，試
圖與人類追求文明進步、文化進展的精神相接軌，〔註112〕故又云：「修百王之
法，若辨白黑；應當時之變，若數一二。」（〈儒效篇〉）顯見是承續孔子「與
時俱進」的主張，但另一方面又加以引伸與修正，發揮了改革的精神，荀子
不僅肯定由先王至後王所形成的禮制之價值，透過比較歸納，更指出禮制價
值尤在於「統類」，統類是禮制的理論依據，荀子曾批評孟子「略法先王而不
知其統」（〈非十二子篇〉），其理即在此。此外，荀子又於崇尚禮治之外，加
上重法的觀念，則修正了孔子「德禮為重，政刑為輕」的觀念，也與孟子形
成迥異的政治維度。

2、構設貫徹具體制度以為國治一統之張本

政治固然由理念伊始，為求成效，則不能不進一步擬設一套可供依循的制
度，以使人們的各種行為在一定模式下，普遍地被社會接受，避免因為零散的
表現、紛歧的意見，導致爭執不斷，耗費社會成本的惡果。總體以觀，荀子對
政治制度費心構思的程度，實凌駕於孔孟之上，其所構設的制度，是在禮治的

〔註112〕廖名春先生認為：「我們只有分別從主觀動機和客觀效果兩方面去考察，才能
正確評價荀子『法後王』的意義。」參同註92，頁173。筆者按：荀子稱聖
王為「盡倫盡制」者，顯示其人格光輝與功業政績兩不可缺，若依其實用理
性之性格，又極為留意時局的變化，則荀子所構設之理想政治藍圖的進步意
義，益加顯得重要。

主體架構下，輔以法刑的手段，並依據儒家王道理想，承續轉進爲守成與創新，融治於一爐的政治原則，將統治階層治理民眾應當採行的措施，細密地加以規畫，廣泛而詳盡地訂定執行的方式。由於身處風雨飄搖的年代，一切都在崩析與重建的邊緣，矛盾的社會現象十分尖銳，荀子以其縝密的頭腦，幽邃的思慮，本著篤實踐履的精神，對龐大的政治組織體，進行整體的健檢與反省。

　　荀子論述政治制度，必以「正名」爲準則，又緊扣著「名實相符」的特點，這是由孔孟一貫而來的立場。對政府之行政組織，荀子由「序官」來界定各種官員的職責與權限，〔註113〕包括主掌國家大事之「宰爵」（掌祭祀）、「司徒」（掌民政）、「司馬」（掌軍隊）及主管其他國事或地方事務之「太師」（爲樂官之長，主法令、音樂）、「司空」（主水土）、「治田」（爲司田，主地政、農政）、「虞師」（主山林湖泊）、「鄉師」（爲州長、鄉長，主鄉里）、「工師」（主手工業）、「傴巫跛擊」（爲巫覡，主祈禱通神兇吉）、「治市」（爲司市，主城鎮）、「司寇」（主司法、全國治安）、「冢宰」（爲宰相，主國家行政）、「辟公」（爲諸侯，主禮樂教化）、「天王」（爲天子，主帝王之事）等。荀子就行政部門，以詳密分工而不廢其統一的模式，最後指出由天王來統天下共主之大政，納諸侯各國於監督之系統，顯示對行政組織之嚴密性既相當了解，又深諳管理之重要性。荀子云：「故政事亂，則冢宰之罪也；國家失俗，則辟公之過也；天下不一，諸侯俗反，則天王非其人也。」（〈王制篇〉）這是「序官」的總結性說辭，訴求的即「循名責實」的精神，從冢宰、諸侯以迄天子，依著分工分層負責的原則，在禮義規範要求下，各自遂行應盡的職責，如虧於職守致於「罪」（冢宰）、「過」（辟公），即難逃道德律令的制裁，乃基於對政治責任的要求。但天下政事與民俗統一則由天子總攬，天子若令政事不安或民俗隳壞，荀子直言：「天子非其人」，指其既爲不適任之領導者，更明顯指出廢立的制裁與代謝的必要，〔註114〕這種開明政體的主張，與「賢能不待次而舉，罷不能不待須而廢，元惡不待教而誅，中庸不待政而化。分未定也則有昭繆。雖王公士大夫之子孫也，不能屬於禮義，則歸之庶人。雖庶人之子孫也，積文學，正身行，能屬於禮義，則歸之卿相士大夫。」（〈王制篇〉）主張以切當禮義與否作爲更換其身份地位的依據，突破僵固階段的界限，建立階級流通

〔註113〕底下所述政府各級行政組織之職掌，參同註85，頁 191～193。及同註83，頁 155～159。

〔註114〕同註85，頁 194。

的管道，兩者足可相輝映。荀子強調：「朝廷必將隆禮義而審貴賤，若是，則士大夫莫不敬節死制者矣。百官則將齊其制度，重其官制，若是，則百吏莫不畏法而遵繩矣。」（〈王霸篇〉）荀子對政府行政組織的嫻熟度，主張藉由組織發揮行政領導的功能，堅守禮義的綱維，當與其博觀泛覽，曾任蘭陵令多年的行政經驗切身相關，故以經驗為基石，以熱情為動力，務實踐履的理性特質，奠定了荀子立言的基礎。

在愛民、惠民、養民理念的前提下，荀子論及治理民眾應當採行的財經措施，相當明確地鎖定社會環境實際需要的策略，由於面對的是由農業社會經濟走向工商業社會經濟的時代，〔註 115〕但貧富懸殊、群雄爭霸、強凌弱眾暴寡等諸多的衝突，造成社會動亂混雜的現象，使荀子由實際現實層面來構思，結合著對人性欲求與人具有義辯能群特質的認知，既鼓勵生育，又設法調節生產，制定積極進取的經濟政策，並依國家財政的需要，本著取之於民，用之於民原則，訂定賦稅制度推動福國利民的措施，其財經思想大體延續孔孟先富後教的主張，又加入了不同的理性觀點，充分反映了時代變革的需求。在反覆探勘人性的論述中，荀子掌握了「人生而有欲」（〈禮論篇〉）的基本需求，基於需求為創造的原動力，需求又為消費的無底洞，本著對人性雙向的認知，並針對現實的觀察「欲惡同物，欲多而物寡，寡則必爭矣。故百技所成，所以養一人也。而能不能兼技，人不能兼官。離居不相待則窮，群而無分則爭。」（〈富國篇〉）現實物質匱乏導致爭奪的難堪場面，思索著合宜的因應之道，荀子乃因勢利導地，循著滿足、節制、疏導、昇華的步驟，試圖將生命導向得以適切安頓的境地，而使一切生命得到安頓，則以啟動生產機制為起點，以推行禮治為最終的關防。

顧視荀子的經濟政策，論生產的策略，必以富國裕民為目標，足國富民的具體作為，依分工的理論，則略分為「勞心」與「勞力」者，此分工主張與孟子相同，但將勞心者與經濟生活聯繫起來的觀念，又為孟子所不及。〔註 116〕從名實相應的觀點，原則上，荀子提出：「兼足天下之道在明分。掩地表畝，刺屮殖穀，多糞肥田，是農夫眾庶之事也。守時力民，進事長功，和齊百姓，使人不偷，是將率之事也。高者不旱，下者不水，寒暑和節，而五穀以時孰，是天之事也。若夫兼而覆之，兼而愛之，兼而制之，歲雖凶敗水旱，使百姓無凍餒

〔註 115〕同註 71，頁 264～265。
〔註 116〕同註 92，頁 268。

之患，則是聖君賢相之事也。」（〈富國篇〉）「論德使能而官施之者，聖王之道也，儒之所謹守也。傳曰：農分田而耕，賈分貨而販，百工分事而勸，士大夫分職而聽，建國諸侯之君分土而守，三公總方而議，則天子共己而已矣。」（〈王霸篇〉）這是將勞力者定位爲從事生產的角色，勞心者擔負領導生產、管理生產的「治人」責任，〔註117〕以這樣的分工組織推動全國的生產大業。再細緻地說，生產事業則依「農農、士士、工工、商商一也」（〈王制篇〉）的分工原則，即不同的角色各有應盡的職責，而以禮義爲最終指導原則來執行；農業則爲生產事業之本，一如孔孟的重農主義，荀子反覆闡明農業經濟的重要性，荀子說：

> 省商賈之數，罕興力役，無奪農時，如是則國富矣。（〈富國篇〉）

> 善生養人者人親之，……省工賈，眾農夫，禁盜賊，除姦邪，是所以生養之也。（〈君道篇〉）

> 故田野縣鄙者財之本也，垣窌倉廩者財之末也；百姓時和、事業得敘者貨之源也。（〈富國篇〉）

> 農夫樸力而寡能，則上不失天時，下不失地利，中得人和，而百事不廢。（〈王霸篇〉）

農業是養活人的本業，也是財富的根本，荀子主張增加從事農業生產的人口，以專職專業的態度竭盡所能地增產，則可發揮諧合天下，各行各業順利推動的功能。荀子強調農業生產極端的重要，蓋農業生產關涉原料的供應，政府負有鼓勵生產的職責，自不能等閒視之。農業經濟又兼括主業與副業的經營，荀子提到：

> 故養長時，則六畜育；殺生時，則草木殖。政令時，則百姓一，賢良服。聖王之制也：草木榮華滋碩之時，則斧斤不入山林，不夭其生，不絕其長也；黿鼉魚鱉鰍鱣孕別之時，罔罟毒藥不入澤，不夭其生，不絕其長也；春耕、夏耘、秋收、冬藏，四者不失時，故五穀不絕，而百姓有餘食也；污池淵沼川澤，謹其時禁，故魚鱉優多，而百姓有餘用也；斬伐養長不失其時，故山林不童，而百姓有餘材也。（〈王制篇〉）

> 今是土之生五穀也，人善治之，則畝數盆，一歲而再獲之；然後瓜桃棗李一本數以盆鼓，然後葷菜、百疏以澤量，然後六畜禽獸一而

〔註117〕同註92，頁266。

> 剗車，黿鼉魚鱉鰍鱣以時別一而成群，然後飛鳥、鳧雁若烟海，然
> 後昆蟲萬物生其間，可以相食養者不可勝數也。夫天地之生萬物也
> 固有餘，足以食人矣；麻葛、繭絲、鳥獸之羽毛齒革也固有餘，足
> 以衣人矣。(〈富國篇〉)

對生活所需的物資，荀子反覆闡明農、林、漁、牧等生產策略，他將謹遵草木六畜的生長時序，確保其生生不息，及「一歲而再獲之」的精耕技術以提高生產量等策略，視為是聖王治理國家應行的制度，把領導生產與直接生產者組織起來，以期發揮高度的經濟效能。此種設計與孟子勾勒的農村建設藍圖相似，但更為詳盡些，又寄寓了科學的精神。

　　振興國家經濟，在農業經濟為本的條件下，荀子又主張對工商業採取有限度的鼓勵政策，顧其「省商賈之數，罕興力役，無奪農時。」(〈富國篇〉)「省工賈，眾農夫」(〈君道篇〉) 的相對性說辭，究其旨意當在於強調農業的根本地位，以中國小農經濟的傳統產業型態而言，農不可失應為的當之論，故云：「量地而立國，計利而畜民，度人力而授事，使民必勝事，事必出利，利足以生民，皆使衣食百用出入相揜，必時臧餘，謂之稱數。」(〈富國篇〉)農業生產又為人類生命的原始需求，故農事又絕不可廢。然農業需要眾多的人力，為免排擠效應，故而提出「省工賈」之主張，這些觀點合理地反映了小農經濟型態的現狀與條件限制，但荀子如此主張，最重要的，則在於認為農業生產是「財之本」，可使「國富」的觀念，「務本禁末之為多材」(〈君道篇〉) 即為重農抑制工商的主張，這種想法似乎有違社會進化的趨勢，但又隱含著產業供應鏈的科學性原理成分。荀子對工商業的發展也有所鼓勵，他說：

> 北海則有走馬吠犬焉，然而中國得而畜使之。南海則有羽翮、齒革、
> 曾青、丹干焉，然而中國得而財之。東海則有紫紶魚鹽焉，然而中國
> 得而衣食之。西海則有皮革、文旄焉，然而中國得而用之。故澤人足
> 乎木，山人足乎魚，農夫不斲削、不陶冶而足械用，工賈不耕田而足
> 菽粟。故虎豹為猛矣，然君子剝而用之。故天之所覆，地之所載，莫
> 不盡其美、致其用，上以飾賢良，下以養百姓而安樂之。(〈王制篇〉)

這是就產業經濟供需的立場提出的論點，荀子由中國四方特有的產物均能為中原地區所獲得，指出貨物均輸、自由貿易的原則，〔註118〕是供應民生各項所需不可或缺的途徑，即展現出他對商業的重視。荀子且認為，在農工商業

〔註118〕同註71，頁288。

之間，農業生產不但是工商業的基礎，各種產物經由運輸方式，進行貿易的商業行為，使天下產物互通有無，相互供應，即足以促進人民富裕的生活，並帶動國家經濟的發展。此處，荀子對工商業的倡導，不但著眼於正面的效益，也契合著社會發展的趨勢，可謂是本著因時制宜的精神，作出詳盡的闡發，此種經濟論點則未見孔孟所提及。

在農業為本，工商為輔的原則下，荀子亦重視對工商業活動進行控制和管理的措施，他說：

> 論百工，審時事，辨功苦，尚完利，便備用，使雕琢文采不敢專造於家，工師之事也。（〈王制篇〉）

> 平室律，以時順修，使賓旅安而貨財通，治市之事也。（〈王制篇〉）

> 質律禁止而不偏，如是、則商賈莫不敦愨而無詐矣。百工將時斬伐，佻其期日，而利其巧任，如是，則百工莫不忠信而不楛矣。縣鄙則將輕田野之稅，省刀布之斂，罕舉力役，無奪農時，如是、農夫莫不朴力而寡能矣。士大夫務節死制，然而兵勁。百吏畏法循繩，然後國常不亂。商賈敦愨無詐，則商旅安，貨通財，而國求給矣。（〈王霸篇〉）

在政府組織架構中，荀子主張以管理手工業的「工師」，來指導管理各類產品的品種、質量、勞動設備與場所等，又責成管理城鎮的「治市之官」，須「平室律」，即以平衡物價方式，確保貨財流動，杜絕商業投機活動，〔註119〕這是政府對市場供需嚴加把關，克盡其責的方略。荀子認為，必須對商品加強物價管理，對百工產品防範偷工減料，以使從事工商業之人，堅守敦愨忠信的唯一信條。上述措施，蓋又蘊含著倡導工商業的積極意義，這些未曾在孔孟經濟思想中論及的問題，使荀子的經濟思想顯得格外的突出，又在一定程度上掌握了時代的精神，也反映了客觀環境發展的趨勢。

而在財政制度方面，荀子對攸關財政之本的賦稅問題，同樣以富國裕民為綱維，進行具體制度的構設，財政制度的良窳，則是檢覈政治人物「名實相符」極其重要的施政之一。荀子說：

> 王者之法，等賦，政事，財萬物，所以養萬民也。田野什一，關市幾而不征，山林澤梁，以時禁發而不稅。相地而衰政，理道之遠近而致貢，通流財物粟米，無有滯留，使相歸移也。四海之內若一家，

〔註119〕同註92，頁277。

故近者不隱其能，遠者不疾其勞，無幽閑隱僻之國，莫不趨使而安樂之。（〈王制篇〉）

縣鄙則將輕田野之稅，省刀布之斂。（〈王霸篇〉）

輕田野之稅，平關市之征，省商賈之數，罕興力役，無奪農時，如是則國富矣。（〈富國篇〉）

綜合上述引文，在重農主義的導向下，荀子對徵稅的對象，依然著重於農業稅率的考量，堅持儒家傳統，主張「田野什一」的輕稅制度。依「等賦」的原則，即按土地實際收獲與價值，分別課以不同等級的賦稅，再進一步制定「相地而衰政」的細則，即依農田實際的品質、等第而遞減其稅率，〔註120〕不能否認，這種構設是結合了務實與理性精神的考量。此外，對林業、漁業，在禁止開發的特殊時段，不予課稅，這是否意謂著盛產收成的時節必須徵稅，荀子並未明講，實則應不能免。至於工商業，荀子既有「關市幾而不征」的主張，即僅予稽查而不徵稅，又提出「平關市之征」的措施，即適當的徵收工商稅，這狀似矛盾不同的主張，代表前後年代思想上的轉變，〔註121〕荀子此種轉變，固然不免因見識到工商業迅速發展的客觀形勢，但更大成分，則或因任職蘭陵令（西元前 255 年）的從政經驗，使他得以從體制外的書生身分抽離，直接就政治體制內的角色，切身了解到稅收的實際需要和公平性；私營手工業的興起，商業的發達，帶動了工商經濟，既是不爭的事實，課以適當的稅額，當屬合宜的措施。至於工商業稅率多少，荀子亦未明說，不過，依據他對現狀的抨擊：「今之世而不然：厚刀布之斂以奪之財，重田野之賦以奪之食，苛關市之征以難其事。」（〈富國篇〉）可知是針對戰國時代，斂賦加重，商稅市稅接踵而來，進行深刻的省思，遂提出「平」稅的想法，其用意應與「輕」稅的精神相吻合。

反聚斂與苛稅，是荀子經濟思想的基本立場，此主張雖為儒家一貫的立場，其構思較諸後世，即令不免處於雛形階段，但終究比孔孟詳密而豐贍。〔註122〕

〔註120〕錢穆先生指出，在封建時代，非耕地的山林池澤是不公開的禁地。當耕地散給農人耕種後，禁地亦逐漸開放，而在出入關隘，設置徵收人員，遇有捕魚伐木者，就其所獲，征收少許實物，於是在田租之外，另成一種賦稅，此即關市之稅的緣起。參錢穆，《中國歷代政治得失》（台北：東大圖書公司，1990），頁 19。

〔註121〕同註 92，頁 78～79。

〔註122〕吳復生先生認為，早期的政事是單細胞的，今日的內政，民事部門所掌的民事行政，在先秦都只有雛形的。參同註 85，頁 182。

而其財政經濟措施必以「禮」，又必統括於「禮義」的綱領下，以禮義爲最高的指導原則，所謂「足國之道，節用裕民，而善臧其餘。節用以禮，裕民以政。彼裕民故多餘，裕民則民富，民富則田肥以易，田肥以易則出實百倍。上以法取焉，而以禮節用之。」（〈富國篇〉）荀子在這段論述指出，富國之道，必須「節用裕民」兼而行之，在財經政策上，各種裕民的具體制度，必須形諸法令以爲推行的根據，「上以法取焉」之法，即「田野什一」之稅法。〔註123〕循法令推行富國裕民的政策之外，則須以禮來節制消費，這當是顧及資源分配、收支平衡的道理，以謀求經濟生活的永續途徑之方略。「禮」作爲資源分配的等級性依據，以現代人眼光來檢視，或有商榷的餘地，然以收支平衡的角度言，開源與節流兼而並顧，允爲可長可久之計。總結地說，荀子的經濟思想展現了高水平的論點，也意謂著他對政治階層「名符其實」的高度要求。

第三節　就認識論層面

　　人類文化的創造，不但憑藉心靈能力，又藉助於認識的活動，名的形成則爲文化創造的內涵之一。就認識活動而言，宇宙人生是人類認識的兩大主軸，對無邊蒼穹與切近生命的觀照，睿智的哲學家在提出理論時，不免在經驗觀察、理性反省與指示理想之間逡巡沉吟。〔註124〕因而，孔孟與荀子的立論，雖然皆就生命發源處的「心性」問題有所探討，對宇宙天際乃至天人關係加以思索，卻顯得詳略不一，照察的角度亦有互異互補之處。

一、唯心主義的觀照

1、肯認先驗心性天道誠明的理性本質

　　自周初人文精神躍動伊始，至春秋戰國之際，綿延不斷的蓬勃生機與滯

〔註123〕「上以法取焉」，楊倞、王先謙皆未註解。熊公哲注曰稱：「即三代取民，什而一之法。」，參熊公哲，《荀子今註今譯》（台北：臺灣商務印書館，1995），頁 178。

〔註124〕傅佩榮先生認爲，任何哲學理論皆須兼顧三條件：基於經驗觀察，合乎理性反省，指示理想途徑。但即令如此，筆者以爲，思想家在運作思維時，因個人學養、人事歷練、性向、特質之故，難免使其對上述條件作出抉擇取捨，從而形成主張上的歧異性。參傅佩榮，〈以人性向善論重新詮釋儒家之正確性及適用性〉，收錄於杜維明主編，《儒學發展的宏觀透視》（台北：正中書局，1997），頁 316。

塞困蹇的萎頓局面，併時存在著；人文精神對主體生命的反思，在別具慧識的思想家身上綻放著生機，卻在隨波逐流的現世生命中泛漫地萎頓。在認識論上，孔孟對主體生命進行省思，即針對人的心性分別提出其創見，又將主觀生命特質，隱約或試圖明朗地與客觀世界聯繫起來。

對主體生命的認知，孔子提出「仁」的重要創見，固然是企圖用仁的精神以充實周禮的內容，主要卻是由主觀精神的自覺來論述其意義。〔註125〕孔子把「仁」視為是行為的最高準則，是取其普遍的意義，〔註126〕「仁」不但是道德的原則，作為孔子哲學的核心概念，尤須側重其理想精神。因而，孔子對仁的描述，即出現了「克己復禮以為仁」、「為仁由己，而由人乎哉」（〈顏淵1〉）的不同說法，「克己」與「由己」隱約點出了人兼具生物學生命與心靈生命的不同特質；〔註127〕在追尋生命終極意義的路徑上，「克己復禮」與「為仁由己」當為進階的關係。易言之，「循禮」誠然是使生物學生命理性化的方式，孔子毋寧更重視「由己」的覺知模式，「由己」即是孔子所著眼的主觀自覺之仁德，「仁」始為可長可久向善的動力源。孔子提出正名論，不論是倫理學強調達成道德理性的自主行為，或政治論所標榜仁體禮用的教化政策，都離不開「仁」的條件，此無他，乃因「仁」彰顯了人類理性的本質。

孔子曾提出「生而知之」與「學而知之」（〈季氏9〉），對認識的來源加以區隔，又對「學而知之」作了大量的論述，如以「博學於文」、「多聞」、「多見」等，指出學習的對象與路徑，顯示「學」是以間接經驗為主的感性認識範疇，〔註128〕孔子對「學」誠然既熟稔又能正視其功能。此外，孔子又以「學而不思則罔，思而不學則殆」（〈為政15〉），指出「思」以「學」為基礎，更強調「思」在理性認識上的重要性。孔子論學思並重，雖不否認通過學習以獲取六藝的客觀知識，終究以識得本性之「仁」為主，或可說孔子試圖由理性之「思」與「仁」之理性本質相映照，循此成就人的道德生命。孔子視「仁」為主體生命之存有，以此先驗的觀點為基礎，進一步提出「仁者愛人」，即以「愛人」作為仁的本質，又對「仁」的屬性作諸多的描述，甚且將「仁」的極至推到「聖人」的境界，如此賦予「仁」的超絕理想，不容否認富有唯心主義的色彩。「仁」雖是先驗唯

〔註125〕同註102，頁14。
〔註126〕同註108，頁28。
〔註127〕陳修武，《人性的批判──荀子》（台北：時報文化出版社，1998），頁65。
〔註128〕同註102，頁19。

心主義的概念，卻是孔子推動正名主張關鍵性的理論基礎。

　　孔子由「仁」論主觀生命的特質，肯定人具有此先驗的理性本質，又時或興發慨嘆，在慨言中流露出「仁」與「天命」隱約關係的思維。孔子曾被喻爲是亂世時節之「木鐸」（〈八佾 24〉），雖然不畏險阻，長期地以自家生命權代暮鼓晨鐘，企圖使逐流隨波之生命，由迷航中覺醒，終難免困厄蹇塞的遭遇。面臨逆境時，孔子曾以「天生德於予，桓魋其如予何？」（〈述而 22〉）發出對「天命」的慨嘆，此係孔子就自身的聖德爲天所賦予之感言。這與孔子在「不怨天，不尤人；下學而上達。知我者，其天乎！」（〈憲問 37〉）的說辭中，用來自我表明「學人事，順天理」之志，慨言天始通曉其心意；以「五十而知天命，六十而耳順，七十而從心所欲，不踰矩。」（〈爲政 4〉）自稱對天命有所體悟，皆顯示孔子所稱謂的「天」，雖無明確之意旨，卻隱含著「天理」、「天意」的色彩。在面對無常人生或教諭弟子時，孔子往往就「天」、「命」、「天命」以抒其胸臆，如對顏淵死，歎曰：「噫！天喪予！天喪予！」（〈先進 8〉）即指陳「天」有定奪人世的不可知力量；他如「不知命，無以爲君子也」（〈堯曰 3〉）、「君子有三畏：畏天命，畏大人，畏聖人之言。」（〈季氏 8〉）等慨言，亦隱約道出由覺知「天命」通往道德彼岸的可能。孔子這般唯心主義的天命觀，[註129] 子貢稱：「夫子之言性與天道，不可得而聞也。」（〈公冶長 13〉）孔子對「天道」雖未曾詳加論述，但終究透過諸多言論，藉自身獨特的感悟，以個人道德投射到人間道德，將人間的道德與邈遠的天際，似無若有又似有若無地聯繫起來，那若隱若現「不可得而聞」的「天道」，或正是孔子創發「仁」概念的隱蔽性源頭。

　　同樣就主體生命來探討，孟子由孔子「仁」的觀念，深拓生命的底層，明確地就「心性」以言人主觀精神自覺的存在。孟子觀照人心，提出「四端之心」，藉此論證人性之善，依據「即心言性」的思路，以「仁義禮智」爲心性之內涵；孟子對人性的觀點，即成爲「人禽之辨」命題中，強調人具有與動物殊別的「種差」之理論依據。孟子提出「良知良能」爲人所固有之本質，如此設想心性之特質爲人同然共有，乃在強調其普遍性的意義。孟子由唯心主義的先驗觀點，對「心性」加以界說，試圖由心性的本質，賦予心性之「名」相應之「實」，又以心性爲基礎，爲政治人物推動政治事務，依循「發政施仁」的模式，覓得契合正名精神的根源；這使孟子由人性到政治場域的論述，具備了一以貫之的道

〔註129〕同註102，頁 18。

德意味。探討心性的眞相，本屬認識論的問題，但孟子尤其著力將認識論導向倫理學的目標，形成倫理學的探討壓倒認識論的現象，〔註130〕其倫理學則以道德爲目標，正如孔子的哲學一般。

　　孟子對心性的觀解，別具值得深思的見地。孟子曰：「從其大體爲大人，從其小體爲小人。……耳目之官不思，而蔽於物，物交物，則引之而已矣。心之官則思，思則得之，不思則不得也。此天之所與我者，先立乎其大者，則其小者弗能奪也。此爲大人而已矣。」（〈告子上15〉）此處指出人兼具「耳目之官」的感性認知與「心官」的理性思維，孟子分別稱「耳目之官」爲「小體」，「心官」爲大體，但強調理性思維的重要，此與孔子的觀點一致。孟子認爲理性思維是辨認仁心善性的關鍵，亦即只有理性思維才能把握認識對象的本質，這具有合理的成分。孟子指出心官與耳目之官皆「天之所與我者」，心官源自上天的說法，實與「盡心、知性、知天」的理路一致，孟子又稱「從其大體爲大人，從其小體爲小人」，強調發揮心官之思乃能成爲大人，即認眞思索義理之人，不但可爲成德之人，又能爲統治者，其見解誠然值得深思。〔註131〕

　　孟子不但肯認心性之仁義特質，對人與宇宙的關係，又作了更明朗的聯繫性思考，孟子對天的看法，彰顯出對人本質與宇宙本體共通感應的體會。〔註132〕孟子一方面繼承孔子的天命論，復由多重角度界定天的意義，如「天油然作雲，沛然下雨，則苗浡然興之矣。」（〈梁惠王上6〉）「天之高也，星辰之遠也。」（〈離婁下26〉）「且天之生物也，使之一本。」（〈滕文公上5〉）乃由客觀的自然現象與功能，以言自然之天；又「君子創業垂統，爲可繼也；若夫成功，則天也。」（〈梁惠王下14〉）「行，或使之，止，或尼之；行止，非人所能也。」（〈梁惠王下16〉）「莫之爲而爲者，天也；莫之至而至者，命也。」（〈萬章上6〉）則隱然指出人力無法抗衡的命運之天；而「天下之生久矣，一治一亂。」（〈滕文公下9〉）「夫天未欲平治天下也。」（〈公孫丑下13〉）「天與賢，則與賢；天與子，則與子。」（〈萬章上6〉）「故天將降大任於是人也，必先苦其心志，勞其筋骨……。」（〈告子下15〉）卻道出如人格神的意志之天；孟子所論天的諸多意

────────────

〔註130〕同註108，頁29。
〔註131〕方克立先生則指出「從其大體爲大人，從其小體爲小人。」實際上是爲「勞心者治人，勞力者治於人。」（〈滕文公上4〉）提供先驗論的認識論根據。參同註102，頁34。筆者按：孟子的說法，是預設的觀點，或爲道德的勸說，鼓勵世人成爲君子，期許君子以善心推行仁政，其實存在著辯證的關係。
〔註132〕黃俊傑，《孟子》（台北：東大圖書公司，1993），頁84。

義中，最爲重要的是將「天命」形塑成義理之天的意涵。

命運之天或意志之天，雖與人事有關，但與人的本質無關，故孟子雖提及卻未特別注重，孟子認爲義理之天與人的本質密切相關，義理之天始爲其所重視。在「誠身有道，不明乎善，不誠其身矣。是故誠者，天之道也；思誠者，人之道也。」（〈離婁上 12〉）的關鍵性說辭中，孟子明確指出「天之道」，即天道、天理，其特質爲「誠」，認爲美善誠實的天道，是人所應思辨，必須明白的，強調心有思辨天理的能力，可謂是別具洞見的思維。孟子又以「盡其心者，知其性也，知其性，則知天矣。存其心，養其性，所以事天也。」（〈盡心上 1〉）直接道出人的本質與宇宙本體「交感交流」的聯繫，〔註133〕顯見孟子立意將人的心性本質與義理之天連結起來，如此從外在超越的來源正心性之「名」，使心性具仁義之「實」的理性成分，不僅更加確立不移，「天命」亦成爲人類成就道德價值，又爲落實仁政王道的最初源頭。綜觀孟子在心性天的連續性思維中，以誠明標示出道德的本體與功夫，這種整體有機關聯的思維模式，爲人類的理性思維指引一條內省的道德通路，奠定了孟子在學術思想史上的地位。

2、依循心性之理性功能進行價值判斷

任何時代皆有其社會的特色，在進化的過程中，由於人對世界認識和改造能力與方法的進化，對自身的地位和作用的認識有了變化，〔註134〕在思維方式、價值觀念、生活態度、審美情趣各方面，皆出現不同取向的觀點。傅偉勳先生曾提到人生的價值取向可分十大層面，包括（1）身體活動（2）心理活動（3）政治社會（4）歷史文化（5）知性探索（6）美感經驗（7）人倫道德（8）實存主體（9）終極關懷（10）終極眞實等十大層面，他認爲這是構成我們生命存在的諸般意義高低層序與自下往上的價值取向。〔註135〕不容否認，上述的價值取向，兼含了感性需求與理性判斷，這是現代化社會在思想文化呈現多元開放的現象。

在價值取捨上，傳統社會則與現代社會有別，儒家進行宇宙人生的探究，固然關注著人間，且又聯結著天道存有的思索，即反映了當代文化的特質與

〔註133〕同註 132，頁 84。

〔註134〕包遵信，《批判與啓蒙》（台北：聯經出版事業公司，1989），頁 12。

〔註135〕傅偉勳，《文化中國與中國文化》（台北：東大圖書公司，1988），頁 90～115。
　　　　或參同註 4，頁 64～71。

思想家獨特的心靈。在正名主張上，孔子以其所體認的「仁」，與對天道的覺知，對人間有限生命的開示，主要落在常理常道的認知與實踐，常理常道是永恆的眞理，是傳之而久遠的，這永恆的眞理即倫理即道德，孔子認爲倫理道德是價值抉擇的首要選項。孔子非但是儒家倫理的不祧之祖，本身即是禮儀的化身，是一部會走動的禮典，〔註136〕集結周代禮治經驗與個人嫻習信守的文物，〔註137〕因而認爲在行禮如儀的行動中，恪遵嚴謹的規範，乃能促成人倫關係的和諧與社會井然的秩序，這是孔子面對禮壞樂崩、綱紀廢弛的世代，蒿目時艱、疾首痛心之際，必欲投身重建社會秩序的志業，故主張以倫理規範爲正名的依歸。孔子發揮其理性功能，在中國歷史的源頭，爲中國族類指引價值的判斷，應以倫理道德爲終極意義之所在，正如雅斯培（Karl Jasper）在《歷史的源頭與終結》一書中所稱謂的，孔子乃屬兼具獨特眼光、開放心靈、高瞻遠矚與繼往開來的思想家；〔註138〕孔子的開放心靈雖與現代的思維路向有所不同，然其在其有生之年，腳上所踏的這個據點，既爲日後的文化思想定下發展的路向，亦將中國文明推向孔子認定的理想方向。〔註139〕

　　孟子所論的名實思想，同樣循著孔子指引人生的路向，毫不遲疑地曉諭世人以道德倫理爲究竟之價值；但本著對人性更深刻的體認，對天道更深層精微洞察，又勾勒出一幅鮮明美好的圖景，提出使人類「有限」之「形」的自然生命，因著道德生命永續的充實，轉化爲「無限」永恆的道德意義。〔註140〕孟子極爲強調道德的重要性，不但個人須以修身成德爲志業，君王亦必須以道德爲出發點來治理政事，一般衡斷道德的標準，總是從目的或動機上講，而不從手段上講，〔註141〕符合道德者，當然須以良善者爲是，孟子此一主張，意欲使個人或君王，皆能從德性上來控制自己。由於特別關懷人的存在問題，孟子將五倫之教列爲教育的重心，強調倫理觀念的重要，認爲良好的倫理關係有助於促進社會的和諧，建立社會的秩序。五倫觀念探討的是人際之間往來的關係，這種關係，即令是現代人亦不可免，因爲，人總要過著群居的生活，在相互供需

〔註136〕同註69，頁36、65。
〔註137〕如《史記・孔子世家》載：「孔子爲兒嬉戲，常陳俎豆，設禮容。」參漢・司馬遷撰，會合裴駰、司馬貞、張守節三家注，《新校史記三家注》（台北：世界書局，1972），頁1906。
〔註138〕同註69，頁37。
〔註139〕同註69，頁37、67。
〔註140〕同註132，頁83。
〔註141〕同註22，頁61。

的社會裡，一套可供遵循的交際規範，不但可以化除不必要的糾紛，也有助於彼此相處。當然現代化的社會，人際關係益形複雜，倫理的觀念亦需講求，然亦宜有所變革，但不論怎麼變革，終究以能讓彼此舒適利便，能滿足彼此需要為原則。

孟子最具創意的見解在性善論，孟子強調本心善性為人普遍的存有，由於這本心善性的存在，因此孟子認為人皆可以為堯舜。他對人性樂觀的信念，無疑將使人類對消彌世間的邪惡，增添了更多的希望，然絕大多數的人都難免一時迷失本心的經驗，因而，又提出一套修養的工夫，希望人們透過猛醒自覺、存養推擴、養心寡慾、反求諸己、接受環境的試煉等工夫，以使本心善性日益推擴而不致亡失。孟子所開示的各種要領，使人在面對道德的抉擇時，能自如的或予攻戰，或加防守，確能指引一條可為依循的大道。孟子相信，只要能喚起原初可貴的人性，又能及時懸崖勒馬，改過遷善，則善行當如江河一般，沛然莫之能禦。性善論對人性作正面的肯定，對立意行善的人，當可順勢一推，使他一躍而上道德的境地；對萌生惡意的人，亦可及時拉拔一番，以免其人墮落罪惡的淵藪。因此，只要有心認識自己先天本具的本心善性，本心善性即可成為推展人間道德事業的動源，成為滌除人間邪惡念頭的濾網。孟子認為「萬物皆備於我，反身而誠，樂莫大焉。」（〈盡心上 4〉）「反身而誠」即一語中的地道出，以理性思維對價值取捨最為正確的判斷，當以成就道德為志業。

二、唯物主義的觀照

1、由經驗角度論心性天人的理性思路

在認識論或知識論的主張上，荀子被歸為智者類型的人物，[註142] 又被譽為是中國的亞里斯多德，[註143] 主要即在於其結合經驗與理性以照察事物，由經驗進行推理，運用徵實的方法來探究事理的態度。針對人類認識的兩大主軸，如與人生最為切身的「心性」問題，以先秦儒家而言，孔子雖然談到心，卻未對心作出解釋，孔子亦言性，其性義或有善的傾向，然同樣未作詳細的闡釋；孟子則首先對心作出論說，四端之心的界說，標示出人特有的主體道德意識，而即心說性的「性善」主張，更為人類的道德事業預告一片光明的前景。相對於孔孟對心性偏向唯心主義的認知，荀子則緊扣住經驗

〔註142〕同註 108，頁 150。
〔註143〕同註 71，頁 433；及參同註 86，頁 16。

層面，以知性分析的理性思路，分別描摩心性各自的特質且由「以心治性」指出彼此的關聯。

　　荀子對「心」的界定是：「心者，形之君也，而神明之主也，出令而無所受令。自禁也，自使也，自奪也，自取也，自行也，自止也。故口可劫而使墨云，形可劫而使詘申，心不可劫而使易意，是之則受，非之則辭。」（〈解蔽篇〉）在強調心的主導作用下，「出令而無所受令」點出心所特有的意志自由之意，由於不受攏佈，心作爲獨立自主的精神主體，心的絕對自律性，當能也必須對是非作出判斷與抉擇。荀子強調：「心不可以不知道，心不知道，則不可道而可非道。人孰欲得恣而守其所不可以禁其所可？以其不可道之心取人，則必合於不道人而不合於道人。以其不可道之心與不道人論道人，亂之本也。夫何以知！心知道然後可道，可道然後能守道以禁非道。」（〈解蔽篇〉）顯見判斷抉擇是非有一定的過程，即由知道、可道、守道遞進完成。對道的認知、判別與堅持，若置於人的生命全體來觀察，則因人具有與動物殊別的「種差」，〔註144〕荀子稱：「人之所以爲人者，何已也？曰：以其有辨也。」（〈非相篇〉）「水火有氣而無生，草木有生而無知，禽獸有知而無義；人有氣、有生、有知亦且有義，故最爲天下貴也。力不若牛，走不若馬，而牛馬爲用，何也？曰：人能群，彼不能群也。人何以能群？曰：分。分何以能行？曰：義。」（〈王制篇〉）荀子認爲人的全幅生命之特點，在於「有辨」、「有義」與「能群」，「義」、「辨」固然相通，可以合而爲一，〔註145〕其爲人的理性思維表現，確然勝出於禽獸；「群」則由社會組織行爲指出人類深思熟慮整合智慧的團隊行動，足以駕馭利用禽獸；這都是驗諸經驗，可以徵實的理性特質，此等理性特質，自不能不緊扣「心」來理解。

　　荀子對心別具見地之處，又在於歸納人類各種心理作用，將心的屬性加以歸類並區分其優劣，荀子云：「人何以知道？曰：心。心何以知？曰：虛壹而靜。心未嘗不藏也，然而有所謂虛；心未嘗不兩也，然而有所謂一；心未嘗不動也，然而有所謂靜。人生而有知，知而有志。志也者，藏也；然而有所謂虛，不以所已藏害所將受謂之虛。心生而有知，知而有異，異也者，同時兼知之，同時兼知之，兩也；然而有所謂一，不以夫一害此一謂之壹。心，臥則夢，偷則自行，使之則謀。故心未嘗不動也，然而有所謂靜，不以夢劇亂知謂之靜。未得

〔註144〕同註124，頁322。
〔註145〕陳大齊，《荀子學說》（台北：中國文化大學出版部，1998），頁35。

道而求道者，謂之虛壹而靜，作之則。將須道者，虛則入；將事道者，壹則盡；將思道者，靜則察。知道察，知道行，體道者也。虛壹而靜，謂之大清明。」（〈解蔽篇〉）荀子將心的思維現象，區分為「虛、壹、靜」與「藏、兩、動」三對矛盾的概念，對立的概念將使心的思維效度產生差異，因而詳細分析心的種種活動，並指示了提高思維效度的路徑。荀子認為，心既作為知識思想的樞紐，必須極力保持「虛壹而靜」的大清明狀態，蓋「不以所已藏害所將受」之「虛」，旨在暫時擱置舊經驗，並騰出思維空間，準備接納眼前的事物，當可使新舊經驗相結合，成為系統的知識；〔註146〕「不以夫一害此一」之「壹」，強調排除雜念並克服成見，將全幅心思鎖定當前的事物，始足以探得真正的事理；「不以夢劇亂知」之「靜」，說明必須設法摒除想像的夢境與擾亂知覺的情感，使心沉著冷靜地析繹接觸的事物，方可豁然達於認知的狀態。荀子的「虛」、「靜」借用了道家的術語，如老子所謂「致虛極，守篤敬」（《道德經·第十六章》），卻剔除了道家本體論的意味，〔註147〕完全著眼於人心的理性思維，「虛、壹、靜」三位一體，相互為用的主張，將心導入條理分明、精細明察的思維路徑，使人得以發揮極致的認知能力，達到極高的認知水平，堪稱是極精湛的見解，精明之見地，恰與現代心理學的實驗相符合。〔註148〕在名實關係上，荀子對「認知心」的詮釋，既立足於經驗層面，富於實證精神的推論，彰顯出與孟子「道德心」異質的內涵，不過，對「心」具有思考的功能，在價值觀念取捨上，「心」具有優先性，孟、荀兩人則有互通之處。〔註149〕

對於「人性」的認知，荀子曾由「生之所以然者，謂之性。性之合所生，精合感應，不事而自然，謂之性。」（〈正名篇〉）指出「性」有兩個層面的涵義：第一義「生之所以然者」的「性」，指人的生物組織和肉體結構，「生」指人的身體；第二義「不事而自然」的「性」，指人的身體各種生理組織的綜合作用，包括天官和天情的綜合作用。荀子雖然輕掠而過性的第一義，對「不事而自然」之「性」的第二義，極其詳盡的描繪，其云：「性者，天之就也；情者，性之質也；欲者，情之應也。」（〈正名篇〉）這是開宗明義指出「性」乃自然天生，是「不可學，不可事」（〈性惡篇〉），「情」、「欲」總括說明人內

〔註146〕 同註71，頁102。
〔註147〕 同註90，頁75。
〔註148〕 同註71，頁103。
〔註149〕 黃俊傑，《孟學思想史論（卷一）》（台北：東大圖書公司，1991），頁56。

在的本質及對外物本能的反應，此說法通俗易於瞭解。對人性諸多樣貌，荀子在〈性惡篇〉描寫到：「今人之性，目可以見，耳可以聽」、「若夫目好色，耳好聲，口好味，心好利，骨體膚理好愉佚，是皆生於人之情性者也。」〈榮辱篇〉云：「凡人有所一同：飢而欲食，寒而欲暖，勞而欲息，好利而惡害，是人之所生而有也，是無待而然者也，是禹桀之所同也。」荀子不諱言人在基本欲求方面的普遍性，回歸生物層面的立足點，不虛不假，未加掩飾的就經驗照見人的原始面貌，荀子所謂「天官」、「天情」與告子所論「食色，性也」（〈告子上 4〉）的主張雷同。

但在貼近生命原貌之際，荀子兼權地思索生命的內核與外緣問題。就生命內核部分，面對自然生命的需求，既體恤地主張「足欲」，又明察秋毫地為「從人之性，順人之情，必出於爭奪」（〈性惡篇〉）的現象，針對氾濫無節、失之偏頗的社會行為加上註腳，提出「性惡」的看法。至於生命外緣的部分，除了對生產環境進行分析，如說明寡欲將導致經濟蕭條，〔註150〕更特別留意文化產物消長的現象，鎖定傳統的「禮制」，強調「人無禮則不生，事無禮則不成，國家無禮則不寧。」（〈修身篇〉）且謂「禮豈不至矣哉！立隆以為極，而天下莫之能損益也。本末相順，終始相應，至文以有別，至察以有說，天下從之者治，不從者亂，從之者安，不從者危，從之者存，不從者亡，小人不能測也。。」（〈禮論篇〉）荀子察覺出文化涵化的外緣條件喪失生機，與生命內核常有的偏頗表現，內核外緣交互失衡的現象，促使其大聲疾呼全力推動禮義制度的必要性。理性的思維，又延伸出「以心治性」、「化性起偽」等殊別於孔、孟的主張，作為價值取捨的矩獲。荀子不僅對欲望持肯定的態度，對先天上是生而有欲，後天上是習於多欲，對欲望之昇高，遞變至欲望的無窮，〔註151〕皆有清晰的論述，這些論點，已為現代經濟學家所確認，〔註152〕不像孟子先驗地談人性，這種植基於對現實透徹的觀察，復且積極構設因勢利導的方式，並不刻意拗折人性，確然冷靜而理性。

面對若即若離的宇宙，荀子同樣本著理性的態度，瞄準「天」足以為人

〔註150〕侯家駒，《先秦儒家自由經濟思想》（台北：聯經出版事業公司，1985），頁 171。

〔註151〕如〈榮辱篇〉載有：「今使人生而未嘗睹芻豢稻粱也，惟菽藿糟糠之為睹，則以至足為在此也，俄而粲然有秉芻豢稻粱而至者，則瞷然視之曰：『此何怪也！』彼臭之而嗛於鼻，嘗之而甘於口，食之而安於體，則莫不棄此而取彼矣。」即可說明優渥的物質條件，足以激發更多更高的欲望。

〔註152〕同註150，頁 165 及頁 170～171。

感知的經驗層面，指出天人交涉可能的範圍與方式，將前人對天人關係的論辯，作出總結性的看法，由理性與務實精神出發，荀子對天釋出的觀點，與傳統上天的多重含義，或與孔孟皆有著顯著的差別。孔子曾提及「天」、「命」與「天命」的說法，卻未曾明言是指「天道」或「天意」，但其意涵或隱約的透露出。孟子論述的天涵義較廣，包括自然之天、意志之天、命運之天與義理之天等，而尤為重視義理之天；義理之天甚且成為孟子「性善」說外在超越的根源，此一道德哲學外在的理據，表彰了在思考天人關係時，孟子所具備傳統哲人有機關聯的思維方式。然而，荀子對天的理解，有承繼孔子之處，又有大異其趣於孔孟的觀點。透過觀察，凡「列星隨旋，日月遞照，四時代御，陰陽大化，風雨博施，萬物各得其和以生，各得其養以成，……夫是之謂天。」（〈天論篇〉）等日常所見的現象，或「星隊、木鳴，……是天地之變，陰陽之化，物之罕至者也。怪之，可也，畏之，非也。夫日月之有蝕，風雨之不時，怪星之黨見，是無世而不常有之，……夫星之隊，木之鳴，是天地之變，陰陽之化，物之罕至者也，怪之，可也；而畏之，非也。」（〈天論篇〉）等罕見的異常現象，始是荀子概念中的「天」，以客觀存在的自然現象作為天的定義，這不但是取諸經驗事實的觀照，賦予天客觀性的意義，「怪之，可也；而畏之，非也。」（〈天論篇〉）的進一步主張，則有意剔除天的的神秘性，喚醒人們擺脫迷信的態度，冷靜以對自然莫測的現象。

對於萬變的天象，荀子持守單純的邏輯思維看待之，如「物類之起，必有所始。榮辱之來，必象其德。肉腐出蟲，魚枯生蠹。怠慢忘身，禍災乃作。強自取柱，柔自取束。邪穢在身，怨之所構。施薪若一，火就燥也，平地若一，水就濕也。草木疇生，禽獸群焉，物各從其類也。」「積土成山，風雨興焉；積水成淵，蛟龍生焉。」（〈勸學篇〉）等，都在說明自然現象，只是物質的聚合離析，此一素樸的唯物主義觀，實具有科學理性的成分。荀子云：「不為而成，不求而得，夫是之謂天職。……不見其事，而見其功，夫是之謂神。皆知其所以成，莫知其無形，夫是之謂天功。」（〈天論篇〉）對天職、天功的描述，荀子以「神」字描摩之，可當「神妙」解，〔註153〕萬物，只是自然之「天」，物質屬性客觀具體的呈現，非關超物質的力量在主宰，物質世界乃是自然而然形成的。〔註154〕荀子否定天的主宰義，試圖建構徹底的物質主義的

〔註153〕同註86，頁54。
〔註154〕同註92，頁182。

自然天道觀，〔註155〕將天「還原」爲人的經驗直接所對的客體，〔註156〕是以對客體外在現象進行描摩與分析。

　　荀子也透過理性的思維，就客體的外在現象，釐析其生成演變的道理。他以「天地合而萬物生，陰陽接而變化起。」(〈禮論篇〉)詮釋著物質形成與變化的原理，乃依自然界自身矛盾統一的原理，即「天下有二」、「不同而一」的觀點所形成；〔註157〕此與《周易‧繫辭上》所稱：「一陰一陽之謂道」相通，這種對宇宙事物辯證性質的分析和認識，或不免籠統性與模糊性，但也一定程度揭示了宇宙間普遍存在著的對立統一的規律。對事物演變的規律，荀子另外提出了較明確的說法，〈天論篇〉所云：「天行有常，不爲堯存，不爲桀亡。」、「天不爲人之惡寒也輟冬，地不爲人之惡遼遠也輟廣。天有常道矣，地有常數矣。」即指天的客觀規律性，不因人的意志而轉移，不受人的意志支配。對於天行的法則性，〔註158〕對天道的認知，荀子著眼於純屬物質運動的規則，相較於孟子就道德形上層次去解釋天，荀子實展露出較符現代科學的理性態度。荀子對天道客觀性的認識，誠爲其長處，而其不足之處，則由於側重人事，故而主張「唯聖人爲不求之天」，對天職之「深」、「大」、「精」，荀子強調「不加慮」、「不加能」、「不加察」，無形中即阻絕了以理性對自然規律作深度探究的機會，此種思維向度，使其萌芽的科學心態，失卻了茁長壯大的可能性。

　　但以對自然規律初步及一定程度的認識爲基礎，再綰合對人事治亂興衰冷靜的反省，荀子對天人關係的思考，跳脫孔孟有機關聯的思維方式，逕以「天人之分」的命題，企圖消解傳統「天命」觀念中，敬天、畏天、樂天、事天、法天等束縛人類自由意志的思維，轉而省思人類自身的能力，進而尋覓建構天人關係的嶄新模式。荀子所表述的「治亂天邪？曰：日月、星辰、瑞曆，是禹桀之所同也；禹以治，桀以亂；治亂非天也。時邪？曰：繁啓、蕃長於春夏，畜積，收藏於秋冬，是又禹桀之所同也；禹以治，桀以亂，治亂非時也。地邪？曰：得地則生，失地則死，是又禹桀之所同也，禹以治，桀以亂，治亂非地也。」(〈天論篇〉)將天道與人事置諸歷史來檢視，荀子

〔註155〕同註90，頁83。
〔註156〕譚宇權，《荀子學說評論》(台北：文津出版社，1994)，頁254。
〔註157〕同註92，頁190。
〔註158〕同註86，頁53。

認爲自古以來天道並無殊別，人事卻有天壤之別，他把人世治亂歸諸有否盡到人力所造成，或人爲之確當與否所釀成，這種突出的論說，對當時營於巫祝，信機祥之風，與陰陽家天人相應的學說，無疑是強力的駁斥，荀子的批評展現了前所未有的理性特質。再觀其所論：「善言天者必有徵於人」（〈性惡篇〉）、「君子敬其在己者，而不慕其在天者。」（〈天論篇〉）不但強調人必須立足社會經驗，以實證精神重新認識天道，更重視人事上的積極作爲，荀子依據「天人之分」的觀點，將天道還諸自然，把人事劃歸人的分內職責，如此分別地看待天與人的職能，突破了傳統天道與人事交互影響的觀念。荀子著重於人事的態度，對天人關係的主張，標準地顯揚了儒家的實用理性，實用理性的思維，又使其更進一層地提出「制天命而用之」的具體命題，將此命題視爲人類價值理性的體現，驗之於生物演化「用進廢退」的理論，則符合一定程度的科學實證精神，此一特點，又成爲荀子與孔孟實用理性的區隔所在。

2、發揮心官思辨參天制天的實用理性

　　荀子依其參驗徵實的方法，觀照人類的生命特質，與所認知的自然宇宙，鎖定實用理性立場，教人正確地認識，如何對宇宙人生作出價值取捨的判斷；所謂實用理性的精神與態度，乃指極端重視現實實用的特點，關注如何妥善處理現實生活的問題。〔註159〕荀了以盯衡天人關係爲經緯，將「天」或「大地時」視爲非人格神、無意志，是大自然功能的指稱，此種看法，不僅突破傳統天道觀禁錮人心的封鎖線，更企圖使人的主觀能動性得到解放。荀子提出「天人之分」的命題，首先分殊地指出天道、人道各爲主體，天人同等對峙，各有其位，這是荀子由天人分途論天道的第一義諦，〔註160〕此第一義諦確立了天的自然觀、非神觀，荀子又將天人延伸到「人有其治」的同步觀，但「人」不僅僅與「天」同步共存，甚且是統一天人的主體，〔註161〕這與荀子認爲宇宙存在的重心在人不神，充分意識到人類剛健奮鬥精神的積極作用，〔註162〕當息息相關，此則反映其實用理性的精神與態度。

〔註159〕同註2，頁26～27。

〔註160〕同註71，頁418。

〔註161〕同註85，頁1～2及頁41。

〔註162〕李澤厚先生稱：「《易傳》的最大特點，我以爲，便是繼承了荀學中剛健奮鬥的基本精神。」筆者按：如荀子「制天用天」的主張，其意即在展現人類剛健奮鬥的精神。參同註2，頁125。

　　基於實用理性的立場，荀子關切人尤甚於天，重人事而未屬意於天，因而，人既作爲統一天人的主體，對生命主體必須深刻地認識。荀子針對人的生命主體，提出「心性分立」的二元觀，是從經驗層面就心性本質來加以判別，與孟子「即心說性」、「心性不可分」的認識有別，卻符合現代心理學的理論。在心性分立的條件下，荀子同時指出兩者在認識過程的關聯性，他以：「心有徵知，徵知，則緣耳而知聲可也，緣目而知形可也；然而徵知必將待天官之當薄其類然後可也。」（〈正名篇〉）道出認識以天官接觸外物爲第一步，而以心官進行思索爲認識的第二步，同樣符合經驗事實。對心性的作用，荀子最爲特出的則是倡明兩者密切的關聯性，提出「以心治性」的主張，亦即以心制欲，蓋人的欲望每流於太多或太過，以致造成彼此爭奪、擾攘不已的動亂現象，心既爲判斷的中樞，故須要其加以節制人的欲求，以重建社會的新秩序。荀子主張心性密切相倚，提供了不同於孔孟的新視野，又特別彰顯了心官思辨功能的重要性。荀子云：「性之好、惡、喜、怒、哀、樂謂之情。情然而心爲之擇謂之慮。心慮而能爲之動謂之僞。慮積焉、能習焉而後成謂之僞。」（〈正名篇〉）荀子所識之「心」爲認知心，心作爲認識作用之機構，能權衡一切、思考一切、過濾一切、學習一切，這是「心」功能的全部。〔註163〕但心是否所思所慮皆能確保依「是非」來判斷，引文中「慮積焉」的「積」，猶如〈性惡篇〉所云：「聖人積思慮、習僞故，以生禮義而起法度。」透露出累積功夫的必要性，累積思慮的方式，自當結合對事物廣泛的觀察，經由不斷學習的過程，從經驗中歸納出各種事物的道理，是非對錯乃得以判定，判斷能力的提升，與觀察、學習、思考等息息相關。荀子所稱「心」由「知道」、「可道」而後「守道」的認識過程，「道」以禮義爲實質，而心之「知道」，非「積」之功夫無以致之，心之「知道」，則是進行「化性起僞」的先決條件。荀子又云：「君子養心莫善於誠，致誠則無它事矣，惟仁之爲守，惟義之爲行。」（〈不苟篇〉）荀子以「誠」來補充說明，「心」必須發揮對道德明確認知的功能，奉行誠實無欺的態度，顯示「養心」、「誠心」強調道德知性的培育，其意在使思辨的心，具有認識、把握道德觀念、法則、秩序的客觀知性態度與能力。〔註164〕

　　綜而言之，荀子認爲唯有充分認識「心」的特質，涵養「心」的思辨能力，使心能「知道」，由客觀的禮義之道治理主體之心，一旦心能從道，再通

〔註163〕同註85，頁49。
〔註164〕同註90，頁78。

過「以心治性」、「使形從心」〔註165〕的方式，進而發揮其思辨功能，進行正確的判斷，加以甄審選擇，以使「化性起偽」的道德目標臻於理想，提升人的整幅生命與禮義之道齊一。荀子為解決現實社會爭奪動亂的問題，將進德修業列為人生的目標，期能打造社會的新秩序，此固為重視現實，為處理現實生活問題，而展現出的實用理性，就用心與目標而言，亦與孔孟的實用理性相通；荀子強調必須發揮心官的思辨能力，進行價值的判斷，與孟子重視「心」的思考功能，對價值觀念的取捨，「心」具有優先性，孟、荀兩者亦有互通之處；然荀子主張掌握「以心治性」的觀念，貫徹「化性起偽」的實效制約方式，此則與孔孟傾向內在主觀自覺方式有別。

在盱衡天人關係時，對於傳統關聯的有機思考模式中，如認為人間休咎禍福與天相關涉、人之道德生命與天道相貫通，而衍生出尊天、法天、樂天、事天等觀念，或視天為自然體像微妙的機械，將天道鬼神宗教化，遂產生崇拜自然，歌頌宇宙的神秘，提倡天志主義等思想，荀子逐一地加以省察細思，試圖整合、過濾，擷取出天的自然觀，突破人絕對依存或受制於天的局限性，呈現出對諸子宇宙觀的反響。

對「天」、「人」之名的認識，荀子提揭「天人之分」的命題，既已釐清天人是等齊相對的，而不是非齊絕對的，〔註166〕故而在將人轉換成與天各司其職的角色後，除描述天職之外，基於對人事的側重，荀子專對人的職分，本著實用理性的精神，由「人有其治」的主軸思想，極力闡述人相應於天職的主張。對人事的榮枯興廢，社會的進化轉型，荀子意識到人為的重要性，循著「天有其職，人有其治」的雙向理念，更深刻地尋索天人分職下，交叉互動的可行模式。〔註167〕大抵而言，在天職運轉的情況下，荀子強調人必須

〔註165〕《荀子·非相》云：「相形不如論心，論心不如擇術。形不勝心，心不勝術。」即強調正確的思想方法，使能成就真正的君子，而非由形相決定。參同註86，頁 154。

〔註166〕同註71，頁 158。

〔註167〕如吳復生先生針對《荀子·天論》：「天職既立，天功既成，，形具而神生，好惡喜怒哀樂臧焉，夫是之謂天情。耳目鼻口形能各有接而不相能也，夫是之謂天官。心居中虛，以治五官，夫是之謂天君。財非其類以養其類，夫是之謂天養。順其類者謂之福，逆其類者謂之禍，夫是之謂天政。暗其天君，亂其天官，棄其天養，逆其天政，背其天情，以喪天功，夫是之謂大兇。聖人清其天君，正其天官，備其天養，順其天政，養其天情，以全其天功。如是，則知其所為，知其所不為矣；則天地官而萬物役矣。其行曲治，其養曲適，其生不傷，夫是之謂知天。」加以分析，指出這是在說明天人分職的交

掌握心官的思辨特質，發揮其功能，採取冷靜理性、客觀有效的作法，依序是「志天（知天）」、「順天（應時）」、「參天」與「制天用天」，對如何克盡人職，展現人類剛健奮鬥的精神，以謀求進步的生活，後兩者更是荀子寄寓尤深者。荀子云：「所志於天者，已其見象之可以期者矣。所志於地者，已其見宜之可以息者矣。所志於四時者，已其見數之可以事者矣。所志於陰陽者，已其見和之可以治者矣。」（〈天論篇〉）此處所謂「志於天」即「知天」之意，知天乃是要瞭解自然垂象之文、大地的土質、四時的運轉與陰陽和諧的條件，認知所著重的無非是自然的規律與特色，這只是利用自然進行生產的前奏。荀子的思想中，仍然有著「順天」的理念，〔註 168〕如提及「望時而待之，孰與應時而使之」，這與「所志於四時者，已其見數之可以事者矣」的立論互通，既是對自然規律的認知，又強調要掌握其規律，順應自然規律進行人事的作為，這乃是為了避免盲動導致人為行動的徒勞無功。

荀子完全揚棄了玄秘性的天道觀，依「天行有常」的實證觀點，作出建設性的指示，乃云：「天有其時，地有其財，人有其治，夫是之謂能參。舍其所以參，而願其所參，則惑矣。」（〈天論篇〉）「參天」的重點在於「能治」，人所治理包括自然與社會，故而對天時地利要善加利用，而不是一味的依託仰望自然資源的供給，從事生產活動，才能促進社會的繁榮與人民生活的樂利，故又曰：「彊本而節用，則天不能貧；養備而動時，則天不能病；修道而不貳，則天不能禍。故水旱不能使之饑，寒暑不能使之疾，祅怪不能使之凶。」（〈天論篇〉）荀子反覆的論述，指明人為「能治」，天為「被治」，其意相當明顯，若問人何以「能治」，則不能不歸諸人特有的智慧與思辨能力。至於「能治」如何使「被治」成為人類有用的資源，荀子提出「制天用天」的主張，其云：「大天而思之，孰與物畜而制之！從天而頌之，孰與制天命而用之！望時而待之，孰與應時而使之！因物而多之，孰與騁能而化之！思物而物之，孰與理物而勿失之也！願於物之所以生，孰與有物之所以成！故錯人而思天，則失萬物之情。」（〈天論篇〉）這段具體實用且響亮的說辭，開宗明義指出「天」只是為「人」生養畜息的有利工具，點醒人們對「天」作正確的認

又部分，又說明了幾個天人互動部分的「天」（即天養、天政）。參同註 85，頁 7～8。

〔註 168〕李澤厚先生提到：「這裡要注意的問題是，人們經常沒有足夠重視在荀子『制天命而用之』（天人之分）思想中，仍然有著『順天』的重要內容。」所言甚是。參同註 2，頁 119。

識；又以破除「頌天」的想法，修正成「制天」的積極心態，進行心理建設；繼而指示一連串的具體行動，由「應時」、「聘能」、「理物」至「有物（佑物）」，運用智慧層層推向高度產能，而又不致過度濫用的境地。無庸置疑的，荀子本著「天生人成」的理念，從宏觀宇宙的結構性機能，強調人類應發揮「制天用天」的智能，強烈的人為主義，寓有自然科學的精神，雖然只著重於裁制已成之物而為人用，卻契合實用理性的精神。

　　值得一提的是，荀子亦以其知性從大處論及自然存在的規律，唯因所處時代科學尚在萌芽，加上荀子本身將絕大部分心思駐足於人間社會，對純抽象思維、自然界的抽象原理缺乏深度的興趣，是以未曾導引人們發揮思辨精神，進一步探勘萬物消長變易、相互交涉的客觀紋理，遂錯失了使自然科學茁長壯大的機會。但總觀荀子所揭示參天、制天用天的觀念，隱含了人定勝天的思想，此一戡天主義，〔註169〕緊扣住人類知性的心靈方向，對推動人類進步之文明，無疑樹立了象徵性的里程碑。

第四節　就邏輯學層面

　　荀子之學，以禮為宗，其學說思想則以智性為主體，究其名實思想，涵蓋強調倫理政治的正名思想，與知性融鑄的名實觀，由於特別重視客觀事實的參驗，如正名思想雖以道德為終極目標，但荀子由智識心悟入，因而與孔孟正名思想由道德心悟入，即形成了殊異其趣的內涵，〔註170〕卻也彰顯其獨特思維的價值。荀子以其知性探討「名實」問題，在倫理學、政治論、認識論等諸多層面，運用其思辨方法，淋漓盡致地論述其主張，呈顯出豐贍詳實、廣角視野的實用觀點，雖或有部分待斟酌的空間，實亦蘊涵著價值。而在智性主導下，荀子兼學各家，對於各學派有關的名理思想，在啟迪、反省與思辨的多重交叉辯證下，展現出邏輯學上的智慧，既與詭辯為主的名家、墨辯學者等分庭抗禮，唯因其思想重心仍在發揚儒家學說，故在邏輯思想上的表現，則有值得稱許與商榷處，然其價值仍不容否認。

〔註169〕同註71，頁165。

〔註170〕姜尚賢先生指出：「荀子的學說思想以智性為主體，特別重視客觀事實的參驗，是由智識心所悟入，但與孔孟學說由道德心所悟入，可謂殊異其趣。」參同註71，頁48。

一、就概念系統與推理判斷展現邏輯智慧

荀子以其知性探究名實問題，雖屬意於倫理學、認識論等，但由認識功能的考察則連帶引伸出邏輯問題，在邏輯範疇上，荀子觸及了概念與推理判斷方法。荀子常常對某一名下定義，作為概念的釐清與界定，如將士分為「通士」、「公士」、「直士」、「愨士」、「勁士」、「法士」六類，皆具有人格涵養的相同屬性，然涵養程度有別，故是以道德功用上的高低來區分。將人之能否實踐篤行，分為「國寶」、「國器」、「國用」、「國妖」等；或將人的孝行由能不能「從道從義」的最高標準，分為「小行」、「中行」、「上行」等；論人臣依「從道不從君」之本分，而分為「態臣」、「篡臣」、「功臣」、「聖臣」等四品，可見不同的名號，皆有其特定概念的內涵定義。〔註171〕荀子賦予概念之定義相當審慎，從嚴謹的邏輯學觀點，概念既然是抽象的產物，它和具體事物或動態流動的事物，難免無法完全契合，故「名言」之定義有其抽象性流弊，〔註172〕但荀子主張「名」乃約定俗成，意圖揭示概念為人類共知的道理，故在釐定概念時力求其確當，非唯如此，又由儒家的道德立場來思考，強調道德是基於實用觀點的考量。因而，如對「心」、「性」、「偽」、「天」、「分」、「群」、「辨」、「天職」、「天功」、「天情」、「天官」、「天君」、「天養」、「天政」等概念，即結合客觀經驗與實用觀點來界定，其中許多概念為孔孟所未提及，而「心」、「性」、「天」等概念與孔孟的先驗性概念，便出現邏輯思考上的差異，〔註173〕此差異性卻是荀子智心充分的展現。

對概念慎重地給予定義，在荀子學說中俯拾皆是。依著理性的思辨方法，在交互論辯，或省思諸子學說時，荀子從中得到啓示，並綜合歸納出概念的分類方式，尤具有形式邏輯之意義。荀子本著「同則同之，異則異之」的原則，依序指出「大共名」、「共名」、「大別名」、「別名」等，不但是上位概念與下位概念之區別，且其差異都是相對的，而且是可以互為轉化的。〔註174〕

〔註171〕楊士毅先生指出：「對一個語詞的內涵定義（intentional definition）乃是列舉一組性質，而且此性質只適用於某個被定義語詞，不適用於其他語詞，則此性質即是此被定義語詞的內涵定義。」參楊士毅，《語言、演繹邏輯、哲學——兼論在宗教與社會的應用》（台北：書林出版有限公司，1994），頁80。

〔註172〕同註171，頁105。

〔註173〕概念的產生，可分為經驗、超越經驗、超絕經驗與先驗等，參同註171，頁22～23。

〔註174〕同註70，頁567。筆者按：依攝屬關係，如（1）「動物」與「羊」為「共名」與「別名」之分。（2）「生物」與「動物」亦為「共名」與「別名」之分。則

這一概念分類的成就，既否定莊子、惠施相對主義詭辯邏輯的「齊物」思想或「合同異」觀點，又否定公孫龍絕對主義詭辯邏輯的「白馬非馬」的「別共離異」之孤立觀點，明確地完成形式邏輯的同異辨別，〔註175〕足資證明荀子別具見地的邏輯智慧。另外，如荀子提出「單足以喻則單，單不足以喻則兼」，依概念形式分類爲「單名」與「兼名」，單名爲單一名稱，兼名爲複合名稱，後者指涉的內涵較豐富，此分類法亦具有邏輯學上的意義。

此外，荀子所提及「類」的概念，則繼承了墨家的思想，不但有分類的含義，也大體有相當於本質、規律的意思。〔註176〕荀子言「類」，除了由原理或總原則以言明禮義之「統類」，以分類之義而言，有指人類社會學的「類」概念，〔註177〕如「先祖者，類之本也。」（〈禮論篇〉）或關於道德政治之「類」概念，如君子、小人、士、勇、名辯、儒、姦、蔽等之分類。〔註178〕但「類」又含有邏輯學上的概念意義，如「類不可兩也，故知擇一而壹焉。」（〈解蔽篇〉）荀子是以「類」的認識爲起點，結合對思想律的認識，〔註179〕切入了「類」的抽象性質層面來分析，「不可兩」即不能兩可，不能兩是，亦即同一類事物不可能正反兩面的說法都是正確的，這是依據思想律之「矛盾律」來判斷，因而正反兩種不同說法中，只能「擇一」專心去做。〔註180〕荀子從「類」的概念進行判斷，符合傳統邏輯的精神，蓋概念的認識是傳統邏輯的起點，通過概念的媒介，才能對世界的實物辨別其同異，〔註181〕並進一步作推理。

在概念之外，荀子在判斷部分，也時有表現。荀子對諸子加以批評，在三惑中所舉的實例，自「見侮不辱」至「（白）馬非馬」，則無一不屬於邏輯上所說的判斷。〔註182〕此外，荀子又作了諸多的推理。〔註183〕荀子不僅運用

　　　　「動物」即由第一例之「共名」轉爲第二例之「別名」。
〔註175〕同註70，頁567。
〔註176〕同註92，頁246～247。
〔註177〕同註90，頁114。
〔註178〕同註70，頁561～562。
〔註179〕「思想律」即指邏輯中的三個根本原則，也稱思想中的三個假設或設準，包括同一律、矛盾律與排中律。參牟宗三，〈邏輯與辯證邏輯〉，收錄於方寧書選編，《唯物辯證法評論集（二）》（台北：國防部總政治作戰部，1974），頁100、104、109。
〔註180〕同註92，頁247。
〔註181〕王冠青，《理則學與唯物辯證法》（台北：黎明文化事業股份有限公司，1980），頁11。
〔註182〕同註145，頁159。

思想律，同時採用邏輯推理的方法，以展現形式邏輯的思想。〔註184〕荀子所稱的「君子必辯」（〈非相篇〉）之「辯」，或「辯說」（〈正名篇〉），相當於今日所說的「論證」，論證亦即推理。〔註185〕在辯說時，荀子提出「以人度人，以情度情，以類度類。」（〈非相篇〉）「度」即推論、測度之意，這是由特殊推知特殊，即由此一類推知彼一類的「類比推理」方式。〔註186〕其中「以類度類」更詳細地分析，前一個「類」字指某類事物的一般性質，後一個「類」字指這一類的個別事物，故「以類度類」即用同類的「同理」，去推論該類中某一事物的性質，〔註187〕這是由普遍到特殊的「演繹推理」。

荀子也以類的連繫方式，即事物之間的條件連繫來推理，如「物類之起，必有所始，榮辱之來，必象其德。肉腐出蟲，魚枯生蠹。怠慢忘身，禍災乃作。強自取柱，柔自取束。邪穢在身，怨之所構。施薪若一，火就燥也；平地若一，水就濕也。草木疇生，禽獸群焉，物各從其類也。是故質的張而弓矢至焉，林木茂而斧斤至焉，樹成蔭而眾鳥息焉，醯酸而蜹聚焉。」（〈勸學篇〉）文由中「肉腐出蟲」直至「草木疇生，禽獸群焉」，以單句或組句出現的各個命題，皆指明事物的出現是有條件的，即由一定的原因所引起。荀子將事物間的連繫概括為「物各從其類」的命題，從而導出人們既可由一定的因去推論果，也可由一定的果去推知因，「質的張而弓矢至焉」是由果推因，「林木茂而斧斤至焉，樹成蔭而眾鳥息焉，醯酸而蜹聚焉」皆由因推果。〔註188〕此種推理方式，同樣彰顯荀子在知性上的邏輯智慧。

荀子亦有歸納推理的表現，如「觀國之治亂臧否，至於疆易而端已見矣。其候徼支繚，其竟關之政盡察，是亂國已。……凡主相臣下百吏之屬，其於貨財取與計數也，順孰盡察；其禮義節奏也，芒軔僈楛，是辱國已。其耕者樂田，其戰士安難，其百吏好法，其朝廷隆禮，其卿相調議，是治國已。……凡主相臣下百吏之屬，其於貨財取與計數也，寬饒簡易；其於禮義節奏也，陵謹盡察，是榮國已。」（〈富國篇〉）此處所論，採用集同類眾事之理而推求

〔註183〕同註70，頁569。
〔註184〕一般進行推理時，運用的方法包括：歸納、演繹、綜合與分析法。參同註181，頁42。
〔註185〕同註145，頁111。
〔註186〕同註145，頁113。
〔註187〕同註92，頁249。
〔註188〕同註92，頁249～250。

出「亂國」、「辱國」、「治國」、「榮國」等結論，其中「治國」與「亂國」，或「榮國」與「辱國」，彼此的性質則是矛盾對立的。另外，荀子巧妙運用思想律來推理的例子，如「檃栝之生，為枸木也；繩墨之起，為不直也；立君上、明禮義，為性惡也。用此觀之，然則人之性惡明矣，其善者偽也。」（〈性惡篇〉）或如「直木不待檃栝而直者，其性直也。枸木必將待檃栝烝矯然後直者，以其性不直也。今人之性惡，必將待聖王之治、禮義之化，然後始出於治、合於善也。用此觀之，人之性惡明矣，其善者偽也。」（〈性惡篇〉）在命題上，荀子充分運用矛盾律的精神，〔註 189〕兼以類比方式，藉此論證「性惡說」的成立，其欲與「性善說」對壘的意味相當明顯，「性惡」與「性善」二分，孰是孰非姑且不論，但荀子在形式邏輯思考上的表現，終有足以稱道處。

　　總觀荀子運用演繹推理和歸納推理的方式，堪稱周延；而類比推理或因果互相推理，由於前提與結論間猶存有不必然的連繫，〔註 190〕故或未盡周延。荀子的邏輯推理思想，有夾雜言之，亦有層遞以言者，即令其論述的核心，在於貫徹「禮義之統」，達成「禮義之教，師法之化」的實用目的，而非以純粹的邏輯為目標，故而在推理判斷的具體形式、規律方面，未能有所創獲，但在推理方法上的運用，已足賚稱許矣。

二、常識經驗與抽象思辨難以兩全的批判

　　人類經由認知活動，可以獲得常識、知識，並編織陳構成理論，理論的編織陳構可說是人類文明史上最偉大的文化事業。〔註 191〕就經驗層面而言，認知必經的過程是，將認識具體事物的經驗予以抽象化，即經過思維的力量，再形成抽象的概念，抽象概念依單一具體事物抽離出的特殊形象，是特殊的概念，若依據諸多具體事物歸納出共同形象，則是普遍的概念。〔註 192〕常識與知識皆為普遍的概念，但兩者主要的差別在於，知識較常識的普遍性與精密性皆較高

〔註 189〕牟宗三先生指出，所謂矛盾律是針對思想而言，是兩個命題的矛盾之禁止，亦即「X 不能同時是 A 又不是 A」。參同註 179，頁 104。

〔註 190〕廖名春先生指出：「事物的性質是複雜的，演繹性的類比推理中，兩種個別儘管同類，但性質不一定都相同。事物又常有一因多果、一果多因的情況，因此，即使是『類不悖』，前提都真，結論也不一定就真。」參同註 92，頁 250。

〔註 191〕何秀煌，《邏輯─邏輯的性質與邏輯的方法導論》（台北：東華書局，1992），頁 76。

〔註 192〕同註 171，頁 13～14。

較強，故愈高級的知識，其普遍性愈高且愈精密。〔註193〕人類文化中有許多關於知識的理論，理論的產生，本來就不是自動出現自然的產物，理論必經過構思、分析和組織推理的過程，更要經過檢照和查驗的程序。〔註194〕因而，無論常識、知識或理論，都與人類的思維有密切的關聯。

在知識理論中，對事物進行探究，包括由客觀經驗層面切入的認知，然除了以經驗為基礎，探討的如涉及具體事物本身的性質、規律，或事物之間存在的關係等，由於是無形無狀的存在，更須要藉助抽象思維的思考過程，方能證成其存在的真實性，這種抽象思維能力是人類智心的展現，先驗性的論點即屬之。知識的形成與理論的建構，既不可避免涵蓋來自先驗的層面，此種訴諸主觀的信念、直覺或感受所提出的觀點，雖然創新而獨特，且信或不信者兼而有之，其觀點亦屬抽象思維的表現，是人類智心的另一層的存在，〔註195〕此一層智心依先驗所構設的知識理論，相對於依據經驗進行抽象思維構建的知識理論，有著明顯的差異。

回溯荀子以博通匯合各家學派的立場，對諸子學術作出綜合分析的評論，在總結「名實之辯」的議題時，荀子對名家、別墨的名學思想給予不少的批評。在學術上，荀子固然堅持儒家的基本信條，而又作了變通修正，因此批判「百家異說」時，也包括了自家營壘的思孟學派，其批判與否定的論點，則帶有理知、邏輯的特徵，頗具全面分析的客觀態度。在名實論題上，荀子對名家流於詭辯，別墨導入繁瑣的說辭，雖擎著「正名」之旗幟嚴屬地批判，而又融入邏輯的思維，乃不可否認。荀子因個人理性與批判意識，因緣際會而激發出的邏輯思維，在概念與推理判斷上誠有值得稱許者；但細察對諸子的批判，雖然展現其智性，吸納眾家優秀的思辨法則，〔註196〕卻不免將各家論點置放於「以禮為中心」的思想體系中來權衡，兼以「參驗實證」精神的要求，亦即謹守主體感官對外物接觸的經驗，作為「名實相符」的判準，遂致無法兼顧到將認知推進到認識事物的本質規律，〔註197〕或事物彼此關係的抽象思辨層次。

在荀子批判的言論中，出現感官經驗和抽象思辨難以兩全的情形，如對名家、墨家的論斷可為代表。荀子由「不法先王，不是禮義，而好治怪說，

〔註193〕同註171，頁17。

〔註194〕同註191，頁76。

〔註195〕牟宗三，《名家與荀子》（台北：臺灣學生書局，1994），頁225。

〔註196〕同註156，頁206。

〔註197〕方爾加，《荀子新論》（北京：中國和平出版社，1993），頁92。

玩琦辭,甚察而不急,辯而無用,多事而寡功,不可以爲治綱紀;然而其持
之有故,其言之成理,足以欺惑愚眾。是惠施、鄧析也。」(〈非十二子篇〉)
對名家作出極度貶抑的總體性評論,雖然名家言論也「有條理」,卻認爲只會
造成欺愚人民的反效果,這是由禮義的中心思想來抨擊。荀子批駁名家之論
爲「怪說」、「琦辭」,是又抨擊「山淵平,天地比,齊、秦襲,入乎耳,出乎
口,鉤有須,卵有毛,是說之難持者也,而惠施、鄧析能之,然而君子不貴
者,非禮義之中也。」(〈不苟篇〉) 其中,荀子反駁「山淵平,天地比」,即
是主張由感官經驗可得知「山高」、「淵深」、「天高」、「地遠」的概念,乃是
一般的常識,故由常識經驗角度言,荀子的批評是合理的。然名家卻意識到
事物的道理有時是相對的,而非絕對的,蓋「山淵平」有可能是特殊例子的
存在,此外,如果跳過人類的感官經驗,運用抽象思維,設想在超然的外太
空,俯視地球,「山淵平,天地比」允爲窮極事理、探求規律之見解,當可以
成立。荀子且批評「山淵平」爲「用實以亂名」(〈正名篇〉),蓋荀子固守著
「名以指實」的「約定俗成」法則,認爲經驗常識不容打破。荀子反對「齊、
秦襲」,同樣著眼於「齊在東,秦在西,相去甚遠」的常識經驗之事實;名家
則由廣袤的天地來觀看,由相對論的觀點,翻轉一般常識經驗,藉由抽象思
辨泯除東西之分,視齊、秦如在同一地球之上, [註198] 則有可通之理,不能
直斥其爲怪說;對齊、秦兩地之關係,名家以抽象思辨來判斷,正是荀子所
不及之處。至於荀子批評「卵有毛」,緣於僅由人的感官經驗,自然不能直接
見證「毛」的存在;但辯者之徒卻能發揮抽象的思維,大膽以言「卵有毛」,
猶如《華嚴經・金師子章》所云:「一一毛處各有金師子」、「一一毛處……皆
有無邊師子」,頗有異曲同工之妙,此種命題,以現代科學觀點言,即可由現
代分子生物學、細胞學得到論證。除上述的例子,荀子又批評:「惠子蔽於辭
而不知實」(〈解蔽篇〉),是指惠施在語言學或邏輯學上玩弄怪說,且提出:「不
恤是非、然不然之情,以相薦撙,以相恥作,君子不若惠施、鄧析。若夫譎
德而定次,量能而授官,使賢不肖皆得其位,能不能皆得其官,萬物得其宜,
事變得其應,慎、墨不得進其談,惠施、鄧析不敢竄其察。言必當理,事必
當務,是然後君子之所長也。」(〈儒效篇〉) 的評論,荀子認爲「言必當理,

[註198] 關於「齊、秦襲」,王先謙註曰:「襲,合也。齊在東,秦在西,相去甚遠。
　　　　若以天地之大,包之則曾無隔異,亦可合爲一同也。」參王先謙,《荀子集解》
　　　　(台北:華正書局,1993),頁 23。及參同註 156,頁 184。

事必當務」始為君子之所長，諸多言論皆足以說明，荀子在常識經驗與抽象思辨難以兩全的思維向度下，批評名家學說為詭辯，實是為了貫徹禮論之思想，基於實用政治的考量。名家所論雖非常態，所辯亦難令人即時理解了悟，但怪異的構思、假說，往往潛藏著科學的因子，在科學知識較為發達的今日，已逐漸得到了證明，是吾人不能不深思者。

　　就荀子對思孟學派的批評來觀察，同樣存在感官經驗和抽象思辨難以兩全的情形。荀子以「略法先王而不知其統，然而猶材劇志大，聞見雜博。案往舊造說，謂之五行，其僻違而無類，幽隱而無說，閉約而無解。案飾其辭，而祇敬之曰：此真先君子之言也。子思唱之，孟軻和之，世俗之溝瞀儒嚾嚾然不知其所非也，遂受而傳之，以為仲尼子弓為茲厚於後世。是則子思、孟軻之罪也。」（〈非十二子篇〉）給予子思、孟子更甚於其他諸子的嚴厲批判，其中「五行」之義紛歧，「僻違而無類，幽隱而無說，閉約而無解」數語不甚可曉，故荀子主要是指摘其不知「禮義之統」。荀子與孟子的學術思想主要分殊處在於，荀子以貫徹「外王」之政治客觀事功為首，孟子則以高揚「內聖」之道德主體尊嚴為主，成就「外王」事功或完竟「內聖」成德之業，終須回歸到人的最根本處，即「性」的問題。針對人性的問題，荀子沸沸揚揚地評論到：

> 孟子曰：『人之學者，其性善。』曰：是不然！是不及知人之性，而不察乎人之性偽之分者也。凡性者，天之就也，不可學，不可事。禮義者，聖人之所生也，人之所學而能，所事而成者也。不可學、不可事而在人者，謂之性；可學而能、可事而成之在人者，謂之偽；是性、偽之分也。（〈性惡篇〉）

> 孟子曰：『人之性善。』曰：是不然！凡古今天下之所謂善者，正理平治也；所謂惡者，偏險悖亂也。是善惡之分也已。今誠以人之性固正理平治邪？則有惡用聖王，惡用禮義矣哉！雖有聖王禮義，將曷加於正理平治也哉！今不然，人之性惡。故古者聖人以人之性惡，以為偏險而不正，悖亂而不治，故為之立君上之勢以臨之，明禮義以化之，起法正以治之，重刑罰以禁之，使天下皆出於治，合於善也。（〈性惡篇〉）

> 故善言古者必有節於今；善言天者必有徵於人。凡論者，貴其有辨合、有符驗。故坐而言之，起而可設，張而可施行。今孟子曰：「人之性善。」無辨合符驗，坐而言之，起而不可設，張而不可施行，

　　豈不過甚矣哉！（〈性惡篇〉）

上述第一、二則引文，荀子從人性來源於天生與性僞之分，又由「善」爲「正理平治」，「惡」爲「偏險悖亂」的不同定義，揭示「善」、「惡」是對行爲結果所作的價值判斷等，強調「性惡」論的成立，立意否決孟子的「性善」說；上述說辭再結合荀子「今人之性，目可以見，耳可以聽」、「今人之性，生而有好利焉……生而有耳目之欲，有好聲色焉」等說法，指出「性」乃人的感官本能之需求欲望，是知荀子的「性惡」主張，是道地的經驗論，具有相當程度的實證精神。孟子循「不忍人之心」提出的「性善」觀念則是先驗的，此一先驗的觀點是智性的抽象思維，是對人性本質另一層抽象思辨的展露；因而在引文第三則中，荀子痛斥孟子「性善」論是「無辨合符驗」，即是擺明孟子的說法，難以透過耳目感官來證明，「性善」的概念若不能成立，連鎖的效應是，道德修爲乃至政治事功都將流於虛無。

　　荀子企圖由常識經驗來對抗孟子抽象思辨層次的發現，或因在紹承孔子思想學脈之際，察覺孟子有內轉之偏，而要向外開，朝外王方向轉，〔註199〕遂致先秦儒學產生「內聖」與「外王」分流的情況。然而，哲人由抽象思辨提出的先驗觀點，雖不若實證經驗論得以發揮立竿見影的效果，其凌虛神馳的識見，又焉不能爲複雜多變的人生，注入源頭活水，開示柳暗花明的徑路？畢竟，經驗與先驗的思維，皆爲人類相互輝映的智慧之光。

〔註199〕同註72，頁280。

第九章 結 論

　　一樣的靜夜星空，不一樣的人來人往，形似的紅男綠女，異樣的心神智
慧，在蒼茫世代匯聚而成的歷史洪流中，淘盡了芸芸眾生；唯獨那卓犖不群
的身影，依然鮮明地挺立，或仰觀蒼穹，或俯察人事，試圖為天上人間的交
光互影，捕捉任何刹那，留下永恆的註解。那時而昂揚奮勵，時而踽踽獨行
的身姿，通過遙遠的年代，依然如此令人動容。

　　在歷史的長河裡，哲人的慧智對人類心靈的啓迪，實可謂既綿長又深遠，
先秦儒家恢弘博大的思想，曾如熠熠白日般光照人間，然亦曾在不同世代遭
受到批評。孔、孟、荀由「正名」精神出發的「名實思想」，即蘊涵於哲人宏
大的思想體系中，其所散發的耀人光彩，與在政治、學術上激起的餘波，都
令人相當的矚目。名實思想的產生，與政治、經濟、社會播遷的現象無不息
息相關，但外在環境的變化，引發各方人才的關注，紛紛表述意見，並響齊
驅而蔚為學術思潮，更是關鍵所在。細察諸子對名實表述的論點，則出現了
辯證的現象，探討名實的辯證問題，宜先釐清名實的底蘊，蓋名與實之起源、
意義、作用雖殊別，兩者又互有交涉處，名與實在發展上，則因自然與人文
因素的變遷，必然產生調整、更迭與消長的現象。在名實順隨時代發展過程
中，出現了「有名無實」、「有實無名」、「名不符實」等辯證的關係，由文字
學、語言學、邏輯學及文化符號學諸面向，都可一一地加以耙梳。

　　若追溯其源，「正名」一詞雖由孔子率先揭示，其思想卻出現在比孔子更
早的史官手中，如「趙盾弑其君」與「崔杼弑其君」之筆法，即表現出史官
對君王政治上名位盲目的崇敬心態，與對臣屬政治上名位片面的責任要求，
孔子將正名思想轉引至相對立場，責求君臣、父子雙方都應盡到名實相符的

責任，又兼論一般用名，宜求精確的態度，顯示其思想已殊勝於古代之史官。孔子期盼藉「循禮正名」的方式，以維護社會的和諧與秩序，指出「仁」才是禮的內在精神，其憂思動亂社會而擬重建社會秩序之苦心，及創發仁學的智慧，皆足以令後人三致其敬意；孔子提出正名議題，引發後世對名實問題的熱烈論辯，在學術思想史上則又別有一番深刻的意義。

孟子以私淑孔子故，又因特殊的歷史意識與強烈的衛道精神所致，承續傳揚了孔子的正名思想，從而對孔子思想多所闡發，孟子將孔子正名思想擴充為父子、君臣、夫婦、長幼、朋友等五倫觀念，即為具體的作法之一。五倫觀念所提揭的「親、義、別、序、信」原則，這一字訣不但畫定相關角色間的分際，也牽引出彼此相對付出的義務責任；由人性本善的立場，以「正名」為主調，提出「五倫」觀念作為人倫的規範，暨發揚孔子「名實相符」的精神，更為後世中國人倫觀念提供不可移易的路徑。孟子不但強調五倫之間，必須本著仁義之心來相待，對於君臣之間，又特別揭示君道臣道之重要，標舉士人「道統感」之可貴；而其本著倫理政治精神，將違逆正道之君王正名為「獨夫」，針對政權凌替一事，提出誅「一夫」的嚴厲譴責，進一步將放伐行動正名為「革命」，主張以「革命」的非常手段來罷黜「獨夫」，即賦予革命思想的政治正確性。觀其對人性本善的獨到主張，對五倫規範的詳細論述，及環繞政治主題所提出的石破天驚之說辭，其言論皆無不備受後人矚目與反覆探思，此又足以說明孟子思想之精深博大矣。此外，孟子又以豐贍的思辨手法，就概念之名實關係，或語詞之名實對應關係進行論辯，顯示在依循孔子基本理路之外，又有所擴展延伸，以建立內在獨立的哲學體系，在彰顯道德主體的創見與用心上，其功堪稱厥偉。

作為先秦時期名實之辯的總結者，荀子站在行將畫下終點的時代尾端，展現了相當程度的宏觀與微觀視野，提出總匯性的見解，由於帶著改革與強烈批判的意識，致其對「名實」議題的論述，與孔孟或諸子百家皆存在著辯證的情形。荀子對政經社會的時代脈動，不但深切的體察到變革的趨勢，面對蠭湧的學術，競相以邏輯之辯相互批判，則以廣納百川並矢志扮演儒學中流砥柱的雄姿，投入眾聲喧嘩的行列中。基於個人理性與務實的精神，與對政治社會內部矛盾衝突的敏銳觀察，荀子因應時變，在儒家既有的理論基礎上，就人性、義利、禮法、君位等進行調整性的思考；因此，荀子在總結「名實之辯」的議題上，一則紹承轉進孔子的正名思想，另則博採諸子百家精華，

對「名實相悖」的舊說，企圖芟蕪擷英，啓動調整修正儒家與兼融並攝百家的兩維思路，向世人宣揚其開放性的思想。其次深入地探究，荀子的名實思想呈雙幅地展開，包括倫理政治色彩濃厚的正名思想，及由知性取向鎔鑄的名實觀。在正名思想的部分，荀子主張基於進化與文化突破的需要，應由王者主掌制名與正名，以期達成「別同異，明貴賤」的制名目的，暨匡正政治社會秩序的正名目的。荀子針對政治階層，既由「聖君賢相」正君臣之名，以「善群」爲目標，全面規畫治國的具體措施；又在正名規範要求下，直言「尊君舉賢」，實則是著眼於才德並重的「聖王」，亦恪守臣屬「以道事君」的儒家正統精神，但在理想的基礎上，添入了考量現實效益的變通性主張，卻被後世偏差地理解與運用；荀子且依「性惡」之立論，建構一套「隆禮重法」的治國章法，則與道德倫理的正名目的相貫通。此外，荀子除固守儒家「尊王黜霸」的基本理念，又提出「上王次霸」的權變主張，顯示出其對統一的宏觀視野。荀子由倫理政治的立場，探討了諸多層面的「正名思想」，經緯萬端的論述，充分展現出精審細密的哲思。至於在知性的名實觀方面，荀子所探觸的，不論是辯說論所涉及的推理方法，或邏輯上的概念與類名，乃至知識論上，由「能知所知」的基型出發，對諸子加以正名辨惑的說法，雖難免有其蔽處，但都在一定程度上，展現出特有的理性思維與參驗的實證精神，此一部分雖是荀子在論述正名思想時，展衍派生出的主題，在價值上卻不遑相讓，亦值得深思。

孔孟荀依個人特質，因應特殊時代環境論述的名實思想，涵攝的範圍，不但可觀又別具相當程度的光輝特色，其立論有足以稱道的價值，但亦不免存在值得辨析的限囿處。歸其旨要，在倫理學層面上，孔孟以心性本源作爲良善動機的根據，由責任義務觀念，爲傳統社會建構五倫之規範，立意解決人間秩序的問題，容或有一定程度的影響，但其合理性與徹底性亦有待評估；然荀子則排除動機論，改以實證精神，主張依據現實行爲的觀察，採取禮義之教的實效制約方式，實與現代行爲科學的精神相近；在傳統五倫之外，擴大人倫關係的光譜，注入群道觀念，且以淬勵人格至於善境，揭示人格平等的觀念，堪稱是人類理性思維與文明視野的擴展，但其嚴明階級之分的等級思想，則爲美中不足之處。在政治論層面上，孔子由教化觀點，就德禮政刑衡重量輕，標舉仁體禮用的治國之道；至孟子更傾注於民本思想，由民貴君輕理念，揭示仁禮雙彰的仁政王道思想，已然將內心的願是善行的根，推到

理想的極至；荀子則直接切入人性的需求，由「足欲」出發，以富國利民為目標，提出法後王又不離棄法先王的主張，這是以經驗為師的進步觀念；其規畫治國的方略，構設詳實具體的制度，鉅細靡遺的主張，既展現出政治上的宏觀視野，也反映了大一統時代的需求。

在認識論方面，孔孟本著主體生命之自覺，與對天道的特殊覺知，肯認先驗心性之理性特質，心性之理性思維則使道德倫理勝出於一切價值；而荀子將人的心性加以區隔，指出「心」為獨立自主的精神主體，具有主導主宰的功能，「性」為天官、天情之本能欲求，而以「天人之分」的命題，說明自然義的天，只是循著天道規律盡其天職、天功，將人世的治亂興衰歸為人事的作為，視為是人職確當與否的表現，此種心性殊別與天人分職的觀念，是依據經驗實證與理性思維的判斷；荀子進一步強調，發揮心的思辨功能，將「心」列為第一優位，主張循「以心治性」的模式，對價值進行判斷取捨，又以人事為重的立場，依序提出知天、順天、參天、制天的人事作為，如此貼進人類生命本質的解讀與指引，又重新勾勒天人關係的新景觀，無疑是由實用理性來構設。至於在邏輯學方面，荀子以理知與論辯交迸出的智慧，除釐定一般事物之名的概念，且由形式邏輯界定「大共名」、「共名」、「大別名」、「別名」等概念之名，對諸多命題進行判斷，運用類比、演繹、歸納等推理方法，展現出相當的邏輯智慧；在進行推理判斷時，荀子或由於訴諸常識經驗，對諸子依抽象思辨提出的命題，作出對反的批評，當歸因於常識經驗探討具體事物可以感知的屬性，抽象思辨重在探求事物的本質、規律或關係，是兩者無法謀合的癥結，其癥結反映出荀子在抽象思辨上或有不足之處。

從學術觀點言，孔子首開風氣之先，揭櫫「正名」之說，蔚為先秦諸子立說分派之根據，殊具學術先河之意義；孟子繼之加以闡揚，但嚴守心性尤緊，非唯影響宋明儒者甚深，心性之學更躍上學術正統之地位。但學術之流變與分合現象，實亦值得矚目，荀子將儒家主流思想、個人卓絕識見與百家之學，兼容並蓄鎔冶於一爐的名實思想，在其整個思想體系中，顯得渾厚而廣博，荀子並以開放的胸襟，多方位地思索問題，將觀察的視角擴大，即令未達全幅之地，此種開放性的心靈方向，則足以取法，它將使人的智慧得以更上層樓。此外，荀子本著參驗實證的一貫態度闡述其學說，立論之中不乏符合科學的基本觀點，其立論雖未高深，但在物質科技皆屬貧弱的年代，能有如此的理性覺知，已屬難能可貴；荀子要求辨合符驗的徵驗態度，亦值得

借鏡，蓋這是建構科學理論的起點，亦是推動科學普及化的先聲。至於在與諸子論辯或進行批判時，撇開荀子所固守的儒學立場，荀子因採取經驗的觀點，凸顯對手抽象思辨層面的見解，雖然彼此對立，然與荀子對立一方的對反意見，則又別具啓示之意義，因為那是由已知伸展至未知的契機，批評將使認知的盲點乍現曙光，也教人學會更謙沖地面對浩瀚無邊的知識。

荀子之後，曾掀起諸多的評論，如韓愈稱其「大醇而小疵」，楊倞稱其為「羽翼六經，增光孔氏」，朱熹則評其「大本已失」，郝懿行稱「其學醇乎醇」，後之學者既以孔孟之主張為權衡之鵠的，故而褒貶互見。但就現代人而言，開放的心靈、實證的精神、抽象的思辨與來自批評的反思，都曾在推動人類進化及現代化的進程中，扮演著觸媒的重要角色。陳大齊先生曾說：「實則荀子學說的價值，不僅於崇尚禮義，他如關於自然，關於心理，關於論辯思維，均有其精闢獨到的見解，雖以現代人眼光來衡量，亦是值得珍視的。」既聞斯言，油然而生撫今追昔之感，在重新躍入先哲浩蕩的學思時，吾人或當深思的是，今人行向現代途徑的步履，究竟伊始於何？又將伊於胡底？謹就教於各界賢達方止。

參考書目

一、古　籍

1. 盧宜旬校，阮元審定，重栞宋本《十三經注疏（1）周易尚書》，藝文印書館，民國 86 年 8 月初版十三刷。

2. 盧宜旬校，阮元審定，重栞宋本《十三經注疏（2）詩經》，藝文印書館，民國 86 年 8 月初版十三刷。

3. 盧宜旬校，阮元審定，重栞宋本《十三經注疏（3）周禮》，藝文印書館，民國 86 年 8 月初版十三刷。

4. 盧宜旬校，阮元審定，重栞宋本《十三經注疏（5）禮記》，藝文印書館，民國 86 年 8 月初版十三刷。

5. 盧宜旬校，阮元審定，重栞宋本《十三經注疏（6）左傳》，藝文印書館，民國 86 年 8 月初版十三刷。

6. 盧宜旬校，阮元審定，重栞宋本《十三經注疏（7）公羊傳穀梁傳》，藝文印書館，民國 86 年 8 月初版十三刷。

7. 盧宜旬校，阮元審定，重栞宋本《十三經注疏（8）論語孝經爾雅孟子》，藝文印書館，民國 86 年 8 月初版十三刷。

8. 漢·司馬遷撰，會合裴駰、司馬貞、張守節三家注，《新校史記三家注》，世界書局，民國 61 年 12 月再版。

9. 漢·班固，《漢書（上、下）》，臺灣商務印書館，民國 77 年 1 月台六版。

10. 漢·賈逵撰，《春秋左氏傳解詁》，藝文印書館，1965 年。

11. 漢·王充撰，《論衡》，上海，上海古籍出版社，1990 年 11 月第一版。

12. 漢·鄭玄撰，《六藝論》，問經堂叢書，百部叢書集成之三八，藝文印書館，1965。

13. 漢·鄭樵，《通志第一冊》臺灣商務印書館，民國 24 年。

14. 晉·杜預，《春秋左氏傳杜氏集解》，中華書局，民國 54 年第一版。

15. 晉・杜預，《春秋釋例》，中華書局，民國 69 年 11 月臺二版。

16. 晉・杜預注，唐・孔穎達等正義，《春秋左傳正義（上、下）》，上海古籍出版社，1990 年 12 月第一次印刷。

17. 宋・王安石撰，陸費逵總勘，《臨川集第三冊》，中華書局，民國 54 年初版。

18. 宋・呂祖謙撰，《足本東萊左氏博議（上、下）》，台北，廣文書局，民國 70 年 2 月再版。

19. 宋・朱熹，《四書集註》，學海出版社，民國 78 年 8 月初版。

20. 宋・黎靖德編輯，《朱子語類（上、下）》，日本京都市，中文出版社，1984 年 3 月三版。

21. 明・王陽明，《王陽明全集》，文友書店，民國 69 年 8 月出版。

22. 明・徐愛等錄，《王陽明傳習錄及大學問》，黎明文化事業股份有限公司，民國 81 年 4 月再版。

23. 明・顧炎武，《日知錄（一）》，臺灣商務印書館，民國 67 年 6 月臺一版。

24. 清・王先謙，《荀子集解》，華正書局，民國 82 年 9 月初版。

25. 清・郭慶藩輯，《莊子集釋》，河洛圖書出版社，民國 63 年 3 月臺景印一版。

26. 清・王先慎撰，《韓非子集解》，台北，藝文印書館，民國 72 年 6 月三版。

27. 清・段玉裁，《段注說文解字》，廣文書局，民國 58 年 9 月初版。

二、先秦諸子與經籍研究

1. 梁啓超，《孔子》，臺灣中華書局，民國 51 年 1 月臺二版。

2. 陳大齊等著，《孔子思想研究論集（二）》，黎明文化事業股份有限公司，民國 72 年元月初版。

3. 陳大齊，《論語臆解》，臺灣商務印書館，民國 58 年 1 月二版。

4. 高明，《高明孔學論叢》，黎明文化事業股份有限公司，民國 67 年 7 月一日初版。

5. 蔡尚思，《孔子思想體系》，上海人民出版社，1982 年 6 月第一次印刷。

6. 王甦，《孔學抉微》，黎明文化事業股份有限公司，民國 67 年 5 月一日初版。

7. 王晉光《論語孟子縱言》，臺灣書店，民國 88 年 2 月初版。

8. 唐林泉《孟子政治思想新論》，臺灣商務印書館，民國 67 年 1 月，初版。

9. 王邦雄、曾昭旭、楊祖漢編著，《孟子義理疏解》，中華文化復興運動推行委員會，民國 71 年 8 月。

10. 陳大齊,《孟子的名理思想及其辯說實況》,臺灣商務印書館,民國 72 年 11 月六版。

11. 王支洪,《孟學的現代意義》,台北,東大圖書公司,民國 73 年 12 月初版。

12. 許宗興,《孟子的哲學》,臺灣商務印書館,民國 78 年 4 月初版。

13. 陳大齊,《孟子待解錄》,臺灣商務印書館,民國 80 年 9 月初版第三次印刷。

14. 黃俊傑,《孟子》,東大圖書公司,民國 82 年 2 月初版。

15. 黃俊傑,《孟學思想史論﹝卷一﹞》,東大圖書公司,民國 80 年 10 月初版。

16. 袁保新,《孟子三辨之學的歷史省察與現代詮釋》,文津出版社,民國 81 年 2 月初版。

17. 翟廷晉,《孟子思想評析與探源》,上海社會科學院出版社,1992 年 5 月第一次印刷。

18. 駱建人,《孟子學說體系探賾》,文津出版社,民國 84 年 2 月二版二刷。

19. 譚宇權,《評論孟子的思辨方法》,文津出版社,民國 84 年 2 月初版。

20. 梁啟雄,《荀子柬釋》,臺灣商務印書館,1993 年 10 月臺一版第六次印刷。

21. 梁叔任撰,《荀子約注》,世界書局,民國 11 年 12 月五版。

22. 徐平章,《荀子與兩漢儒學》,文津出版社,民國 77 年 2 月出版。

23. 周紹賢,《荀子要義》,台灣中華書局,民國 66 年 3 月初版。

24. 周群振,《荀子思想研究》,文津出版社,民國 76 年 4 月。

25. 鮑國順,《荀子學說析論》,華正書局,民國 76 年 8 月修訂二版。

26. 魏元珪,《荀子哲學思想》,谷風出版社,民國 76 年 12 月。

27. 陳大齊,《荀子學說》,中國文化大學出版部,民國 78 年 6 月新一版。

28. 姜尚賢,《荀子思想體系》,復文圖書出版社,民國 79 年 10 月增訂版。

29. 郭志坤,《荀學論稿》,三聯書店上海分店出版,1991 年 1 月第一版。

30. 韋政通,《荀子與古代哲學》,臺灣商務印書館,民國 81 年 9 月二版第一次印刷。

31. 方爾加,《荀子新論》,中國和平出版社,1993 年 10 月,第一版第一次印刷。

32. 譚宇權,《荀子學說評論》,文津出版社,民國 83 年 1 月初版。

33. 李滌生,《荀子集釋》,臺灣學生書局,民國 77 年 10 月第五次印刷。

34. 廖名春,《荀子新探》,文津出版社,民國 83 年 2 月初版。

35. 牟宗三,《名家與荀子》,台灣學生書局,民國 83 年 8 月初版五刷。

36. 孔繁，《荀子評傳》，南京大學出版社，1997 年 11 月一版。

37. 陳修武，《人性的批判——荀子》，時報文化出版社，1998 年 6 月二十日四版一刷。

38. 吳復生，《荀子思想新探》，文史哲出版社，民國 87 年 9 月初版。

39. 趙士林，《荀子》，東大圖書股份有限公司，民國 88 年 6 月初版。

40. 北京大學哲學系注，《荀子新注》，里仁書局，民國 72 年 11 月 15 日。

41. 蔡仁厚，《孔孟荀哲學》，台北，學生書局，民國 73 年 12 月初版。

42. 中國孔子基金會編，《孔孟荀之比較》，北京社會科學文獻出版社，1994 年 9 月第一版。

43. 楊秀官，《孔孟荀禮法思想的演變與發展》，文史哲出版社，民國 89 年 8 月初版。

44. 蔡仁厚，《墨家哲學》，東大圖書公司，民國 72 年 9 月再版。

45. 鐘友聯，《墨家的哲學方法》，東大圖書公司，民國 75 年 8 月三版。

46. 葉玉麟註解，《墨子新釋》，大夏出版社，民國 77 年 6 月初版。

47. 王讚源，《中國法家哲學》，東大圖書公司印行，民國 78 年 2 月初版。

48. 謝雲飛，《韓非子析論》，東大圖書公司，民國 78 年 9 月再版。

49. 王邦雄，《韓非子的哲學》，東大圖書公司，民國 80 年 2 月五版。

50. 李賢中，《先秦名家名實思想探析》，文史哲出版社印行，民國 81 年 8 月初版。

51. 陳孟麟，《先秦名家與先秦名學》，水牛圖書出版事業有限公司，民國 87 年 10 月二十日初版。

52. 劉福增，《公孫龍子新論》，台北，文津出版社，2002 年 6 月一刷。

53. 韋政通，《先秦七大哲學家》，水牛圖書出版事業有限公司，民國 76 年 10 月五日。

54. 皮錫瑞，《經學歷史》，藝文印書館，民國 76 年 10 月二版。

55. 錢基博，《經學通志》，台北，臺灣中華書局，民國 67 年 9 月臺三版。

56. 錢穆，《兩漢經學今古文平議》，東大圖書有限公司，民國 72 年 9 月臺三版。

57. 徐復觀，《中國經學史的基礎》，學生書局，民國 71 年初版。

58. 李威熊，《中國經學發展史論（上）》，文史哲出版社，民國 77 年 12 月初版。

59. 戴君仁，《春秋辨例》，國立編譯館，民國 67 年 12 月再版。

60. 程發軔，《春秋要領》（台北：東大圖書公司，1989），頁 2～3。

61. 張以仁，《春秋史論集》，聯經出版事業公司，民國 82 年 3 月初板第二刷。

三、現代專書

（一）學術思想類

1. 唐君毅，《中國哲學原論》，香港九龍，人生出版社，民國 55 年 3 月出版。

2. 馮友蘭，《中國哲學史》，香港，文蘭圖書公司，1967 年 4 月。

3. 林尹，《中國學術思想大綱》，臺灣商務印書館，民國 70 年 10 月修訂二版。

4. 吳怡，《中國哲學的生命和方法》，東大圖書公司，民國 73 年 9 月再版。

5. 韋政通，《中國的智慧》，水牛圖書出版事業有限公司，民國 74 年 11 月三十日。

6. 方克立，《中國哲學小史》，木鐸出版社，民國 75 年元月初版。

7. 勞思光，《新編中國哲學史（一）》，三民書局，民國 75 年 12 月增訂再版。

8. 牟宗三，《中國哲學的特質》，台灣學生書局，民國 76 年 10 月六版。

9. 謝幼偉，《哲學講話》，中國文化大學出版部，民國 77 年 5 月再版。

10. 項退結《中國哲學之路》，東大圖書公司，民國 80 年 4 月初版。

11. 葛榮晉，《中國哲學範疇導論》，萬卷樓圖書有限公司，民國 82 年 4 月初版。

12. 胡適，《中國上古哲學史》，商務印書館，1966 年。

13. 胡適，《中國古代哲學史》，遠流出版社，1986 年。

14. 胡適，《中國哲學史大綱》，北京東方出版社，1996 年 3 月第一版。

15. 牟宗三，《中國哲學十九講》，台灣學生書局，民國 88 年 9 月八刷。

16. 余英時，《中國知識階層史論（古代篇）》，聯經出版事業公司，民國 69 年 8 月初版。

17. 侯外盧主編，《中國思想通史・第一卷古代思想》，北京，人民出版社，1957 年 3 月第一版。

18. 段國昌、劉紉尼、張永堂譯，《中國思想與制度論集》，聯經出版事業公司，民國 70 年 11 月五版。

19. 徐復觀，《中國思想論集（續篇）》，時報文化出版事業有限公司，民國 74 年 11 月 16 日。

20. 李澤厚，《中國古代思想史論》，漢京文化事業有限公司，民國 76 年 2 月 25 日一刷。

21. 余英時《中國思想傳統的現代詮釋》，聯經出版事業公司，民國 79 年 4 月四版。

22. 林毓生，《思想與人物》，聯經出版事業公司，民國 79 年 7 月第六次印行。

23. 侯外盧主編，《中國思想史綱》，五南圖書出版有限公司，民國 82 年 9 月初版一刷。

24. 李澤厚，《中國古代思想史論》，三民書局，民國 89 年 8 月二刷。

25. 韋政通，《儒家與現代中國》，東大圖書公司，民國 73 年 7 月，初版。

26. 侯家駒，《先秦儒家自由經濟思想》，聯經出版事業公司，民國 74 年 12 月增訂二版。

27. 黃俊傑，《儒學傳統與文化創新》，東大圖書公司，民國 75 年 8 月再版。

28. 蔡仁厚，《儒家思想的現代意義》，文津出版社，民國 76 年 5 月出版。

29. 徐復觀，蕭欣義編《儒家政治思想與民主自由人權》，學生書局，民國 77 年 9 月，增訂再版。

30. 杜維明，《儒學第三期發展的前景問題》，聯經出版事業公司，民國 78 年 5 月初板。

31. 牟宗三等著，《當代新儒家論文集（總論篇）》，文津出版社，民國 80 年 5 月初版。

32. 周群振等著，《當代新儒家論文集（內聖篇）》，文津出版社，民國 80 年 5 月初版。

33. 劉述先等著，《當代新儒家論文集（外王篇）》，文津出版社，民國 80 年 5 月初版。

34. 鄭力爲，《儒學方向與人的尊嚴》，文津出版社，民國 76 年 8 月出版。

35. 張豈之，《中國儒學思想史》，水牛圖書出版事業有限公司，民國 85 年 3 月 20 日初版二刷。

36. 杜維明主編，《儒學發展的宏觀透視》，正中書局，民國 86 年 7 月臺初版。

37. 譚嗣同著，湯志鈞、湯仁澤校注，《仁學》（台北：臺灣學生書局，民國 87 年。

38. 龔鵬程，《儒學反思錄》，臺灣學生書局，民國 90 年 9 月初版。

39. 嚴壽澂，《近世中國學術通變論叢》，國立編繹館，2003 年 3 月初版。

40. 徐復觀，《中國人性論史》，臺灣商務印書館，民國 64 年 1 月，二版。

41. 徐復觀《學術與政治之間》，學生書局，民國 77 年 4 月再版。

42. 牟宗三，《道德的理想主義》，台灣學生書局，民國 67 年。

43. 張德勝，《儒家倫理與秩序情結——中國思想的社會學詮釋》，巨流圖書公司，民國 79 年 4 月一版二刷。

44. 韋政通，《倫理思想的突破》，水牛圖書出版事業有限公司，民國 79 年 8 月再版。

45. 鄔昆如，《倫理學》，五南圖書出版公司，民國 83 年 12 月初版二刷。

46. 牟宗三，《政道與治道》，台灣學生書局，民國 76 年 7 月第三次印刷。

47. 牟宗三，《歷史哲學》，臺灣學生書局，民國 77 年 8 月九版。

48. 杜維運，《憂患與史學》，東大圖書公司，民國 82 年 1 月初版。

49. 蕭公權著，《中國政治思想史（上）》，聯經出版事業公司，民國 79 年六版。

50. 錢穆，《中國歷代政治得失》，東大圖書有限公司，民國 79 年。

51. 顧頡剛，《古史辨（一）》（台北：藍燈文化事業股份有限公司，民國 76 年 11 月初版。

52. 包遵信，《批判與啟蒙》，聯經出版事業公司，民國 78 年 8 月。

53. 金耀基《從傳統到現代》，時報文化出版公司，民國 79 年 10 月再版十刷。

54. 陳榮灼，《現代與後現代之間》，台北，時報出版公司，民國 81 年 4 月 10 日初版。

55. 曾仰如，《亞里斯多德》，東大圖書公司，民國 78 年 3 月初版。

56. 尚杰，《德里達》，湖南教育出版社，1999 年 9 月一版一刷。

57. 楊大春，《德希達（Jacques Derrida）》，台北，生智出版社，1995 年 3 月初版一刷。

58. 陸揚，《後現代性的文本闡釋：福柯與德里達》，上海，上海三聯書店，2000 年 12 月第一次印刷。

（二）文化、社會與語言學類

1. 李亦園，《文化與行為》，臺灣商務印書館，民國 55 年。

2. 錢穆，《從中國歷史來看中國民族性及中國文化》，聯經出版事業公司，民國 76 年 7 月九版。

3. 傅偉勳，《從西方哲學到禪佛教》，東大圖書公司，民國 75 年 6 月初版。

4. 傅偉勳，《文化中國與中國文化》，東大圖書公司，民國 77 年 4 月初版。

5. 傅偉勳，《從創造的詮釋到大乘佛學》，東大圖書公司，民國 79 年 7 月初版。

6. 梁漱溟，《中國文化要義》，香港，三聯書店，1994 年 9 月第一版第五次印刷。

7. 林慶彰主編，《浩瀚的學海——中國文化新論（學術篇）》，聯經出版事業公司，民國 76 年第五次印行。

8. 黃俊傑主編，《理想與現實——中國文化新論（思想篇一）》，聯經出版事業公司，民國 78 年第六次印行。

9. 杜正勝主編，《吾土與吾民——中國文化新論（社會篇）》，聯經出版事業公司，民國 78 年第六次印行。

10. 劉石吉主編，《民生的開拓——中國文化新論（經濟篇）》，聯經出版事業公司，民國 78 年第六次印行。

11. 劉岱，《不廢江河萬古流——中國文化新論（序論篇）》，聯經出版事業公司，民國 79 年 2 月第六次印行。

12. 邢義田主編，《永恆的巨流——中國文化新論（根源篇）》，聯經出版事業公司，民國 79 年 2 月第六次印行。

13. 藍吉富、劉增貴主編，《敬天與親人——中國文化新論（宗教禮俗篇）》，聯經出版社，民國 80 年元月第六次印行。

14. 洪萬生主編，《格物與成器——中國文化新論（科技篇）》，聯經出版事業公司，民國 80 年第六次印行。

15. 鄭欽仁主編，《立國的宏規——中國文化新論（制度篇）》，聯經出版事業公司，民國 80 年 5 月第七次印行。

16. 姚大中，《黃河文明之光》，三民書局，民國 70 年 4 月初版。

17. 張順徽，《中國文明創造史》，木鐸出版社，民國 76 年 5 月初版。

18. 湯湘華、龔維義合著，《華佗、扁鵲名醫軼事》，林鬱文化事業有限公司，1999 年 10 月初版。

19. 李又寧、張玉法編，《中國婦女史論文集》（台北：商務印書館，1981），頁 281。

20. 陳東原，《中國婦女生活史》（台北：商務印書館，1986），頁 38。

21. 朱岑樓主編，《我國社會的變遷與發展》，東大圖書公司，民國 75 年 2 月再版。

22. 蔡文輝，《社會學與中國研究》，東大圖書公司，民國 75 年 2 月再版。

23. 蔡文輝、李紹榮著，《社會學概要》，五南圖書出版有限公司，民國 80 年 7 月初版一刷。

24. 李明堃、黃紹倫主編，《社會學新論》，臺灣商務印書館，民國 82 年 7 月臺灣初版第一次印刷。

25. 龍冠海，《社會學》，三民書局，民國 82 年 8 月第十四版。

26. 楊志玫主篇，《中國古代官制講座》，萬卷樓圖書有限公司，民國 86 年 4 月初版。

27. 傅樂成著，夏德儀校訂，《中國通史（上）》，大中國圖書公司，民國 61 年 11 月增訂六版。

28. 郭沫若著作編輯出版委員會，《郭沫若全集——歷史編》，北京市，人民出版社，1982。

29. 梁啓超，《飲冰室全集》，大孚書局，民國 79 年 10 月初版。

30. 張曉生、劉文彥編著，《中國古代戰爭通覽》，雲龍出版社，民國 79 年 7

月台一版。

31. 夏雨人，《中國人的故事》，東大圖書公司，民國 81 年 3 月三版。

32. 柏楊，《中國人史綱》，星光出版社，民國 81 年 5 月第一版一刷。

33. 陳明遠，《語言學與現代科學》，成都，四川人民出版社，1984 年 6 月第二版。

34. 周祖謨，《語言文史論集》，五南圖書出版公司，民國 81 年 11 月初版一刷。

35. 葉蜚聲、徐通鏘，《語言學綱要》，書林出版有限公司，民國 82 年 3 月出版。

36. 徐道鄰，《語意學概要》，香港，友聯出版社出版，民國 82 年 10 月四日四版。

37. 楊士毅，《語言、演繹邏輯、哲學——兼論在宗教與社會的應用》，台北，書林出版有限公司，民國 83 年 3 月修訂三刷。

38. 林尹，《文字學概說》，台北，正中書局，民國 76 年 12 月臺初版第十三次印行。

39. 裘錫圭，《文字學概要》，台北，萬卷樓圖書有限公司，民國 83 年 3 月初版。

40. 竺家寧，《中國的語言和文字》，臺灣書店，民國 87 年 3 月初版。

41. 江舉謙，《說文解字綜合研究》，人文出版社，民國 63 年 4 月，再版。

42. 衛聚賢，《文字學》，黎明文化事業股份有限公司，民國 68 年 2 月初版。

43. 謝雲飛，《中國文字學通論》，臺灣學生書局，民國 69 年 9 月十版。

44. 陳立夫等著，《中國文字與中國文化論文集》，文史哲出版社，民國 74 年 6 月初版。

45. 曾忠華，《常用字探原（一）》，五南圖書出版公司，民國 81 年 5 月初版一刷。

46. 林慶勳、竺家寧、孔仲溫編著，《文字學》，國立空中大學印行，民國 84 年。

47. 衛聚賢，《文字學》（台北：黎明文化事業股份有限公司，民國 68 年 2 月初版。

48. 陳光政，《轉注篇》，高雄，復文圖書出版社，1993 年 9 月初版二刷。

49. 王力，《漢語語音史》，北京，中國社會科學出版社，1985 年 5 月第一版。

50. 董同龢，《漢語音韻學》，台灣學生書局，民國 62 年 10 月四版。

51. 林尹，《中國聲韻學通論》，黎明文化事業股份有限公司，民國 75 年 7 月五版。

52. 陳新雄，《等韻述要》，台北，藝文印書館，民國 64 年 7 月再版。

53. 陳新雄，《古音學發微》，台北，文史哲出版社，民國 72 年 2 月三版。

54. 竺家寧，《古音之旅》，台北，國文天地雜誌社，民國 78 年 12 月三版。

55. 韓崢嶸、姜聿華，《漢語傳統語音學綱要》，吉林，吉林大學出版社，1991 年 12 月第一次印刷。

56. 楊伯峻、何樂士，《古漢語語法及其發展》，北京，語文出版社，1992 年 3 月第一次印刷。

57. 胡楚生，《訓詁學大綱》，蘭台書局，民國 69 年 3 月三版。

58. 齊佩瑢，《訓詁學概論》，華正書局，民國 72 年 8 月初版。

59. 葉鍵得，《古漢語字義反訓探微》，臺灣學生書局，2003 年 9 月初版。

（三）邏輯學與符號學類

1. 陳大齊，《名理論叢》，正中書局，民國 59 年 8 月臺三版。

2. 王冠青，《理則學與唯物辯證法》，黎明文化事業股份有限公司，民國 69 年 11 月。

3. 周雲之，《名辯學論》，遼寧教育出版社，1996 年第一版第一次印刷。

4. 方寧書選編，《唯物辯證法評論集（二）》，國防部總政治作戰部，民國 63 年 10 月 31 日。

5. 孫中原，《詭辯與邏輯名篇賞析》，水牛圖書出版事業有限公司，民國 87 年 4 月 30 日二版二刷。

6. 何秀煌，《邏輯——邏輯的性質與邏輯的方法導論》，東華書局，國八十一年 11 月二版四刷。

7. 林玉体，《邏輯》，三民書局，民國 90 年 10 月重印二版一刷。

8. 龔鵬程，《文化符號學》，台灣學生書局，民國 81 年 8 月初版。

9. 何秀煌，《記號學導論》，水牛圖書出版事業有限公司，民國 81 年 11 月 1 日四版三刷。

10. 李幼蒸，《人文符號學——理論符號學導論（卷一）》，唐山出版社，1996 年 8 月出版。

11. 李幼蒸，《哲學符號學——理論符號學導論（卷三）》，唐山出版社，1997 年 2 月初版一刷。

12. 李幼蒸，《文化符號學——理論符號學導論（卷四）》，唐山出版社，1997 年 3 月初版一刷。

13. 周慶華，《中國符號學》，揚智文化事業股份有限公司，2000 年 12 月初版一刷。

14. 周云之、劉培育，《先秦邏輯史》，北京，中國社會科學出版社，1984 年 12 月第一次印刷。

三、外文及譯作

1. 柯林烏（R. G. Collingwood）著，陳明福譯，《歷史的理念》（The Idea of History），桂冠圖書股份有限公司，民國73年3月三十日二版。

2. 柯立克夫斯基（Leszek Kolakowski）著，高俊一譯，《理性的異化——實證主義思想史》（Positivist Philosophy），台北，聯經出版事業公司，民國77年5月初版。

3. 凱西爾（Ernst Cassirer）著，羅興漢譯，《符號‧神話‧文化》，結構群文化事業有限公司，民國79年4月二十五日初版。

4. 伊沙克（Alan Issak）著，王逸舟譯，《政治學概論》，五南圖書出版公司，民國84年4月初版二刷。

5. 約翰‧巴羅著（John D. Barrow），卞毓麟譯，《宇宙的起源》（The Origin of Universe），上海科學技術出版社，1997年3月第五次印刷。

6. 艾倫‧李帕特（Arend Lijphart）著，陳坤森譯，《當代民主類型與政治（Democracies: Patterns of Majoritarian and Consensus Government in Twenty-One Countries）》，台北，桂冠圖書股份有限公司，民國87年2月初版四刷。

7. 席夫（Hubert Reeves）著，葉李華譯，《喜悅時光——從宇宙演化看人性真諦》，天下遠見出版股份有限公司，1998年7月20日第二版第四次印行。

8. 美國德福林（Keith Devlin）教授著，《Goodbye，Descartes ：The End of Logic and the Search for a New Cosmology of the Mind》，李國偉、饒偉立譯《笛卡兒，拜拜！——重新看待推理、語言與溝通，揮別傳統邏輯》，天下遠見出版股份有限公司，2000年5月1日第一版。

9. 雷森（Don Lessem）著，陳燕珍譯，《恐龍再現》（Dinosaurs Rediscovered），天下遠見出版股份有限公司，200年3月30日第二版第四次印行。

10. 〔瑞士〕費爾迪南‧德‧索緒爾（Ferdinand de Saussure）著，《普通語言學教程》，北京，商務印書館，2001年5月一版。

11. 迪迪埃‧卡昂（Dinder Cahen）等訪談，包亞明主編，何佩群譯，《一種瘋狂守護著思想——德里達訪談錄》，上海，上海人民出版社，1997年1月第一次印刷。

12. 維特根什坦（Ludwig Josef Johann Wittgenstein）著，牟宗三譯，《名理論（Logisch-philosphische Abhandlung）》，臺灣學生書局，民國78年8月初版。

13. 邁可‧潘恩（Michael Payne）著，李奭學譯，《閱讀理論——拉康‧德里達與克麗絲蒂娃導讀》，台北，書林出版有限公司，民國85年。

14. Under the general editorship of Perry Miller, "Major writer of America",

Robert Frost edited by Louise Bogan （Fort Worth, TX. : Harcourt Brace Jovanovich College Publishers , 1966） , pp. 940.

15. Jacques Derrida, "Positions" , Chicago University Publisher, 1981, pp.47.

四、期 刊

1. 陳啓雲，〈論語正名與孔子的眞理觀和語言哲學〉，《漢學研究》10：2（1992年 12 月），頁 27～51。

2. 黃翠芬，〈從《春秋》《左傳》談孔子正名思想〉，《國立編譯館館刊》21：1（1992 年 6 月），頁 41～56。

3. 周天令，〈「荀子是儒學的歧出」之商榷〉，《孔孟月刊》42：10（2004 年6 月 28 日），頁 31～38。

4. 趙吉惠，〈論荀學與孔孟哲學的根本區別〉，《哲學與文化》26：7（1999年 7 月），頁 648～658。

5. 沈清松，〈由名學走向儒學之路——陳大齊對臺灣儒學的貢獻〉，《漢學研究》16：2（1998 年 12 月），頁 1～27。

6. 陳孟麟，〈先秦名家之學並非名學〉，《文史哲雙月刊》1996 年第六期（1996年 11 月 24 日），山東人民出版社，頁 75～80。

7. 曾祥云，〈"名學"辨析〉，《中國哲學》2001 年第一期（2001 年 1 月 4 日），頁 66～68。

8. 張忠義、季冠芳，〈試談中國名辯學的變項與常項〉，《哲學與文化》26：6（1996 年 6 月），頁 556～571。

9. 張家成，〈名理學方法與漢魏思想變遷〉，《華東師範大學學報》1988 年第六期，頁 25～28。

10. 阮松，〈專名的意義〉，《華東師範大學學報》1994 年第五期，頁 20～26。

11. 馮棉，〈名稱的涵義與指稱——從穆勒到克里普克〉，《華東師範大學學報》1997 年第三期，頁 22～29。

12. 俞吾金，〈從傳統知識論到生存實踐論〉，《文史哲》（濟南市：文史哲編輯部，2004 年 2 期），頁 12～13。

13. 王夢鷗，〈戰國時代的名家〉，《中央研究院歷史語言所集刊》，44：3（1972）。

14. 王邦雄，〈通過人間而不是逃避人間〉，《鵝湖月刊》，16：8 （1991 年 2月），頁 23。

15. 王邦雄，〈論荀子的心性關係及其價值根源〉，《鵝湖月刊》8：10（1983年 4 月），頁 25～30。